创业非洲，用武天下

# 兴业非洲正当时



任金洲 著

中原出版传媒集团
大地传媒
中原农民出版社

**图书在版编目(CIP)数据**

兴业非洲正当时/任金洲著.—郑州:中原出版传媒集团,中原农民出版社,2015.4
ISBN 978-7-5542-1104-5

Ⅰ.①兴… Ⅱ.①任… Ⅲ.①非洲-概况 ②投资环境-概况-非洲 Ⅳ.①K94 ②F14

中国版本图书馆 CIP 数据核字(2015)第052419号

**出版:**中原出版传媒集团 中原农民出版社

(地址:郑州市经五路66号 电话:0371-65751257

邮政编码:450002)

**发行:**全国新华书店

**承印:**辉县市伟业印务有限公司

**开本:**710mm×1010mm 1/16

**印张:**15 **字数:**220千字

**版次:**2015年4月第1版 **印次:**2015年4月第1次印刷

**书号:**ISBN 978-7-5542-1104-5 **定价:**36.00元

# 序 言

非洲，一张近似空白的宣纸，一块充满生机活力的热土，一方满怀憧憬和希望的远天。播下种子，辛勤耕耘就会有收获，老幼无欺，贫富皆宜。但她属于有远见卓识的、智慧的、勇敢的创业者，属于脚踏实地、不怕吃苦流汗的创业者，属于改革开放伟大时代造就的一往无前、无私无畏的新人！

当今世界，市场变幻莫测，科技进步日新月异。“长袖者善舞，多财者善贾”，历经百年、数百年的发达国家的跨国公司积累了丰厚的资本、先进的技术和精英人才，积累了丰富的经营、管理经验，拥有当今世界最先进、最发达的信息手段。不仅瓜分了本国市场，而且在全世界范围内攻城略地、呼风唤雨。一个跨国公司年营业额可达数千亿美元，利润可达上千亿、数百亿美元，相当于几十个穷国的国民收入。它们手中掌握的各种资源，拥有的信息量，对信息的处理、反应速度远远超过一般国家。它们对所属单位的控制水平、控制程度，令世界上绝大多数发展中国家望尘莫及。例如美国 GE 公司在全球 100 多个国家拥有工厂、公司，职工 30 多万人，年营业额数千亿美元，对下属单位财务的控制到每一天，对员工的控制到每一个人。沃尔玛，2010 年，实现营业额 4 082.14 亿美元，利润 143.35 亿美元，在 15 个国家开了 8 400 家商场，拥有职工 220 万人，其全球高度信息化的采购服务网络远远超过一般的政府机构。只要他们认为有利可图的地方、能施展拳脚的地方，就有他们的足迹。发达国家市场已经高度饱和，很难给后来者机会。虽然在高科技、金融衍生品等前沿领域有凤毛麟角的新成功者，类似比尔·盖茨、巴菲特，但往往以万分之一、十万分之一、百万分之一计。而对绝大多数的后来者，只能是“望洋兴叹”“生不逢时”。发展中国家，亚洲、北非、东欧、南欧，历经数千年的古代文明，大多数地方人口密集，资源稀缺，“权力社会”“熟人社会”，人际关系复杂，市场竞争激烈，尔虞我诈，发展概率虽然高于发达国家，但企业在夹缝中生存，如履薄冰，朝不保夕。南美的市场运作的难度和上述国家也差不多。在有可能进入的地方，跨国公司也早已落地生根，唯有黑非洲——这块当今世界尚未完全开化的地方，还有机会。这里有严重落后的基础设施、近乎原始的社会形态、碎片化的国家政权、支离破碎的市场；这里疾病困扰、生态失衡，不具备规范化经营、规模经营的基本条件。因此跨国公司望而生畏，富人裹足不前。但这里又具有丰富的地上、地下资源，从而为后来者留下广阔的发展空间，是“上帝”留给当代中国人得天独厚的创业之“天堂”。

无论手头资金多少，在非洲这块广袤无垠的土地上都会找到自己的用武之地。钱多，做钱多的生意；钱少，做钱少的生意。没钱，可以变为有钱；钱少，可以变为钱多。只要自己有常人的智慧，有吃苦耐劳的精神，有诚实守信的品质，有一定自我约束的能力，在非洲就可以发家致富、出人头地、财源滚滚。只要自己善于经营，小则可以田连阡陌、自足自乐；大则可以富甲一方，交际官府。在非洲完成自己资本金的原始积累，再辐射世界各地，实现在其他地方、其他国家想做而做不成的事，实现自己一展风采、一展抱负的宏誓大愿。这不是什么神话，也不是天方夜谭，只要自己愿意去做，就会梦想成真。这是笔者近20年间，在非洲几十个国家考察、访问、工作，与无数在当地投资经商、工作的中国人，包括其他国家的商人及当地各个不同阶层人士接触、了解而得出的结论。尼日利亚著名华商领袖胡介国，是改革开放初期1978年应其父亲之邀到非洲继承父业的（其父亲是中华人民共和国成立前逃到香港的国民党政府官员，后到尼日利亚办纺织厂，成为一个爱国商人）。他到当地后，发现到处都是发展机遇，便走出纺织业，进入餐饮、宾馆、建筑、教育等行业。目前，他拥有11家公司，3万名员工，数亿美元财产，被授予酋长爵位，拥有百人私人武装卫队，是尼日利亚历届总统的经济顾问。在几内亚，笔者曾认识一个南斯拉夫大使馆商务人员，因南斯拉夫解体，他本人觉得回国前景无望而留在了当地。他现在是几内亚历届政府的座上宾，是当地达官贵人、名商大贾的好友，他自己也早已成为当地富翁之一。在几内亚首都科达克里富人区拥有占地10多公顷的一套别墅，其奢华程度一点都不亚于欧美发达国家亿万富翁的家园，仅家里的佣人就有10个以上，这又是当今发达国家的富人可望而不可即的。笔者熟悉一家近年在塞拉利昂投资发展的中国中部省份的一家做房地产的私人公司，其领导者高瞻远瞩，具有高屋建瓴、运筹帷幄的雄才大略，进入该国不久即与该国的最高政要、军队首脑都交上了朋友，甚至与在野的反对党领袖亦有密切交往，即使发生政权更迭，也不至于出现大的问题，“任凭风浪起，稳坐钓鱼台”。他花费很少的资金在大西洋沿岸购买了1 000多公顷拥有数千米白色沙滩的海景土地，准备搞房地产开发；又引进国内的地质勘探队伍，对该国国土矿藏进行普查勘探，并已事先与该国政府签下协议，勘探出的矿藏该公司拥有优先开发权。而塞拉利昂本身即拥有丰富的黄金、宝石、铝矾土、铁矿等资源，应该说这是中国公司在非洲运作比较成功的一个案例，对具有一定实力的大公司到非洲发展有很好的借鉴意义。笔者在贝宁认识一个东北大连籍的50多岁姓苏的商人，当初家庭是“地主”出身，父亡母嫁，一贫如洗，自幼如无根之草，备尝人间艰辛。1995年，为解决生计，他到一家在非洲捕鱼的国内的一家公司做劳务，三年合同期满，他没有回国，而是留在了贝宁，利用自己做劳务挣的钱（当时中国公司在海外的职工工资还很低，大概一个月就是200美元左右），在贝宁首都波多诺伏办了一个小型机械设备维修部，开始创业。经过一段时间的经营，他在波多诺伏的郊区购买了十多公顷土地，开办了一个当地最大的机械设备维修厂，还在首都开有几家商店。他取了三房妻子，最小的妻子，与笔者见面时（2006年），还不到20岁，在当地黑人中也应该是如花似玉的大美女，怀中正抱着她刚为苏老板生下的小儿子。笔者问苏老板是如何处理几个妻子的关系的，他说，老大、老二各为他招呼一家商店，各有各的房产，自己生活，只有老小和他在一起。苏老板是笔者在非洲认识的中国人中少数在当地娶妻生子、融入本土文化的中国人（可能与他在国内无牵无挂、无家可归有关系）。苏老板是普通中国人中赤手空拳到非洲创业的一个典型。

当然，天上不会凭空“掉馅饼”，非洲也不是神话里的虚幻世界，不是“天高任鸟飞，海阔凭鱼跃”，遍地金银，俯拾皆是，随心所欲就可以发家致富的地方。

它需要付出，需要坚强的意志、艰苦的努力，需要拥有中华民族的美德——勤劳、智慧、勇敢，需要汲取中国数千年文化的精髓——仁、义、礼、智、信，需要大智大勇，需要学习现代经营管理理念。有志者，事竟成！

由于历史阶段的差异，经济发展的差异，种族文化的差异，非洲这块无垠的热土，给中国人到非洲发展留下了广阔的空间。目前正是合作发展、互利共赢，天时、地利、人和，万事俱备，东风劲吹的时刻！历史正向我们走来，时代已向我们张开双臂，让我们抓住这扑面而来千年一遇的重大机遇，勇敢地迈出踏向非洲发展的坚定步伐！

# 目 录

## 第一章 亲历非洲说印象——贫穷与富有，原始与现代

## 第二章 审时度势讲"天时"——历史机遇,千载一遇

## 第三章　扬长避短话"地利"——选择地域，抢占先机



## 第四章　慎重决策侃投资——量身制作，选择项目

## 第五章　立足长远谈“人和”——关注民生，关注社会



## 第六章　未雨绸缪防未然——凡事预则立，不预则废

# 第一章

# 亲历非洲说印象——贫穷与富有，原始与现代

黑非洲，一个曾经被上帝长期遗忘的角落，一个时光老人长眠不醒的梦境。15世纪欧洲最早的殖民主义者葡萄牙人踏上撒哈拉沙漠以南的非洲大陆，开始黄金、象牙等财富的掠夺和罪恶的奴隶贸易，这打破了非洲有史以来的原始宁静，掀开了黑非洲历史新的一页，也是黑非洲近代史的一页，与外部世界开始交往的一页，黑非洲陷入无尽灾难和茫茫黑夜的一页。历经5个世纪的风风雨雨，现代的黑非洲是一个贫穷与富有、原始与现代并存的地方，一个超越时代、跨越时空的立体型社会。

## 一、非洲，当今世界上最贫穷、最落后的大陆

非洲，地球上最古老的大陆之一，据考古发现，是人类最初的发源地。大约400万年前，甚至700万年前就有了人类的足迹。但是，今日的非洲（指撒哈拉沙漠以南的黑非洲。以下如果不明确提出是北部非洲，讲非洲即指黑非洲）却是地球上最落后、最贫穷的大陆。缺吃少穿，缺医少药，“吃饭靠上树，穿衣一块布，花钱靠援助”，是非洲大部分地方的真实写照。到目前，非洲50多个国家和地区中，40多个国家粮食不能自给，80%以上的工业品依靠进口，有的国家甚至没有一个像样的工厂，“洋火”“洋油”“洋钉”“洋布”……农村电网覆盖率仅有16%，偏远的乡村几乎仍然停留在原始社会时期。据世界卫生组织统计，全球3 320万艾滋病病毒感染者，有2 200多万生活在非洲的撒哈拉沙漠以南地区，约占67%。在世界发达国家早已绝迹的疟疾病，在我国也早在20世纪60～70年代由国家给根治了，但目前，非洲人口死亡率居第一位的仍是疟疾病患者，每年

有近300万人死于疟疾，其中儿童死于疟疾者占30%。那里大部分国家债务缠身，许多国家多次处于破产边缘，依靠国际援助维持国家机器的正常运转。在联合国确认的48个最不发达的国家中，有33个在非洲。非洲人均寿命只有50多岁，低于全球平均寿命近20年；非洲成年人中33%以上是文盲，加上识字不多的半文盲，估计文盲、半文盲率达到70%以上。超过3.8亿（2005年数字，当时非洲人口8亿左右），即近半数的非洲人，生活在贫困线以下，每天平均生活费用不足1.25美元。

在非洲许多城市，甚至包括一些超过百万人的国家首都没有排水设施，没有垃圾处理场，垃圾成堆、污水遍地，三天两头停电，甚至没有干净的饮用水。所谓房子，除少数富人外，在城市的普通老百姓就是四面用土块砌成的墙，上边放几片水泥纤维瓦。条件好一点的，用空心水泥块砌墙，放几片铁皮瓦。在农村是用树枝夹草糊上泥甚至是糊上牛粪做墙，上边用树枝一蓬，铺上草做顶，一栋房屋面积仅有三四平方米。绝大部分家庭家徒四壁，席地而睡。条件好的有一领席子和一个毯子，有的在地上胡乱铺些草就是床；许多家庭都是在门口三块石头上架一个罐子，当做饭的锅用，没有厨房，所有的家当卖不了10美元。七八岁的男孩、女孩还光着屁股在大马路上追打嬉闹；许多妇女没有乳罩，十七八岁的大姑娘只有一身衣服，脱下洗后放在太阳下晒，人站在树荫下，光着身子，两手捂着乳房等待衣服晒干后再穿。烈日炎炎40℃，沥青路面温度甚至超过50℃，赤脚光背的黑人满街行走。

非洲的生态环境正在受到严重破坏。曾经是遍地鲜花、绿草、水果，野生动物成群，富饶而美丽的大地，今天，许多地方已是一片荒凉。除赤道两边的热带雨林外，广袤的热带草原地区的树木已被砍伐殆尽，旱季已是赤地千里。撒哈拉沙漠正从北部疯狂地向南侵蚀，吞噬着大面积荒芜干旱的土地。他们缺乏基本的农业基础设施，缺乏成熟的农业技术和成熟的农业劳动力，更没有资金。无数的农民处于饥饿、半饥饿、营养不良状态。一旦发生较大的自然灾害，疾病、饥饿就会夺去千千万万人的生命。

## 二、非洲，一个非常富庶、捧着金饭碗要饭吃的地方

非洲是当今世界上唯一一块还没有得到开发或者说没有被充分开发的大陆。虽然不能说是一片空白，但大部分地方和空白也差不了多少。虽然欧洲殖民主义者统治了非洲数百年，但由于非洲地域的广阔性与复杂性，交通基础设施的严重落后，生活条件的艰苦，居民素质的低下，社会、经济发展的严重滞后，除了少数沿海开发条件较好的地方或者是价值巨大而又十分容易运输的黄金、宝石外，大部分地方绝大部分资源并没有得到卓有成效的开发。即使是黄金、宝石等宝贵的矿藏得到开发的地方也微乎其微。可以说，非洲是典型的捧着金饭碗要饭吃的地方。例外的是南非，由于地处非洲大陆最南端，除了资源非常丰富之外，还有得天独厚的自然地理位置，三面临海，好望角又是苏伊士运河未开通前欧洲人从海路到亚洲的必经之路，是殖民地时期欧洲列强角逐的战略要地，先后经历了荷兰、英国两次殖民，涌入了大量的荷兰、英国等欧洲移民，钻石、黄金、铜矿、铁矿等矿藏资源得到了较好的开发，成为非洲最富有的国家。

### 1. 非洲具有丰富的土地资源

撒哈拉沙漠以南的黑非洲 50 多个国家和地区有 2 000 多万平方公里（1 平方公里 =1 平方千米）的土地，可耕地 8 亿公顷。但实际耕种面积仅有 1.68 亿公顷，70% 以上的土地处于荒芜状态，可以说绝大部分仍是处女地。笔者在非洲工作、考察期间，曾经乘坐吉普车去过许多国家的野外，在广阔的热带草原和高原气候地区，在到处一望无际的原野上，只稀稀拉拉地生长着几棵树，荒草萋萋、荆棘遍地，雨季时，草能长到 2 米多深；旱季时，光秃秃的土地上只能看到一座座的蚂蚁山，几乎见不到耕种的印迹。已耕种的土地也没被充分利用。除了极少数外国农场主的种植园外，绝大部分地方的当地人还处于原始社会的刀耕火种时期，雨季到来时的播种季节，用镢头、锄头或者其他东西在地上挖个坑，放上几粒种子就等待雨季后的收获。每到收获之后，再通过放火烧荒制造肥料。收获之后的非洲，往往是漫天狼烟，遮天蔽日。这种耕种方式获取的收成，亩产不过几十斤（1 斤 =500 克）。如号称“非洲粮仓”的津巴布韦每公顷玉米单产是 670 公斤（1 公斤 =1 千克），平均每亩 44.69 公斤。尼日利亚的谷物每公顷单产是

394.8 公斤,平均每亩是26.33公斤。

**2. 非洲具有丰富的农业、林业、畜牧业资源**

非洲光照时间十分充足,赤道从中部东西贯穿整个非洲大陆。整个非洲地区地处热带、亚热带,除撒哈拉沙漠和卡拉哈迪沙漠、纳米比亚沙漠外,大部分地方是热带雨林、热带草原、热带季风、热带高原、热带海洋气候和亚热带气候,是世界上农产品、经济作物的优质产地,许多农产品在世界上独具特色,品质优良。如剑麻、腰果、烟叶、咖啡、可可、丁香、油棕、橡胶等。当然,香蕉、木瓜、芒果、椰枣等热带沙漠植物更是俯拾皆是。芝麻、玉米、花生、棉花、水稻、小麦、木薯、土豆、芋头等农作物都适宜在这里生长,大部分是一年多季。乳香、没药、卡里特果、柯拉、阿尔发草等是非洲的土特产,享誉世界。

非洲具有丰富的林业资源。非洲森林覆盖面积为 24%,林木储蓄量为 38 亿立方米,主要集中在中西部,以刚果河流域、塞内加尔河流域、赞比西河流域、尼罗河流域的上游以及东非大裂谷为主。非洲的黑木、红木等优质木材闻名于世界。还有大部分宜林地处于荒芜状态,但滥砍滥伐现象十分严重。

非洲具有丰富的畜牧业资源。非洲有世界上最为辽阔的草原地区,草原面积占非洲面积的 27%,现有可畜牧的草原 8.53 亿公顷,居世界首位。只有少数从事放牧的当地人,也不过是“逐水草而居”,有效利用率还不如种植业,几乎全部处于放荒状态。现代畜牧业时代在非洲还没有到来。

**3. 非洲具有丰富的水力资源和渔业资源**

非洲有大量的江河湖泊,尼罗河、尼日尔河、塞内加尔河、刚果河、赞比西河等,都是世界上著名的河流,从北到南依次分布。尼罗河为世界上最长的河流;刚果河流域面积仅次于南美的亚马孙河。维多利亚湖、坦噶尼喀湖、马拉维湖、乍得湖等都是跨国界的大湖,其中维多利亚湖为世界第二大湖,湖区包括 5 个国家。可惜的是这些水利资源几乎都还在休眠状态,没有得到有效的开发利用。非洲本身就是一个大岛,东西南北四面环海,海岸线长达 30 500 公里,有十分丰富的渔业资源,盛产金枪鱼、沙丁鱼、鲸鱼等。

4. **非洲具有丰富的能源和矿产资源**

非洲石油、天然气储量丰富,已探明的石油储量占世界的9.5%,高于中南美洲的9%,更高于亚太地区的3.3%。非洲的石油、天然气远景储量将远远超出此数,2010年以来石油达到了世界储量的20%。非洲还有丰富的铀资源,铀不仅是军事、航天领域需要的战略资源,而且是重要的新能源储备资源。

非洲素有世界宝藏之美誉。世界上最重要的50多种矿产资源在非洲都有很丰富的储量。铂、锰、铬、钌、铱等矿藏占世界总储量的80%以上;磷酸盐、黄金、钻石、锗、钴等矿藏占世界总储量的50%;铝矾土、钯、钽等矿藏占世界储量的30%以上;各种宝石产量和储量均居于世界前列。

## 三、非洲,原始社会落后的遗俗和朴实的民风

非洲的大部分国家广泛保留着原始社会的遗俗,在农村尤为突出。主要表现在以下几个方面:

1. **"吃大户"**

一个家族,一个村庄,甚至一个地方,如果有一个人发了财、做了官,亲戚、朋友、族人有困难,都可以找他要钱、要物,他必须给,而且应该给。笔者在非洲工作期间,曾在许多达官贵人、富豪的家里、办公室碰到这样的场面。2003年的一天,笔者和同事到坦桑尼亚一个客户家里拜访。一进客厅,看到客厅坐了许多衣衫不整农民模样的人。主人看到客人来了,马上从口袋里掏出一沓当地的钱,一人给了2 000先令(约合30元人民币),让家人把他们领走了。并解释说,在我们这里,如果一个人发了财、当了官,亲戚朋友,同族、同村人都要跟着占便宜,他们有困难找到你,你不能不管,这是我们的传统文化。2006年,一个早上,笔者到尼日利亚某州州长办公室拜访,州长还没到,宽大的办公室里坐满了人,男男女女、老老少少20多个,沙发上坐不下,有的干脆躺在地上。州长秘书把笔者和一起去的同事领到了他的办公室坐下等州长。笔者问州长秘书,一大早为什么这么多人来找州长?秘书讲,州长刚从欧洲出国回来,他有20多天不在家了,他的家族很大,很多人有困难要找他。这大概是非洲原始共产主义的遗风。

**2. 多妻制**

非洲的许多国家,虽然引进的是欧洲的成套法典,但许多国家都默许多妻制的存在。有的国家干脆在法律上给予变通。如喀麦隆的法律,就允许一个男人在第一次婚姻登记时,自由选择实行一夫一妻制还是多妻制。如果选择实行多妻制,以后无论娶多少个妻子,政府都给予法律保护。非洲许多国家的富人、有地位的人都拥有多个妻子,甚至多达几十个、上百个。笔者的许多非洲朋友,都有几个妻子。有一个真实的故事,一个俄罗斯的姑娘和一个在俄罗斯留学的非洲同学好上了,毕业后,俄罗斯姑娘自愿随非洲的同学回到了非洲。到家一看,俄罗斯的姑娘是那个非洲男人的第 32 个妻子。她丈夫的父亲是一个拥有 60 多个妻子的酋长。每天分配她的工作只有一件,在晚上给公公洗脚。另外一个任务,就是每年给她丈夫生一个孩子(这个俄罗斯姑娘实在受不了,后来在俄罗斯大使馆的帮助下逃了回去)。

**3. 男尊女卑、夫权社会**

非洲大部分地方,尤其是在广大的农村,男尊女卑、大男子主义现象非常严重。在家里,男人有至高无上的地位,可以什么都不干,所有的劳动,包括体力劳动都要女人承担。男人可以娶无数个妻子,还可以有无数个情人,但女人不允许。如果男人发现自己的妻子有外遇,打骂、虐待是正常的,打死也没人管。甚至在有的国家因法律只允许有一个妻子,若丈夫又看上了其他女人,妻子又不愿离婚,丈夫就会活活把妻子打死。笔者在 1999 年访问肯尼亚时,就亲耳听到一位非洲朋友讲的曾发生在他家乡的许多女人的类似的悲惨故事。这大概是原始社会时期男权的遗俗。男人有多少个妻子、和多少个女人发生性关系不受谴责,但女人就没有这样的自由。在家中,男人坐那里等女人做好饭端到跟前,女人却既要干地里的活还要干家务活,还要生孩子、带孩子。在非洲,在田野、街头、家里,你可以随处看到背上背着孩子,头上顶着东西,手里还忙着其他活计的非洲妇女。可以说,在非洲,妇女生活在社会的最底层。

**4. 落后的生育观**

非洲的人口生育完全处于自然状态,既不优生优育,也没有实行计划生育,妇女只要怀孕就生。非洲一个妇女一生平均生育六七胎，少数有生育十几胎的，即使没饭吃、没衣穿也照生不误，更谈不上接受教育。在一些富有的多妻家庭，几十个子女并不罕见，甚至有父亲弄不清楚自己到底有多少孩子、谁是自己孩子的真实笑话。在肯尼亚有一个还健在的90多岁的老翁，一生娶了200多个妻子，现在还有120多个，自己的子孙已经超过千人。非洲的人口自然增长率也是世界上最高的。在非洲的一些国家，现在甚至还存在着以人口多为财富多，以人口多为国力强盛的现象。如尼日利亚经常以自己是非洲第一人口大国而自豪。许多非洲国家独立以来，经济的增长速度还赶不上人口的增长速度，这也是造成一些非洲国家长期贫困的原因之一。

**5. 淡薄的家庭道德观念**

体现在家庭观念上，男女性道德观念很薄弱，大部分地方性关系比较随便。非洲人除了正常婚姻之外，许多富人、有社会地位的人本身已妻妾成群，此外还有许多情人。据联合国一个卫生组织的调查，非洲每个人在婚姻外，正常还有10个以上的性伙伴。体现在家人的亲情关系上，也比较淡薄。一个在赞比亚开农场的英国人讲了这么一个真实的故事：一次他发现给他打工的一个黑人的几个小孩都是夜盲症，其中一个非常严重。他知道这是因为严重缺乏某种维生素所致，在回国休假回来时，给那个黑人职工带了治疗夜盲症需要的各种维生素，让他给他的孩子吃。过了半年，当这个英国老板想去看看那些孩子吃了他带回来的药效果如何时，他到了那个黑人职工的家里，吃惊地发现原来那个患夜盲症严重的小孩眼睛竟然瞎了。他问那个黑人职工到底怎么回事，那个黑人吞吞吐吐地告诉他，他给的药是国外才生产的好东西，没舍得让孩子们吃，自己把它吃了。这是比较典型的例子，在利益关系上，存在着首先考虑自己，有钱自己花，有好东西自己吃，罔顾家人的现象。这又是非洲人文化的另一面。

**6. 朴实的民风**

从整体上讲，非洲民风还是朴实的。在非洲广大的农村，十分的落后、封闭、原始。尽管近年来许多地方因修路、找矿、开矿等原因，打破了原有的宁静，但大部分地方还是很少有人问津。在非洲许多地方，如果沿公路驾车到野外，一望无际空荡荡的马路上，经常看不到一辆车、一个人，驾驶员很容易麻痹大意，车速不由自主地提到每小时200公里，甚至更高，一旦出现一点意外情况，就可能是大事故。非洲大部分地区道路很窄，在非洲生活过的人都知道，开车一定要小心，车速不能过快。在公路的两边，你偶尔可以看到一袋一袋的当地黑人烧的土炭，一小堆、一小堆土豆或西红柿，旁边又无人看管。这是当地黑人用来进行物品交换或出售的东西。笔者初次访问非洲时，看到这种情况感到很好玩，仿佛真的进入了科幻小说中描写的时间隧道，回到了原始社会。笔者曾问过当地人，如果有人拿走后不付款、不给交换的东西咋办？他们回答，这类情况在当地几乎没有。当你到农村，饿了、渴了，向当地农民求助时，一般有求必应，只要他们有的东西，他们会很高兴给你。民风之朴实可见一斑。

### 四、非洲，不一样的现代生活方式

许多非洲人没有学到欧洲殖民时代白人的创业精神，但消费享乐的一套则心领神会，通过打工或其他方式挣到几个钱，则整天整夜泡酒吧、泡歌舞厅、泡女孩，没钱再想办法。有饭就吃，有钱就花，今日有酒今日醉，是非洲部分当地人的现实生活。

在非洲的城镇，一到日落西山，大街小巷闪烁的霓虹灯、疯狂的迪斯科舞曲、醉人的轻音乐，会把你带到一个个的酒吧和歌舞厅或者面向大海、夜光旖旎的高档西餐厅。即使在那些狭窄、肮脏、垃圾污水遍地的贫民区，也会有一个个红灯闪烁的酒吧和夜总会。到这些地方消费的既有达官贵人、腰缠万贯的富翁，也有辛辛苦苦的打工仔和靠工资生活的白领、蓝领等。在不同档次的酒店、饭店、舞厅，不同地位、不同收入的阶层都可以找到与自己的消费水平相适应的位置。舞厅、酒吧能一直开门营业到凌晨，在周末会通宵达旦。在那里，到处可以看到浓妆艳抹的陪酒、陪舞、陪夜女郎等着应召。在非洲，即使是吃了上顿没下顿再穷的人，有一点钱也要在周末去泡泡酒吧。不少在非洲工作的中国人都说，非洲人大概是世界上最会享受的种族。有的当地非洲人为了能到这样的地方享受一次，摆一次阔，会把一个月甚至几个月挣的钱一次消费掉。在非洲，如果你要做老板，对一种现象一定不要惊奇，即一些当地的职工在周末或月末，领完工资后不再来上班。当你非常生气准备招新的职工来填补缺位时，他又突然出现了。这是因为他拿到工资后就找地方去享受了，钱花完了才回来。在非洲创业的老板有的被迫采取措施，工资不一次发完，半年结清一次。在合同里签上“如果中途违约离开，予以罚款”等条款。

在非洲的大城市，一般都有几个四星、五星级的高档酒店，管理水平、服务质量也都不次于发达国家，这样的酒店消费的水平也不亚于发达国家，价格往往比发达国家同类酒店还要高。如位于尼日利亚最大的城市拉各斯的希尔顿酒店，位于塞内加尔首都达喀尔的喜来登酒店，位于加蓬首都的梅黑酒店，位于赞比亚首都卢萨卡的希尔顿酒店等，一个标准间每晚售价都在400～500美元，远远超过了发达国家同类酒店的价格。在这样落后的地方，如此昂贵的酒店会有人住吗？你要这样想那就错了，这样的酒店可是经常会客满。你找熟人住店，打折也有限。在非洲，住进这样的酒店既是身份的象征，又舒适安全。来非洲经商、旅游、考察、访问的外国人，非洲当地的达官贵人、富人，他们都会选择这样的酒店下榻。

## 五、非洲，部落酋长与现代国家

在非洲的广大乡村，甚至包括偏远地方的城镇，原始社会遗留下来的部落酋长组织还广泛地存在着。这些原始部落世袭的酋长对他所在部落的原所属的臣民，一定程度上还在发生作用，老百姓对酋长及他的家族都保持着几分尊敬和敬畏，有的酋长还很有威望。在一些地方，一旦原部落的臣民之间发生矛盾、争执，他们首先想到的仲裁人不是当地政府，而是酋长。如果酋长发出号召，对原部落的人还是有很大的影响力的。一些地方新上任的政府官员，第一件事就是去拜访当地的酋长，以求在以后的工作中得到支持。非洲的大部分国家从来没有进行过土地革命，这些酋长及其家族现在依然控制着农村大量肥沃的土地，有的高达数万公顷，是名副其实的大地主。当地农民，虽然有的家里也有一点家族的份地，但都少得可怜，经过多少代后有的就完全成了上无片瓦、下无立锥之地的穷人。政府要在当地办什么项目，征用土地必须要找酋长去协商。

在非洲，国家各级政府职位中，相当一部分仍然控制在原部落酋长的家族手中。笔者2003年到东非的乌干达去考察市场,拜访了乌干达政府的四个部(财政部、工程部、能源部、城建部)的部长,其中两个部的部长是来自乌干达境内两个地区的部落酋长的孙子,另一个是部落英雄的后代。只有一个是原英国殖民地时期,曾在殖民地当局工作的当地人的儿子。但他们都有一个共同的经历,就是都在欧洲留过学,是当地黑人中的佼佼者。这是因为,当地老百姓不可能接受到良好的教育,实际他们的子女过去连接受教育的资格都没有,更不要说有巨额的资金送子女到欧洲去读书了。所以,现在非洲社会的上层人物,基本还是原来那些当地部落酋长或曾为原欧洲殖民政府服务的人员的后代。笔者在非洲开展业务接触到的当地官员、富商,基本上都是上述两种家庭背景出身的人物。

## 六、非洲,原始宗教和伊斯兰教、天主教、基督教

非洲是一个多宗教信仰地区,在欧洲人入侵之前,每一个部族、每一个部落都有自己的宗教信仰。而且,在临近撒哈拉沙漠边沿西非地区的马里、乍得、尼日尔、塞内加尔、毛里塔尼亚,北非的苏丹,东非的坦桑尼亚、埃塞俄比亚等国,在欧洲人进入之前,早从公元8世纪、9世纪开始,阿拉伯人已越过撒哈拉沙漠、红海把伊斯兰教传入了黑非洲。但在非洲还有一个特殊的地方,就是埃塞俄比亚、厄立特里亚。那里在1 000年以前,已经有部分民众开始信仰犹太教和东正教。据说,东正教是在东罗马帝国时期通过埃及、苏丹传入的。犹太教据说更早,是在罗马帝国时期,约公元1世纪,犹太人被赶出以色列,向世界大流散,有一部分犹太人通过埃及沿尼罗河溯流而上,逃到了埃塞俄比亚(当时的厄立特里亚与埃塞俄比亚是一个国家),并带来了犹太教。后来,欧洲殖民者又带来了西方的基督教、天主教,而且,在他们所属的殖民地还进行了强制性推行,在不少的地方还曾发生过激烈的宗教冲突。

非洲的原始宗教,基本上是自然界的多神崇拜。既有没生命的,如山、水、石头、日月星辰,也有有生命的,如动物、植物、自己的祖先等图腾崇拜。在非洲偏远的农村、山区,这种原始的宗教还占有很大比例,有的国家能达到20%,甚至50%以上。但也有既信仰基督教、伊斯兰教,同时又信仰原始宗教的。笔者的一个尼日利亚的朋友,他家生活在尼日利亚第二大城市伊巴丹的郊区,他讲他

家乡的民众都是既信仰伊斯兰教，又信仰原始宗教。如果一个人生在信奉伊斯兰教的家庭，他出身的家庭就决定了他的信仰，没有选择的余地，生下来就是伊斯兰教徒。在非洲，由于经济社会非常落后，民众又没文化，宗教的控制相对于阿拉伯半岛、北非、西亚而言比较宽松，非洲人代代相传的原始信仰在大部分地方还继续保留着。

伊斯兰教是非洲目前和基督教平行的主要宗教之一，其教徒甚至比基督教教徒还要多。伊斯兰教对非洲的文化、社会产生了深远的影响。至今，靠近撒哈拉沙漠的黑非洲民众，主要信仰伊斯兰教。现在以伊斯兰教为国教的国家，还有马里、索马里、吉布提、尼日尔、毛里塔尼亚等国，这些国家的伊斯兰教教徒所占比例都在80%以上，有的国家达到90%以上。在塞内加尔、冈比亚、几内亚比绍、几内亚、坦桑尼亚、尼日利亚等国，伊斯兰教教徒占到40%以上。其他不少国家也还有比例不等的民众信仰伊斯兰教。

黑非洲伊斯兰教的特点是越靠近撒哈拉沙漠，即离北非、中东越近，伊斯兰教对民众的约束力越强；离撒哈拉沙漠越远，约束则越松。皮肤颜色越浅，实际也就是越接近阿拉伯人的地区，伊斯兰教约束越严，而对信仰伊斯兰教的黑人约束就要小一些。

目前非洲的大部分国家对宗教、民众信仰都采取宽容态度，宗教迫害现象很少听到。近年，大面积发生宗教冲突的国家只有尼日利亚，基督教和伊斯兰教两大宗教教徒人数基本相当，中北部地区主要信仰伊斯兰教，南部沿海地区主要信仰基督教，宗教冲突主要发生在两大宗教结合部的中部经济文化落后的地区。有时冲突严重到把村庄、城镇夷为了平地。但在大城市，不同信仰的居民在一起工作、生活仍然没有问题。另一个宗教冲突比较严重的国家就是苏丹。虽然，其现在的政府已不再强力推行伊斯兰化，但南部的宗教冲突一直没有间断。非洲的其他国家不同宗教信徒之间基本上都可以和睦相处。

## 七、非洲，文盲民众和受西方教育的社会精英

非洲国家大部分民众几乎都是文盲和半文盲。近年，中国、日本等国家在帮助非洲国家解决民众教育方面做了许多工作，在非洲许多国家援建了很多学校。

在此之前，欧洲的前殖民地宗主国也曾在非洲一些国家办过一些学校。但总的看效果不是太明显。非洲教育的落后是非洲整个欠发达现象的一个组成部分。这些地区过去从来没有受教育的概念，政府、民众对教育也很不重视。即使有了学校，也没有合格的老师。穷人的孩子到政府办的学校学习，几乎学不到什么东西。笔者在非洲的坦桑尼亚、几内亚、赞比亚等国都询问过他们当地的教育情况，每天象征性地上几堂课，能认几个字就算不错了。只要家里有事情家长就不会再让孩子学习了，他们认为，让有劳动能力的孩子到学校学习是一种浪费。能够坚持到小学毕业，在非洲的农村就是凤毛麟角了。在城镇受教育情况要好一些，有一部分普通老百姓的子女可以读完小学，甚至初中。在非洲，民众的受教育程度是和家庭的文化背景、社会地位、经济条件紧密联系在一起的。一般部落酋长家庭、政府官员家庭、商人家庭、知识分子家庭对教育都比较重视，他们都会支持孩子读书，并把具备深造条件的孩子送到欧洲甚至美国去读书。近年，到中国留学也逐步成为时尚。这样，非洲的教育就出现了严重的两极分化现象，一极是广大的民众，几乎是目不识丁，另一极是极少数留洋国外回国的高级人才，在这之间是一条巨大的鸿沟。目前，在非洲国家，一般在政府工作的官员，尤其是局长以上的官员，多数都是留洋回来的硕士甚至是博士，而他们面对的民众都是没有文化的芸芸众生。

## 八、非洲，原始的农村和现代的城市

和发达国家相比，包括和中国这样的发展中国家相比，非洲国家的城市还是很落后的。但拿非洲的城市和非洲的农村相比，则不可同日而语。非洲大部分地方的农村，没有到过非洲的人是很难想象的。所谓村庄，就是在一个山坡上或一片树林里、一条小路边、一个小溪边，稀稀落落地立着若干个草棚子。每个草棚子内有三四平方米大的空间。人口多的，可能一家有两三个这样的草棚子。在房前屋后，边上的地里、山坡上有一片或几片种木薯、芋头，也可能是玉米、古斯古斯（当地的一种类似中国小米一样的植物）的土地；有的可能是房前屋后有几棵芒果树、一片香蕉林。耕地的工具，可能就是几把锄头、一个镢头。大部分地方的非洲人还没有学会使用畜力进行农业生产，所谓的耕种，也就是用锄头、镢头挖个坑，把种子埋进土里。之后，就等着收获。每天的生活就是吃几个煮熟的木薯、芋头，或吃几个香蕉、芒果。偶尔，可能在水里摸到一条鱼，打死一只野鸡、野兔，放到做饭的罐子里，和木薯之类的东西一起煮，这大概就是生活最大的享受了。而在城市，虽然贫民的生活也十分艰难，但与农村相比，还是有天壤之别的。至少可以经常看到宽阔的马路，繁华的商业区，一栋栋高楼大厦，各种档次的酒店、饭店、舞厅，交相辉映的霓虹灯，车水马龙的人流、车流，只要自己有钱就可以尽情消费。更不要说富人区，一栋栋别墅和深宅大院内的豪华生活，消费水平不低于发达国家，各种高档消费品也是应有尽有。

## 九、非洲，满地垃圾污水与环境保护

在非洲许多国家，城市的排水设施非常落后，大部分还是殖民时代遗留下来的，一方面破旧不堪，一方面严重超载。殖民时期可能只有 3 万 ~5 万人的城市，现在已有 100 多万人。虽然有的国家做了一些改造，但也是杯水车薪。还有部分城市就没有下水设施。在非洲，城市一般都没有垃圾处理场，甚至有的城市的垃圾就没人清理或做不到及时清理。除了富人区和政府机构办公区外，很多城市都是污水遍地，垃圾成堆。雨季污水遍地流，旱季臭气熏天。这种现象在许多国家的首都也不例外，首都之外的城镇更为严重。在许多国家不仅是排水困难，由于经济的落后、财政的困难，大部分国家居民还缺乏健康的饮用水，甚至城市的居民供水也严重不足。近年国际社会提供了许多专项援助款和大量低息贷款用于解决非洲人的吃水问题。但由于多种因素，非洲许多地方的居民，吃水仍然很困难。虽然国际社会援款打了机井，建了供水设施，但很多居民却交不起水费或有钱也不愿意用来交水费，他们采取偷水或坚持到很远的地方让女人用头去顶水的方式，致使援建的供水设施很难发挥效用。在城市之外的农村，生态环境的破坏也同样十分严重。东非高原上除东非大裂谷内和部分山区外，成材的树木已被砍伐殆尽；其他的地方，除中非的热带雨林地区外，在旱季已经一片荒凉。半个世纪前，非洲那种雨季一派葱绿、旱季野生动物满山遍野，犹如童话故事的人类生活的原生态时代已不复存在。过去非洲人引以为傲的大象成群，角马、野鹿、羚羊、斑马遍野的时代已成为历史，如今只能在一个个野生动物保护区内才能看到那些可爱的动物们。

此外,整个非洲又是发达国家的垃圾场。非洲可以说是一个活生生的世界汽车博物馆,在非洲你可以看到欧洲、日本30年前甚至50年前的流行车型满街跑。每当这些破车走过你的面前,刺鼻的汽油味伴随着一股黑烟就会扑面而来。在城市的边沿,你可以看到一堆一堆锈迹斑驳的报废的汽车;在远离城市的公路上你还可以经常看到一辆一辆抛锚后无法修复的"老爷车"干脆被扔在路边或推翻在排水沟里无人问津。非洲是发达国家主要的二手车市场,无论再破旧的车,只要还能发动,在非洲都可以找到买主。西非、中非、北非主要是欧洲国家的废旧汽车市场,东非则主要是日本的废旧汽车市场。除汽车外,还有大量的二手机械设备,如各种废旧的工程机械,还有发达国家的破旧衣服等。以上这些东西也是造成非洲环境污染的因素之一。

但是,在非洲的法律文本中,关于环境保护的条款可能不比欧洲国家少,与现实生活形成巨大反差。

# 第二章

## 审时度势讲“天时”——历史机遇，千载一遇

《中国的非洲》一书的作者米歇尔·伯雷在该书的序中写道：“中国人看得更为长远，他们的目标与以前殖民者不同，不再是抢占地盘，划分势力范围，而是有着长远的规划，着眼于整个非洲大陆。”“非洲不是缺能源吗？中国就在刚果、苏丹、埃塞俄比亚建设水电站，并且帮助埃及重启民用核计划。非洲不是缺电话吗？中国就在非洲铺设光缆，架设无线网络。当地人不是对中国持怀疑态度吗？中国就开设医院、诊所、孤儿院。白人不是傲慢无礼、喜爱自我吹嘘吗？中国人却表现得十分谦恭，处处务实。非洲人最终被中国人的所作所为打动了。”该书作者于2006年在几内亚采访孔戴总统后写道：“在这次谈话中，孔戴只有一次脸上露出了笑容，那就是我们谈到了中国的时候，他大声赞扬：‘中国人真是没得比！至少，他们非常勤劳，能和我们一起在泥里滚，像我一样下地种田。我曾给过他们一块非常累人的地，你应该去实地看看他们带来的变化。’”“让我们换个角度看问题，对中国来说，走上非洲大舞台可以更好地展示世界大国的能力，表明不仅在国内，即便是地球上最贫瘠的土地上，也同样可以创造奇迹。对非洲来说，这可能是20世纪60年代以来盼望已久的腾飞，是号角唱响的时刻；这不仅是孔戴总统的最后希望，也是9亿非洲人民最后的希望。”2006年8月7日，德国《经济周刊》载文《新时代》，作者迪特尔·施纳斯写道：“中国令非洲经济增长5%以上，而且通货膨胀压缩到25年来的最低水平。在非洲的历史上，经济投资形式的资金首次超过以发展援助形式流入的资金。”“非洲有史以来首次自己掌握了自己的命运；而为这块大陆创造这一契机的正是中国人。”而非洲，有中国

发展需要的丰富资源和广阔的战略空间，有中国资金、技术、人才、设备、产品的巨大市场。非洲需要中国，中国需要非洲。

## 一、非洲需要中国

### 1. 中国的发展让非洲看到了光明的未来

大部分非洲国家经历了独立后几十年徘徊不前，甚至发展水平比殖民时代倒退的痛苦历程。无休止的战乱，无休止的内耗，无休止的种族冲突，乱哄哄的选举，依靠援助才能生存；饥饿、疾病、营养不良困扰着国民。世界不少国家对他们失去了希望，他们有的甚至自己对自己也失去了希望。然而，中国点燃了他们心中的希望，他们从中国身上看到了光明、看到了未来。中国，一个拥有13亿多人口的大国，曾经和非洲国家有过近似的经历，历史上也曾长期遭受过西方发达国家的侵略和蹂躏。然而改革开放后仅仅30多年的时间，中国就摆脱了饥饿、摆脱了贫困，曾经的"东亚病夫"昂首阔步走在了世界的前列，全世界为之刮目相看，中国一步步跨进了世界经济大国的行列。

中国的发展证明，战后半个世纪的世界历史证明，欧美的发展模式，并不是世界上唯一的模式。中国走的是一条完全不同于欧美国家的发展道路，为全世界的发展中国家提供了一个全新的发展模式。中国能做到的，其他发展中国家应该也能做到，非洲国家也能做到。塞内加尔瓦德总统在2008年1月24日英国《金融时报》上刊载的《现在该是西方照自己所宣扬的那样去做的时候了》一文中写道："在满足非洲市场需求方面，中国比西方资本家做得好得多。""西方曾宣扬市场激励的价值，现在该是身体力行的时候了。""我们与世界银行签订合同要花5年时间，而我们与中国只需要3个月……比起西方的批评者，中国人更有竞争力，较少官僚作风，更适合在非洲做生意……"

有一个典型案例，《非洲》杂志记者王京涛刊登在《非洲》2011年第6期上的文章《放弃英国记者生涯来到中国攻读博士 —— 龙刚：中国是非洲发展的镜子》，讲了他采访一个来自刚果（金）的北京大学的留学生龙刚（原名叫Antoine Roger Lokongo）的情况，很有代表性。

龙刚，今年44岁。他曾通过一个西方的宗教组织在欧洲留学，到过法国、芬兰、瑞典、英国等多个国家，先后获得了传媒、哲学、宗教、国际关系等多个硕士学位，并在英国伦敦做了 9 年的记者，但他现在甘愿放弃在欧洲优厚的生活来中国留学。

龙刚在欧洲工作期间，见过联合国秘书长，多个国家的领导人、外交官、大公司老板等，想利用一切机会强调非洲和刚果的问题，结果令他很失望。他之所以到中国留学，是想从中国的成功发展中找到非洲发展的出路，找到改善自己国家现状的出路。

他说："我们有很多资源，但我们自己不知道。西方人在我们那儿投资，也不会告诉我们实情。比如，中国每年会给我们很多奖学金，来为我们培养人才，帮助我们发展。但西方国家却只会派自己的年轻人来非洲，占据重要的领导职位，就像殖民时期一样。西方人到我们那里寻求资源，结果，西方因此繁荣了，我们却仍然贫穷。""15 世纪时刚果是这样，直到今天，还是这个样子！""中国是我们发展的镜子。中国同样有悲惨的历史，但与非洲的不同之处在于，中国已经能掌握自己的命运，而非洲却仍然不得不依赖西方……"（注：根据本书需要，对原文进行了摘要）

**2. 现代中国对非洲的援助和开发方式受非洲人欢迎**

改革开放以来，我国调整了对外援助方式，由原来的无偿赠予，改革为有偿开发和无偿援助相结合。同时，国家大力支持中国企业和中国公民到非洲投资兴业。尤其是新世纪以来，中国以直接援助非洲国家经济技术开发和政策扶持中国企业和公民到非洲兴业、投资、做项目、做贸易相结合的方式，推动中非合作，为非洲国家培育"造血功能"，推动非洲当地经济和社会的发展。以 2006 年 10 月北京中非合作论坛的中非首脑会议为新起点，确立了一揽子中非合作计划，中国政府多策并举、多管齐下推动对非洲的合作与开发。中国政府一方面通过直接支持中国企业、中国公民到非洲投资兴业，给予部分项目以资本金贷款，给予部分项目以贷款贴息，一定期限内减免所得税，再投资扩大生产免税，推迟资本分红汇回国内等；另一方面，还通过非洲当地政府对中国企业投资于当地政府鼓励支持的项目或列入两国政府合作的项目给予贷款支持，大大推动了中国企业和中国公民到非洲投资开发、互利共赢的积极性。如中国公司在尼日利亚除了石油合作之外,还在农业、电力、通信、基础设施、教育等方面全面合作。中国广东新光公司和尼日利亚政府2006年签订了20亿美元改善尼日利亚铁路系统的协议。中国政府还承诺投资40亿美元用于改善尼日利亚的基础设施,投资500万美元用于购买抗疟疾药物,改善当地民生。

比较了解中国与非洲合作的世界银行资深经济学家哈里·罗得曼说:"如果你观察中国在撒哈拉沙漠以南非洲的投资,石油领域显然最多,但如果把目光仅局限在石油领域,你就会忽略中国人在非洲做的最重要的事情。他们在许多领域进行投资,基础设施、电信、纺织、旅游、食品工业。这些都是自由主义经济学家梦寐以求的投资方式,因为它们具有乘数效应,与人道主义援助相比,能提供更多的就业机会,有利于社会稳定,技术转让。"

许多非洲的学者指出,毋庸置疑,避免非洲出现新一轮债务危机的办法,不是停止对急需发展资金的非洲国家提供援助和贷款,而是着眼于提高贷款的效用,使非洲国家通过经济发展增强自身的偿债能力,逐步走出"借新债偿旧债"的怪圈,实现经济的自主和可持续发展……塞内加尔的财政部长阿布杜拉耶·迪奥普说:"世界银行、国际货币经济组织和开发基金组织等信贷机构向非洲提供的贷款流通太慢,而且附加了太多的条件。"而来自中国的贷款,没有任何先决条件,而且流通快、效益高,非洲国家在得到贷款时不需要牺牲国家主权和民族尊严。正因如此,非洲国家普遍欢迎中国的援助和贷款,希望借此推动非洲经济的发展。

**3. 中国人的吃苦耐劳精神、聪明才智,给非洲人留下了深刻印象**

无论是改革开放前对非洲无偿援助的过去,还是与非洲全面合作的现在,走入非洲的中国人绝大多数是起早贪黑,整日忙碌,勤勤恳恳、兢兢业业,没有星期天、没有节假日,不避风雨、不避酷暑,只要工作需要、事业需要,任劳任怨,不讲生活条件,甚至待遇很低。与在非洲的欧洲人、美国人形成很大的反差。一些在欧美人、当地人看来不可思议、不可想象的事情,中国人都能办成。

坦赞铁路,英国人在100多年前就有设想,苏联也曾做过考察,都不敢实施,而中国人在技术并不先进、条件十分艰苦的情况下完成了。在尼日利亚拉各斯郊区有一家钮比斯科饼干厂，是英国人在殖民时代创办的，20世纪70年代因经营困难转卖给尼日利亚人，后又转卖给印度人，他们都无法继续经营下去，2000年印度人又卖给了一个中国人。中国人接手时，这家饼干厂已破败不堪，濒临倒闭。但不久，工厂就焕然一新了。每天24小时开足马力生产，一天产量达70吨，远远超出原设计生产能力，经济效益也非常好。在这里工作的每一名中国员工，都是一人干几个人的活，不辞劳苦、精打细算。中国人购买这家工厂后，从中国运来了新设备，对工厂进行了彻底改造，但花的钱，仅是欧洲人做同样事情的1/4。赞比亚铜带省30万伏高压输变电站，是撒哈拉沙漠以南第一座30万伏高压输变电站，中国公司通过投标，以最低价中标，三年工期，一年半就完成了。

非洲人形象地把中国人誉为“非洲的蚂蚁”。到过非洲的人都知道非洲蚂蚁的力量。在非洲大地的许多地方，到处可以看到一座一座的蚂蚁山，在原野、在路旁、在村边，有的高达十几米，而且坚硬无比。要搬倒蚂蚁山，甚至要动用挖掘机、推土机等大型机械设备。小小的蚂蚁力量之大，人类几乎难以想象。通过这一比喻，可以看出非洲人对中国人坚韧不拔工作精神的仰慕之情。

**4. 中国把非洲带到了世界的中心，开辟了非洲的新时代**

由于近年对非洲的建设与开发，中国在非洲的影响日益扩大，声望不断提高，大大刺激了欧美，包括日本等发达国家，甚至包括印度这样把中国视为竞争对手的国家。他们也都纷纷总结过去对非洲援助失败的经验教训，采取新的理念、新的措施，卷土重来。

欧盟于2007年12月，在葡萄牙的首都里斯本召开第二届欧盟—非洲首脑会议，欧非80多国与会，提出了对非洲合作、援助的一揽子新计划、新政策、新措施。日本于2008年5月在东京横滨举办第四届非洲发展东京会议，非洲52个国家与会，提出了日非战略合作新计划。韩国也于2008年11月在首都首尔举办韩非经济合作会议，发表了《韩非合作2009—2010共同行动纲领》。还有俄罗斯，对非洲也表现出了浓厚的兴趣。印度更是不甘落后，2007年11月与20个非洲国家在新德里举行石油天然气大会，与科特迪瓦、布基纳法索、加纳、乍得、赤道几内亚、几内亚比绍、塞内加尔、马里成立九国集团。2008 年 3 月又在新德里举行“印非项目合作 2008”，并在 4 月接着召开首届印度与非洲首脑峰会，30 多个非洲国家与会，会后发表了《新德里宣言》和《印度—非洲合作框架协议》。正如安哥拉前总理洛波·多那西门托所说：“不同领域的专家都在分析研究，并希望找到中国与非洲大陆建立新的经济联系的内在动机。站在一个非洲人的角度，我应该承认，是中国把非洲带到了西方大国利益的中心。”

**5. 中国人正在创造非洲发展奇迹**

纵观非洲历史，无论是 300 年前肮脏的奴隶贸易还是 1884 ~ 1885 年欧洲列强瓜分非洲的柏林会议，西方殖民者用血和火的野蛮掠夺逐步把非洲变成其原料供应地和商品倾销地，使非洲变成了西方宗主国的依附性单一经济结构，几乎百年停滞不前。然而，就在近 10 年间，中国以自己特有的方式，历史性地推动了非洲经济和社会的发展。印度的《印度教徒报》载文《中国与非洲经济体》指出：“中国今天在非洲的做法和西方殖民者过去的做法有一个关键性差别，那就是中国没有对非洲弱小国家进行军事占领和破坏当地的经济，并借此把一些贸易条件强加给这些国家。”中国通过政府与企业、私人三相互动，投资、贸易双管齐下，第一次历史性地推动了非洲的发展。

由加拿大、荷兰资助的加纳经济研究所所长查尔斯·门萨博士在评论中非关系时讲：“虽然中国也到非洲来开采自然资源，但与西方半个世纪以来免费攫取的做法不同，中国还向非洲提供了大量的基础设施和大量的投资作为交换。中国最近 30 多年的快速发展已经雄辩地说明，非洲不能再把欧美模式看成解决问题的药方。非洲必须抓住中国的‘尾巴’（中国向前奔跑，非洲也能随之前进），这是非洲脱贫的最后一次历史机遇，非洲绝不能再错过！”负责非洲事务的世界银行副行长南卡尼说：“中国对非洲的贸易与投资，正成为非洲国家经济增长的资源动力。”非洲学者保罗·莫尔克拉夫特在 2007 年 2 月 5 日出版的南非《商业日报》上撰文《为什么北京在非洲能赢》，说：“迄今为止，西方援助没有发挥什么作用。非洲大陆经历了多年的倒退，直到今年才取得了 5% 的增长率。这样的成就很大程度上归功于对华贸易。”

## 二、中国需要非洲

### 1. 非洲，有中国发展需要的丰富资源

中国虽然拥有960万平方公里的国土、473万平方公里的领海。但由于地质构造原因，石油、天然气、铝矾土、铜矿石、铁矿石包括铀矿等许多关系国计民生、经济发展、科学技术、国家安全的一些战略性资源都不丰富，有的甚至很匮乏，都需要大量进口。2009年，中国进口石油17 889万吨，占全国需求总量的48.5%；进口铁矿石44 356万吨，占全国需求总量的34%；氧化铝、铜等矿产品进口量也很大。铀，作为重要的军事、科技、能源储备的战略性物资，中国储藏量少，品位又低。进入21世纪以来，由于每年中国经济发展对各种原材料、资源需求量的大幅增加，全世界的资源、能源、矿产品的价格一路攀升，成倍增长。如石油，由20世纪末的每桶20美元左右(2001年最低谷时，曾经跌落到每桶13美元)，一路飚升到每桶150美元，甚至每桶170美元、180美元。2007年美国次贷危机发生后，才下降到80美元左右，仍是以前的4倍。氧化铝、铁矿石、铜矿石的价格也成倍增长。整个世界呈现出“中国缺什么什么贵，中国买什么什么贵”的状态。随着中国经济持续快速的发展，资源的制约问题将会日益突出。无疑，资源必将成为未来制约中国经济发展的瓶颈，而非洲有丰富的资源正等待开发。

### 2. 非洲，通向世界市场的大门

今日之非洲是全球经济、社会发展最落后的地方，但同时又是通向世界市场的桥梁。《烛之武退秦师》一文中，烛之武对秦穆公讲的一句话很有哲理：“邻之厚，君之薄也。”意思是说：“你邻居家变得富有了，相对你的家就显得穷了。”在当今的世界上，相对于和自己处于同一水平的国家，或者虽然比自己差，但有希望在不远的将来赶上或超过自己的国家，往往是很忌讳的，谁也不愿意看到自己被别的国家赶上和超过，而且更不愿意帮助这样的国家发展，对他们采取的手段往往是牵制、阻挠，甚至是制裁、打压。从2001年，中国加入WTO(世界贸易组织)到2009年，中国是世界上遭遇反倾销案例最多的国家。有的年度，中国一个国家受到的反倾销起诉案例，占到整个加入WTO国家总量的50%之多！然而，对于黑非洲那些落后弱小的国家，没人介意他的发展。因为在可以预见的将来，

他们不可能赶上和超过自己，他们离自己的距离还很遥远，对自己构不成威胁。从欧美发达国家，到包括中国、印度在内的发展中国家，谁都不在意促进非洲的发展，甚至竞相给予经济援助、政策优惠、债务减免，以表现自己的慷慨大度。欧洲国家累计援助非洲达数千亿美元，美国、日本累计援助也有数百亿、上千亿美元之多。几乎所有发达国家对非洲国家都给予了最惠国待遇，免除许多产品的进口关税，取消部分限制性进口产品的进口配额等。类似于中国、印度这样的大国，不可能享受类似的待遇。因为，中国、印度是大国，拥有发展成强国的基础条件。一旦发展起来，就有可能具有与现有发达国家抗衡的力量。

所以，在非洲发展，就可以避开发达国家甚至一些发展中国家对在我国本土生产产品进入该国市场的许多限制，避免对我国本土企业在技术进口、技术使用等方面的限制。同时，与我国相比，从非洲到欧洲、美洲的空间距离也大大缩短，无论是人员、货物运输的成本都会大幅度下降。如北非到欧洲最近的海上运输距离只有 15 公里（越过地中海、大西洋之间的直布罗陀海峡），西非国家到欧洲的海上运输距离大多在数百公里以内。到美洲，横穿大西洋的距离，比从亚洲横穿太平洋的距离也近得多。东非到欧洲的距离也不远，穿过红海、苏伊士运河即进入地中海，到达欧洲。

**3. 非洲，世界劳动力价格的低洼地带**

在世界市场上，最有竞争力的东西，除了技术、管理、品牌及其他不可替代的资源之外，就是人力资源。尤其是劳动密集型产品。人力资源，也就是劳动力的价格，往往是企业产品在市场上竞争力的决定因素。同样的产品、同样的价格，因在不同地方、不同国家生产，背后是不同的制造成本。它决定了企业盈利还是亏损，赚钱多还是少，实际也就决定了企业的前途和命运。这也是中国改革开放以来，那么多的外资企业、跨国公司纷纷把生产厂搬到中国的主要原因。因为当时中国的劳动力相对成本（同等素质条件下），也就是劳动力的价格处在世界劳动力市场的低洼地带，产品在中国生产有钱可赚。目前，由于我国劳动力价格的提高，已经使许多低档次的劳动密集型产品在中国生产无钱可赚，所以很多企业纷纷把厂设在新的劳动力价格的低洼地带，如南亚、东南亚等。

应该说，目前和今后相当长一个时期，世界上劳动力价格的真正低洼地带在非洲。当然，非洲劳动力的整体素质不是太高，然而，在部分中心城市，也有较高素质的劳动力。此外，还要看具体项目对劳动力素质的要求。如服务业、建筑业、农业等项目，非洲劳动力的素质已经基本可以满足需求。有的项目，如生产型项目，可能在培训方面需要多花一些费用和时间，但从长远看将是合算的。

**4. 非洲，可以实现跨越性发展的地方**

非洲，不发育的市场，不发育的社会，加上丰富的资源，正是作为后起之秀的企业、个人实现跨越性发展得天独厚的条件，是上帝赐给当代中国人的重大历史性机遇。在经济、社会高度发达，市场机制健全的条件下，现有的大企业已经充分占有各种资源，具有几十年、上百年甚至数百年积累的技术优势、管理优势、制度优势、市场优势，后来者很难望其项背，找到自己的用武之地。不要说超过、赶上他们，即使给自己的新兴企业争口饭吃也不是一件容易的事。而非洲，我们正可以利用其体制和制度上的特点，利用非市场的资源，也就是自然资源、政府资源、人脉资源、人力资源的优势，替代老的企业，替代跨国公司在传统市场占有的上述资源的优势，实现后发制人，实现超常规的跨越性发展；待实现资本的初始积累，管理及技术的积累，培育出自己的独到优势，然后再和其他企业在其他市场上一决雌雄。

**5. 非洲，有中国的相对优势**

虽然，中国现在已经是世界上的经济大国，也被称为“世界工厂”，但我们不能被取得的成绩冲昏头脑，不能盲目地骄傲自大、忘乎所以。30 多年来，中国经济获得了长足发展，中国的科学技术获得了巨大的进步，中国的管理水平有了很大的提高，中国在国际上的地位提升到近代以来所不曾有的水平，但是，我们必须客观地、实事求是地评价自己。我们的整体科技水平，整体管理水平，整体经济发展水平，包括社会的发展水平，与欧美发达国家相比，还有很大差距。无论是新材料、新技术、新能源，还是航天航空、海洋技术、生物技术、信息技术、军事技术的各个领域，我们和美国、欧洲、日本等发达国家都还有很大差距。尤其与美国相比，在各个领域的差距都不是十年八年的时间就可以赶上的。我们只是在部分领域，在实用技术方面，在与人们生活密切相关的产业，接近或赶上了发达国家。我们与发达国家相比，我们所具有的优势是成本低廉，有丰富的人力资源，有吃苦耐劳、艰苦奋斗、不屈不挠、诚实守信的精神，有不守成规、灵活机动、勇于创新的精神，有30多年来我们国家积蓄起来的满怀信心、奋发向上、朝气蓬勃的精神。我们的相对优势是在发展中国家，在非洲这样的地方，那里需要我们，那里才有我们广阔的用武之地。

## 三、中非合作具有坚实的基础

### 1.中国具备开发非洲的各方面条件

尽管近年西方发达国家，包括印度等国看到中国与非洲的合作取得的巨大成绩而妒火中烧，纷纷效仿，在舆论上、宣传上甚嚣尘上，甚至超过中国，但我们不能被这种假象所迷惑，大部分国家是在作秀，目的不外乎干扰中国与非洲的合作，分散非洲人的注意力。

当然，美国是现今世界上各方面实力最强大的国家，政治、经济、军事、科技各方面均居于世界首位。美国在非洲也有自己的战略利益。尤其近年，随着非洲大陆石油、天然气资源勘探、开发不断取得突破性进展，美国对非洲的关注程度也在不断升温，把非洲石油提升到了“美国国家安全”的高度。

在与非洲的合作上，实质上要与中国一争高低的是印度。首先印度认为，在亚洲国家中它距离非洲很近，历史上有许多印度人曾经漂洋过海到东非寻求发展。至今在东非的不少国家，还有一些印度后裔。在东非一些国家传统的商业领域，印度后裔占有一定优势。印度在历史上对非洲的影响远远超过中国，它应比中国更有优势开发非洲。其次，印度也有11亿人口，国土面积远比中国狭小，资源比中国更贫乏，它们比中国更需要非洲。在近年对非洲的合作方面，动作最大、叫得最响、公开拉出与中国竞争架势的正是印度。但从产业优势上看，中国目前的优势是在制造业，中国是全世界公认的世界工厂，尤其是轻工、纺织、家电、通用机械等与老百姓生活密切相关的产品，中国的产量已居于世界前列，许多早已居世界第一位。这些都是非洲当前十分需要的。而印度产业的主要优势是在计算机软件行业，与非洲人的需求相去较远。虽然其他优势产业印度也有一些，但总体上与中国无法相比。虽然，在东非商业领域有一些印度后裔，他们从感情上与印度有一定的关系，但这起不了主导作用，起主导作用的还是经济关系。再者，从政治上、经济上东非的印度后裔对东非国家都没有太大影响，与华裔在东南亚国家的影响相比差得很远。从以上情况可知，在对非洲开发的优势上，印度与中国的差距如同经济领域的差距一样。

在未来，能把非洲带入现代世界，让新世纪的曙光普照非洲大地的国家无疑将是中国。中国是当今世界上最大的发展中国家，也是当今世界上发展最快的国家。2010 年经济总量已经超过日本，成为世界上仅次于美国的第二大经济体。目前中国外汇储备已居世界第一，制造业的生产能力居世界第一，国民收入每年都在快速增长，国民受教育程度也在大幅提高。中国人创造力、智慧、吃苦耐劳的精神，在世界各民族中都居于前列。中国今天拥有的物力、财力、人力也是世界上一般国家不可比拟的。再者，政治上，中国对外交往坚持和平共处五项原则，经济上坚持合作共赢、互惠互利，非洲各国政府和人民都乐于接受。

**2. 中非双方都有扩大和深化合作的需求和愿望**

改变现状是今日所有非洲国家、非洲人的共同愿望。可以说，非洲有史以来，目前是非洲人改变现状愿望最强烈的时代。他们中的有识之士看到了自己与世界的差距，看到了自己的落后与贫穷，认识到了自己国家、自己民族在这个世界上所处的悲惨境地，意识到了世界在快速变化和飞速发展。如果今天还不行动起来，继续任贫穷、饥饿和疾病吞噬自己、吞噬自己的种族、吞噬国家的未来，非洲在世界上的地位将会进一步恶化，非洲的前景更令人担忧。可以说现在非洲人已觉醒，非洲人已经行动起来。他们已在向这个世界发出呐喊，非洲不能继续任人摆布、任人宰割了，非洲人要团结起来，要自己掌握自己的命运，要自己选择自己的道路。这也是非洲这些年来，许多非洲国家、许多有识之士一直孜孜不倦地寻求非洲贫穷的根源、寻求自己的发展模式的内在动因。

过去，西方殖民主义宗主国在非洲国家独立的时候，利用它们政治上的幼弱和不成熟，大部分国家被移植的都是欧美的资本主义制度，远远脱离非洲实际。战后宗主国又以政治支持、经济技术援助为条件，不断强化原有的体制和制度，致使非洲几十年如一日地在欧洲人为它们设计的怪圈里走不出来。几个世纪以来,欧美发达国家利用它们工业革命的成功造就的政治、经济、科学技术上的优势,向全世界大肆宣扬西方文化的优越性,宣扬西方经济体制、政治制度的优越性,在它们力量能达到的世界的每一个角落,推行它们的意识形态,建立资本主义制度。并且,对不是资本主义制度的国家采用孤立、歧视、制裁、经济技术封锁,甚至以武力相加。而对于按照它们的意志行事的,则政治上扶持、经济上支援、市场上开放、技术上转让。

今日中国的发展,走的是一条从自己实际出发,采用渐进式改革、渐进式开放,一步一个脚印的发展道路,为广大发展中国家的发展提供了有益的经验和借鉴。

## 四、中非合作最佳战略机遇期

### 1.中国经济的发展正处于工业化、城镇化、信息化、产业升级、产业转移高潮期

中国改革开放30多年,已经走完了前工业化阶段,进入大规模产业升级时期。传统农业向现代农业转移;制造业由初级产品向高端产品转移,由劳动密集型产品向技术密集型产品转移,向资本密集型产品转移;由粗放经营向集约经营转移。中国产业的结构,由改革开放初期的二、一、三排序,20世纪90年代已经调整为三、二、一。中国农业,几千年漫长的小农经济时代终于迎来了曲终的乐章,中国农民面朝黄土背朝天的时代结束了,中国农业的产业化时代也裹挟着新时代的春风姗姗而来。与此相伴的是中国农业劳动力持续不断地大批向第二、第三产业转移,中国农村人口大批向城镇转移。每年成千上万的农业劳动力走出土地,到中国东南沿海千千万万"来料加工""进料加工""来样加工""贴牌生产"等的工厂打工,为世界市场生产质地优良而又十分廉价的各类产品,也使中国拥有了"世界工厂"之美名。2007年美国次贷危机发生以来,中国这一发展过程呈现加速状态。

2008年,仅中国沿海地区倒闭的以外贸出口、加工贸易生产为主的企业就达3万多家,无工可打的返乡农民工达3 000多万人。与此同时,中国还有年毕

业600多万的大中专学生、年新增加的400多万需要就业的城镇人口。

中国的经济发展、中国的社会发展能否为如此庞大的就业队伍提供足够的就业岗位，能否及时消化吸收释放出的大量富余生产能力，这是当代中国政府面临的严峻考验。然而放开眼界，走出国门，就会发现海外市场之大，机遇之多，可以说是海阔天空。而非洲又是海外市场中最具有发展潜力的市场。

**2. 中非经济有广泛而全面的互补性**

中国作为现今的"世界工厂"和悠久的农业文明国家，在第一产业、第二产业、第三产业领域拥有广泛的各方面成熟的实用技术、大量富裕的生产能力、经验丰富的技术人才和熟练的劳动力，还有大量富裕的资金。2009年中国总产出超过总消费占GDP的10%。2009年上半年，中国钢铁行业过剩产能达1.6亿吨，生产能力利用率为73.1%；冶金行业产能利用率为65.7%；铁合金产能利用率为70.4%；水泥行业产能为18.7亿吨，需求只有14亿吨。全年，汽车工业过剩25%，钢铁过剩28%，矿业过剩30%，电力过剩25%，水泥过剩40%。还有很多行业都是类似的情况。这些富裕的生产能力都需要寻找出路。农业的现代化，使数以亿计的熟练农业劳动力走出家门，另谋职业，寻求新的发展机遇。另外，据中国统计部门发表的2008年统计年鉴公布的数字，当年末，中国外汇储备为19 460万亿美元，居民储蓄为217 885亿元。另外，还有企业巨额的单位存款都在寻求好的发展项目。而这些，都是非洲国家翘首以盼的发展资源。

**3. 中国正处于国民精神的上升期**

30多年的改革开放，中国经历的不仅是生产力的大解放，经济的大发展，而且同时经历的是思想的大解放，民族精神的大解放。近代列强的入侵，封建王朝的衰败，割据军阀的压迫，中华民族经历了百年的痛苦压抑，毛泽东曾形象地把其比喻为压在中国人民头上的"三座大山"。改革开放，为整个民族彻底砸碎了缠绕在身上百年甚至千年的精神枷锁，中华民族真正进入了一个全新的历史时期。这种大解放，对一个占世界人口1/5、有5 000年辉煌历史、压抑了百年甚至千年的英雄民族来讲，释放出来的巨大精神能量能用什么来形容？排山倒海、雷霆万钧，还是惊天地、泣鬼神？都不过分。历史将会证明，中华民族正在书写自己历史的新篇章,书写人类历史的新篇章,书写世界历史的新篇章!这是今天我们看到的,也是世界人民看到的。如此众多的人口、如此大的经济体,经济能连续保持30年以10%以上的平均速度增长,是世界史上绝无仅有的。

1998年亚洲金融危机,整个东南亚、东亚国家货币争相大幅度贬值,经济连片出现大幅度下滑,世界为之震动,中国充当中流砥柱,力挽狂澜;2007年以来,美国次贷危机引发全世界的金融海啸,爆发全球性经济危机,美国、欧洲、日本,几乎从发达国家到发展中国家无一幸免,而中国的经济只在2008年增速略有下降,2009年即实现了稳步回升。这些只是我们民族走向现代世界历史舞台拉开的序幕,更加精彩的剧目还在后面。

但是,目前这种奋发有为的精神,艰苦创业的精神,不甘人后、朝气蓬勃、无所畏惧的精神,并不是哪一个时代都可能有的。这是一个民族、一个国家在上升期、在创业期才可能有的精神。改革开放以来,中国的大门向世界打开的同时,世界的大门也向中国打开,我国与世界发达国家的差距,我们生活水平与发达国家人们生活水平的差距就摆在面前,改变现状成为中国各级政府和中国人民的共同愿望。但中国走的是一条在中国共产党的领导下,从沿海到内地、从农村到城市、从经济体制到政治体制、从内贸到外贸循序渐进的改革和开放之路,逐步打破旧体制,调动各个阶层、各个方面的积极性。在这个过程中,中国的老百姓,除了奋力扩大在国内的发展空间,还把眼界放到了世界上。不惜背井离乡、别妻离子、远渡重洋,到国外寻求发展的浪潮,随着改革开放的深入,也是一浪高过一浪。从全国求学热、打工热、贸易热,到目前的投资热、创业热,可以说是如火如荼、方兴未艾。现在,可以说世界各地凡是有人类居住的地方,几乎都可以看到中国人,到处都有中国人投资兴业、寻求发展的忙碌身影。这从一个侧面反映出来,一个被压抑了千百年的民族,改革开放后,要改变现状、脱贫致富的巨大动力。

**4. 中国走向非洲、走向世界发展的黄金时期**

国民昂扬向上、奋发有为的精神是一笔巨大的财富,国家和民众都应该珍惜它,并用好这种最佳的历史机遇期,一定要抓住机遇,乘势而上。现在的发达国家，虽然人均 GDP 很高，生活质量也很高，人员的素质也很高，但是朝气蓬勃、吃苦耐劳的创业精神却没有了。类似于非洲这样艰苦的地方，发达国家的职工，有的即使给再丰厚的待遇也不愿意去。目前，在非洲工作的一个发达国家的公司职工，成本是我国公司职工的 5 ~ 10 倍。这也是大部分欧美跨国公司在非洲市场上不是我国公司竞争对手的关键因素。我们看一看欧洲国家走向世界、一往无前的时间，是 16 世纪到 19 世纪，从葡萄牙、荷兰、西班牙到英国、法国、德国，各个国家都是伴随着上升期而向外扩张的，一旦上升期过去，就开始处于守势，不要说再扩张，既得的利益也不一定能保住。我国的历史也完全可以证明这一点，历史上，发展最快，对世界影响最大的时期正是中国封建社会的上升期。中国和世界各国的历史无一例外地都证明了这一点。

当然，中华民族今天的复兴，不是中国历史上任何一个封建王朝能比拟的，就是近代的欧洲列强，包括美国也不可同日而语。中国今天走的是一条和平发展道路，是一条完全不同于历史上任何一个国家的现代化发展道路。中国一再昭告天下，要和平不要战争，要发展不要贫穷，要合作不要对抗。中国在自身发展的同时，也带动周边国家共同发展，与世界共生共荣，这也是今天的社会环境和时代的要求。在现代的世界上，任何一个国家的发展都离不开其他国家，离不开与其他国家的合作。但是，现代国家和古代国家在兴起的过程中有一点是相同的，即整个民族处于上升期的发奋向上的精神，不畏艰险、不畏强暴、敢于冒险、敢为天下先的精神。这个时期即艰苦创业期一旦过去，再想有大作为就非常困难了。

**5. 发达国家已经失去开发非洲的战略机遇期**

欧美，包括日本这些现今世界上的发达国家，尽管从经济实力上讲，它们有充分的条件，但这些国家都早已过了发展进程中的上升期。它们的民众早已习惯了悠闲富足的生活。宽敞明亮的别墅和办公室，蓝天白云般洁净的环境；一周五个工作日，一年两次带薪休假，带着老婆、孩子出国旅游。在欧美发达国家，每到星期五的下午 5 点，商业街上还在营业的店铺，不是华人，就是印度人、阿拉伯人或其他亚裔人开的，当地人早已关门打烊，带着家人开着车出去玩了。许多白人职工，休息日给两倍、三倍甚至更多的加班费也不愿工作，他们把享受生活远远放在金钱、事业之上。

目前，世界上发达国家国民储蓄率都很低，而且最低的是美国，正常情况下都在5%以下，前些年甚至不到1%。超前消费、借钱消费、寅吃卯粮成为时髦。它们的国民已经没有了那种奋发有为、艰苦创业的精神。无论这些国家的政客如何鼓唇摇舌、豪情万丈，在非洲这样艰苦的地方，现在让发达国家的公民去不辞劳苦地创业打拼的可能性不大了。

**6. 其他发展中国家还不具备开发非洲的充分条件**

发展中国家的民众虽然大部分都有吃苦耐劳的精神，但许多又由于国力、民力的限制，国民素质的限制，自己尚处于初级阶段，需要他国、别人帮助开发才能实现发展，无暇顾及他人。

# 第三章

## 扬长避短话“地利”—— 选择地域，抢占先机

非洲（包括北部非洲），全称阿非利加洲，在拉丁语中是“阳光灼热”之意。约有3/4的土地受到太阳垂直照射，年平均气温在20℃以上的地区占整个非洲的95%，素有“热带大陆”之称。东濒印度洋，西邻大西洋，北隔地中海、直布罗陀海峡与欧洲相望，东北隅隔苏伊士运河、红海与亚洲为邻，面积3 020万平方公里，占世界陆地面积的20.2%；地理位置主要在南纬34°到北纬37°、东经61°到西经17°之间。2009年年底人口约9.5亿，占世界人口的14%左右。共有56个国家和地区（加上新独立的南苏丹为57个国家和地区），分为5大区域。即北部非洲，包括埃及、阿尔及利亚、摩洛哥、利比亚、突尼斯、苏丹6个国家；东部非洲，包括埃塞俄比亚、厄立特里亚、索马里、吉布提、肯尼亚、乌干达、坦桑尼亚、卢旺达、布隆迪、塞舌尔10个国家（加上南苏丹为11个国家）；西部非洲，包括毛里塔尼亚、西撒哈拉、塞内加尔、冈比亚、马里、布基纳法索、几内亚、几内亚比绍、佛得角、塞拉利昂、利比里亚、科特迪瓦、加纳、多哥、贝宁、尼日尔、尼日利亚17个国家和地区；中部非洲，包括乍得、中非、喀麦隆、赤道几内亚、加蓬、刚果（布）、刚果（金）、圣多美和普林西比8个国家；南部非洲，包括赞比亚、安哥拉、莫桑比克、津巴布韦、马拉维、博茨瓦纳、纳米比亚、南非、斯威士兰、莱索托、马达加斯加、科摩罗、毛里求斯、留尼汪（法国殖民地）、圣赫勒拿（英国殖民地）15个国家和地区。

非洲的撒哈拉沙漠为世界上最大的沙漠，面积960万平方公里，约占非洲总面积的1/3。从人种和文化上，习惯上把撒哈拉沙漠以北的地区称作“北非伊斯

兰阿拉伯地区”（居民主要属于阿拉伯民族，信奉伊斯兰教），把撒哈拉沙漠以南的地区称作“黑非洲”（居民主要是黑种人，但信仰复杂，大部分人主要信仰伊斯兰教、基督教、天主教、原始宗教等）。根据不同国家的历史背景，官方语言和商业用语主要有英语、法语、阿拉伯语、葡萄牙语。东部非洲的坦桑尼亚、乌干达、肯尼亚等国家还通行斯瓦希里语（一种英语和阿拉伯语、当地语言的混合语言）。

到非洲创业发展，面对如此广阔的地域、如此众多的国家，要清醒地认识到不同地域之间、不同国家之间往往存在很大差异。这种差异既有政治的、社会的、经济的、市场的、历史文化的，也有矿产资源、自然条件等方面的。如何根据自己的情况、自己的需要，扬长避短地选择对自己最为有利的国家和地区，是每一个计划到非洲创业发展的单位或个人需要慎重考虑的问题。

本章重点探讨非洲5大区域不同地方、不同国家具有的不同优势、不同特点，包括主要情况和存在的主要问题，以供读者参考。

## 一、北部非洲，伊斯兰阿拉伯世界

北部非洲（以下简称北非），包括埃及、苏丹、阿尔及利亚、突尼斯、利比亚、摩洛哥6国。领土面积827.15万平方公里，人口20 082.3万，GDP总量5 843.7亿美元，人均GDP 2 909.88美元。地理位置主要在北纬19°到37°、西经14°到东经52°之间。文化、风俗习惯均属于伊斯兰阿拉伯世界。官方语言均是阿拉伯语，通行法语和英语、阿拉伯语。除苏丹外均是地中海沿岸国家，国土主要在撒哈拉沙漠以北或在撒哈拉沙漠之中，大部分国家的国土属于撒哈拉沙漠的一部分。埃及人口主要集中在尼罗河河谷，利比亚、阿尔及利亚、突尼斯诸国的人口集中在地中海沿岸，摩洛哥人口主要集中在地中海和大西洋沿岸，苏丹人口主要集中在尼罗河河谷、红海沿岸。相对于撒哈拉沙漠以南的黑非洲来讲，这里历史悠久，经济、社会、文化都较为发达，是非洲，也是世界上一个比较独特的区域，各个国家既各有千秋又有许多共同特点。只要深入其中，就会发现那里同样有许多重要商机和发展机会。一些商机，可能不亚于黑非洲及其他地方。这里单独作为一个区域列出，以供读者参考。

1.**北非各国共同的文化特点**

北非6国在宗教信仰上同属于伊斯兰教国家，民族属性上同属于阿拉伯民族。当然，在这些国家也有少量信仰其他宗教和属于其他民族属性的人。如各个国家还有少量信仰天主教、基督教甚至东正教、犹太教、原始宗教的居民，有一定数量的少数民族。但这些国家主体民族是阿拉伯民族，均把伊斯兰教作为国教。有的国家在国名前还冠以阿拉伯某某共和国，如埃及国名是阿拉伯埃及共和国，利比亚国名是大阿拉伯利比亚人民社会主义民众国。伊斯兰文化渗透在国家、社会和居民日常生活之中。国家、社会、居民的行为均是以伊斯兰传统文化为准则。如果要进入这些国家，必须对伊斯兰教有所了解，尤其是对伊斯兰教的禁忌、风俗习惯要熟悉。一定要尊重当地官员、民众的伊斯兰教情结，不说、不做违背伊斯兰教风俗习惯的事情。对自己看不惯的一些行为不能表现出鄙夷、不屑。尤其是到当地经商办企业，不但要深入研究伊斯兰教的风俗习惯，还要深入研究伊斯兰教教义、伊斯兰教信徒的精神世界、伊斯兰教不同教派的差异、伊斯兰教在不同国家的差异，去主动适应它、利用它，使其为我所用，而避免使其成为自己与伊斯兰教信徒交往和做生意的障碍。

从商业角度讲，北非作为伊斯兰阿拉伯文化有以下共同特点：

(1)热情好客、彬彬有礼。

在阿拉伯人的上层社会，一般都有很好的文化素养。与他们交往给人的第一印象总是热情好客、彬彬有礼，这确实是阿拉伯文化优秀的一面。但是，我们自己应当把握好其中的分寸。

(2)轻易不说“不”字。

北非的阿拉伯人很爱面子，在对外人际交往中，常常表现得一团和气。尤其是有一定社会地位的人，他们在与人交往中，轻易不说“不”字。想要做的事情，一般也不主动提出，而是让别人去揣摩。但如果深入交往，慢慢就会发现，不少阿拉伯人在“和气”的面纱背后，还是颇有心计的。在商业交往中，一旦谈到实质性的问题，马上就开始兜圈子。也可能有求必应、信誓旦旦，你提出的问题他都没有不同意见，但当你约好了下次见面的时间，或对方承诺了复函的时间以后，你可能就要焦急地等待了。当你和他联系时，也可能一直联系不上，也可能你联系上了，他会说一堆理由，并表示道歉。你和他再次约定时间，到期他可能还是不赴约。实际是他对你提出的条件不满意，但又不明说，让你自己提出对他更有利的交易条件。

（3）他们对不熟悉的人怀有很深的戒心。

你和他们打交道，开始往往丈二和尚摸不着头脑。如你可能通过朋友介绍或在某个会议场所认识了某个国家的政要，开始和他进行交往，并送了一些有价值的礼品，期望他能给你以回报。但当你遇到问题和他联系时，往往和他联系不上，他给你的联系方式是他秘书的，秘书会经常告诉你，他出差了，他很忙。与阿拉伯人交往，包括做生意时，首先要想办法建立互信关系。在没有建立互信关系之前，他们对于不熟悉、不了解的人往往抱着很深的戒心。经过一定交往，如果他信任你，把你当做他的朋友，一般重要的标志是他会主动邀请你到他的家里做客，把他的家人介绍给你。一旦把你当做真正的朋友，这时才有诚信和友谊，只要他能办到的，他什么事情都会帮你做。当然，这种帮忙不是无偿的，而是要有所值的。也可能他嘴里讲得很义气，把你看作他的兄弟，但你一定不要误会了，该有的回报一定不能少。无论是平时交往，还是做生意时都一样。只要双方建立了互相信任的关系，他会与你保持长期的友谊和业务关系。但请记住，你一定也要守信。这是阿拉伯人的另一个重要特点。

（4）开放程度较低，但又有较多的商业机会。

社会开放程度低、透明度低应该说是北非阿拉伯世界的重要特点之一。无论是国家的政治领域、经济领域，还是人民生活的方方面面，都有封闭性与保守性的问题存在。就是在埃及、阿尔及利亚这些北非相对开放一些的国家，也依然是如此。如对于外来投资、商业贸易，各国都有不同程度的限制。社会内部行业与行业之间，企业与企业之间，人与人之间都比较封闭。这种情况，由于信息的不对称，机会的不均等，既存在阻碍经济、社会发展的一面，同时又有存在许多商业机会的一面。

（5）典型的“熟人社会”。

在北非阿拉伯世界里，权大于法、情大于法也是经常遇到的现象，办事情靠熟人有时会很方便。在这些国家经商、办企业，一定要交上几个当地有一定办事能力、有一定社会地位的朋友，为自己留下后手，以备不时之需。

（6）处事精明，深谙商道。

阿拉伯人具有悠久的经商历史，有许多家庭是世代相传的商人之家，大部分都很精明，深谙经商之道，在处理商务问题上十分老到。他们往往不急于求成、不现场拍板表态，要等对市场情况有了充分的了解、对打交道的对手有了充分的了解后才会下决心。有时，他们不急于表态，故意装成不以为然、漫不经心的样子，甚至顾左右而言他，久久不给你回话，不是他们对商业机会不在意，而是在故意吊客户的胃口。遇到类似情况，也不能着急，要做深入细致的分析，采用相应对策。

（7）交往过程中特别注重细节。

他们都比较注意你与他们交往过程中的细节问题。你对他和他的家人一定要尊重、要客气、要很有礼貌。尤其是对他们的女性家属要格外尊重，不能像在国内对朋友的妻子一样乱开玩笑，甚至你都不应该用眼睛较长时间地正面看她们，以免引起男主人的误会或嫉妒，给自己带来不必要的麻烦。绝不允许别人对他们的女人有非分之想。对他们业务上的竞争对手、生活中的仇人，我们也要保持距离，注意不要陷入他们的矛盾中去。与他们交往时，一方面要表现得很有文化修养，另一方面还要表现得是一个胸怀坦荡的君子。

（8）有喜欢吃甜食的饮食习惯。

在北非，无论是男人、女人、老人、孩子，都喜欢甜食。他们最爱吃的面包是加糖的，蛋糕是加糖的，米饭内常常放有许多葡萄干，也是甜的，喝的茶内也要放上糖。他们爱吃的当地最著名的水果——椰枣，含糖量高达60%。阿拉伯的男人、女人，年岁大一点的，大都是大腹便便，女人都在家里待着，肥胖症更为突出。糖尿病也是阿拉伯国家的高发病。

(9)妇女没有社会地位。

传统的阿拉伯人认为妇女是男人的附属物,是其私有财产,妇女不能单独出门,出门必须戴面纱而且必须有丈夫陪同,未婚的必须有父亲、兄弟陪同,丈夫去世的要有儿子陪同。虽然现在有的国家在法律上已经不再对妇女进行歧视,但在强大的传统习惯面前,妇女仍然是那样的微不足道。妇女在这些国家还是不能抛头露面,她们仍然是一天到晚只能龟缩在家里带孩子、做家务,不允许出门。没有工作的权利,没有受教育的条件,丈夫去世不能改嫁,男人却可以娶4个妻子。到过这些国家的人都知道,在公共场所,大多只能看到清一色的男人。

**2. 北非国家的生产经营环境及市场**

(1)北非国家悠久的商业传统。

北非的商业环境与其历史、文化、宗教密切相关,同其他国家相比有其明显的特殊性。其一是浓郁的伊斯兰阿拉伯风俗习惯,是在当地经商投资首要考虑的问题。前面在介绍当地文化特点时已经讲了,不再重复。其二是比较独特的商业习惯。阿拉伯人具有悠久的经商历史,可以上溯到阿拉伯民族的幼年时期,甚至更早。在阿拉伯帝国尚未兴起,东罗马帝国控制地中海沿岸和中亚的贵霜王朝时期,他们即以阿拉伯半岛为中心,水路向东南通过波斯湾、印度洋直达印度、东南亚、中国,向西越过红海通向欧洲、非洲;陆路向东越过中亚到达中国、印度,向西到小亚细亚。他们是世界上最善于做生意的民族之一,是商场老手,曾经控制欧亚,包括非洲大陆之间的贸易长达千年之久。再加上阿拉伯民族兴起于沙漠之中,艰苦卓绝的生存环境,养成了阿拉伯民族性格上的坚韧,结合世世代代的经商经验,反映在生意场上,形成了具有阿拉伯特色的一套丰富的生意经,如欲擒故纵、声东击西、以进为退、步步为营、渔翁得利、精打细算、放长线钓大鱼、守株待兔等。

(2)具有欧洲和伊斯兰文化双重特点的法律体系。

北非国家都曾是欧洲国家的殖民地,而且具有悠久的历史文明。独立后,在引进欧洲宗主国法律体系的同时,又结合本民族文化的特点形成了自己的法律制度,具有双重特点。一方面是完备性,法律涵盖了经济、社会等老百姓生活的方方面面。与经商、投资有直接关系的，如完善的劳动保护法，从每小时最低工资制到养老保险、医疗保险、工伤保险、失业救济等都有明细的法律规定；同时在执行方面，还有同业工会和政府劳动就业行政主管部门。笔者在摩洛哥、阿尔及利亚就此问题向当地政府部门、企业界人士均做过咨询，他们均讲执行得还是比较严格的，尤其是对外商应该更严格。还有完善的税法，从工商管理到市场、海关进出口等都是成体系的法律。需要说明的是，这些国家的工商业税既复杂，税率又高。阿尔及利亚、摩洛哥、埃及等国所得税税率达35%，增值税税率达18%，这在类似经济发展水平的国家中是比较高的。另一方面是法律的伊斯兰文化特点。体现在法律的内容方面，如婚姻，有的国家伊斯兰教徒可以娶4个妻子；明确伊斯兰教是国教，规定任何人都必须尊重伊斯兰风俗，不能攻击伊斯兰教及其教义等。在法律的执行方面，受伊斯兰文化影响更深。

(3)基础设施及能源、通信条件。

相对于撒哈拉沙漠以南的黑非洲而言，北非国家除苏丹外，基础设施还是比较好的。在人口聚集的地中海沿岸、尼罗河谷地，陆路交通路面等级虽然不高，存在路面老化、维修不及时等问题，但四通八达。空中交通，这些国家都有自己的航空公司，重要城市都有机场。海洋运输都有自己的港口、船队。能源供应也没有大的问题，电力、燃油、天然气都基本能满足生产、生活的需要。阿尔及利亚、利比亚、埃及、苏丹等国都还是能源出口国。苏丹原来条件较差，近年正在发生大的变化。通信条件目前已都不存在问题，固定电话、移动通信都可以满足各种业务需求。市政建设相对比较落后，这些国家的主要城市都比较古老，市政设施都是殖民地时期搞的，独立后有的进行了一些修修补补、技术改造，但都没有从根本上解决问题。普遍存在居民区街道狭窄、设施严重老化、供水不足、排水不畅、交通拥挤不堪等问题。如在埃及的首都开罗，一个拥有1 000多万人口的城市，竟然没有现代交通信号设施，全靠交通警察用手指挥。

(4)北非国家的市场。

从发育程度上讲，北非国家的市场是一个未充分发育的市场。因受宗教文化的影响，虽然这些国家也都是名义上的自由市场经济国家，但开放程度有限。

关税壁垒、非关税壁垒等，在许多领域是不开放的，如涉及宗教、传统、国家利益方面；在许多领域是不完全开放的，如传统产业、有一定基础的民族工业、不动产业、金融业、服务业、旅游业、商业、采矿业等，只要有可能会影响到民族工业，影响到当地就业，影响到伊斯兰文化，影响到国计民生，都会受到限制。从市场的容量上讲，北非市场的容量整体还是比较大的。北非国家的人均国民收入在20世纪80年代有的已经达到2 000美元以上，现在个别国家甚至达到了上万美元。除利比亚外，每个国家的人口都在3 000万以上，市场容量都相当可观，同时市场消费又具有长期性和稳定性。

北非国家总体上生产力水平不高，技术水平也很有限。但农业、旅游服务业比较发达。传统制造业主要是食品加工业、手工艺产品加工业、装饰品加工业、民族服装加工业，还能生产部分轻工产品、电子产品、机械产品、化工产品、冶金产品、矿产品等，但技术都比较落后，也达不到规模经济的水平，在世界市场上几乎没有竞争能力。大量的是手工业等劳动密集型行业。大部分现代工业产品需要进口，如高档家用电器、现代厨具、各类机械设备，包括高档服装、鞋帽、部分轻工产品等。此外，食品、水果、化妆品、牛羊肉、粮食也需要大量进口。他们的传统进口市场是欧洲，20世纪90年代以来开始大量进口中国的产品，中国产品以物美价廉深受北非国家老百姓欢迎。

**3. 北非各国的基本情况**

（1）埃及。

国名，阿拉伯埃及共和国。国土面积100.1万平方公里，2008年年底人口7 950万。首都，开罗（人口1 830万）。货币，埃镑。2008年年底汇率：1美元＝5.433埃镑。2008年GDP总量为1 601.1亿美元，人均GDP 1 960美元。约95%的人口生活在占国土面积5%的尼罗河谷，5%的人口生活在占国土面积95%的沙漠之中，常年干旱无雨。尼罗河从南至北横穿埃及全境，自古以来，埃及人视尼罗河为母亲河。世人又称尼罗河是上帝赐给埃及的礼物，没有尼罗河就没有埃及，尼罗河给了埃及灿烂的古代文明。现在埃及居民87%为阿拉伯人，11.8%为科普特人，还有少量其他少数民族。84%的人信仰伊斯兰教，14%

的人信奉科普特教，2%的人信仰基督教、天主教、犹太教及其他宗教。生活在沙漠中的科普特人是埃及的少数民族，据说是尚未被同化的古埃及人的后裔（历经千年岁月沧桑，他们许多人早已变成目不识丁、靠在沙漠中游牧为生的民族）。官方语言为阿拉伯语，阿拉伯语和英语为通用语言。埃及的地理位置非常重要，是世界上唯一横跨亚非两大洲的国家，又是陆路扼亚、非、欧三大洲的国际通道，为历代兵家必争之地。领土在北纬21°到32°，东经25°到35°之间。夏季7月平均气温26°C，冬季1月平均气温12°C。

埃及是东部、南部非洲共同市场成员。1956年5月30日与中国建交，是第一个承认中华人民共和国的阿拉伯国家，也是非洲国家，同中国关系总体上比较友好。2009年双边贸易额58.6亿美元。经济结构方面，农业产值占13.2%，工业产值占48.1%，第三产业产值占38.7%。埃及旅游业发达，是世界著名的旅游胜地，年旅游收入超过100亿美元。工业主要有纺织、食品、轻工业、建材、家电、钢铁、电力、工艺品等。主要矿产资源有石油、天然气、磷酸盐、铁矿、煤矿、金矿等。农业上，经济作物主要有棉花、阿尔法草、甘蔗、椰枣等，粮食作物主要有小麦、玉米、水稻等。粮食不能自给，需要大量进口。

（2）苏丹。

国名，苏丹共和国。国土面积250万平方公里（包括南苏丹，以下数字均没有剔除南苏丹），为非洲第一领土大国。2008年年底人口3 915万。首都，喀土穆（人口507万）。货币，苏丹镑。2009年年底汇率：1美元=2.05苏丹镑。2008年GDP 596亿美元，人均GDP 1 563美元。居民，北方主要生活着阿拉伯人（占总人口的39%）和黑人；信仰伊斯兰教者，约占总人口的3/4。南方主要生活着黑人，信仰基督教和原始宗教，约占总人口的1/4。阿拉伯语为苏丹的官方语言，英语为通用语言。地理位置在北纬3°到22°，东经22°到38°之间。在埃及的南部，尼罗河的上游，东北地区临红海，南部越过撒哈拉沙漠直通黑非洲。东部与东非的埃塞俄比亚、厄立特里亚接壤，南部和肯尼亚、乌干达、中非接壤，西部和利比亚、乍得接壤，素称“非洲走廊”。地理位置非常重要，也是兵家必争之地。气候复杂多样，大部分国土在撒哈拉沙漠之中，常年干旱，炎热，黄沙蔽天，高温可达50多摄氏度。但在红海沿岸又有一部分国土属于海洋性气候，炎热潮湿。南部，接近乌干达、肯尼亚，包括靠近埃塞俄比亚的东部，又接近热带雨林气候，湿润多雨。全年平均气温为21℃。可以沿尼罗河向北直下通过埃及直达地中海，也可以通过红海直达印度洋或沿红海北上通过苏伊士运河到达地中海。向南沿白尼罗河南下通过乌干达直达非洲最大的湖泊——维多利亚湖。

苏丹现政局基本稳定，社会治安情况北方好于南方。苏丹是东部、南部非洲共同市场成员。

经济上，苏丹的资源主要有石油、天然气、黄金、铬（储量70万吨）、铜（储量900万吨）、铁（储量3亿吨）、银（储量900吨）、锰、石棉、云母、石膏、钻石、铝矾土、锌、石棉、钨、铀等。其中石油、天然气储量丰富。石油远景储量在100亿吨以上，天然气储量910亿立方米。黄金、钻石储量也很丰富。近年，石油开采每年已达100多万桶，成为苏丹的经济支柱产业。黄金、铬等已有相当长的开采历史。苏丹林业资源也很丰富，主要在苏丹的南方地区，森林面积5 800多万公顷，占全国面积的23.3%。农业也有良好的条件，全国有可耕地8 000万公顷，利用率为21%。在尼罗河谷、红海沿岸及其南方适宜农作物生长。棉花、烟叶、阿拉伯树胶、甘蔗、芝麻、花生、乳香等经济作物有相当大的产量，其中芝麻生产居于非洲国家第一位，出口占世界市场的50%；阿拉伯树胶年产3万吨左右，占世界总产量的60%～80%；花生、长绒棉也在世界上占有重要地位。以上农产品是苏丹除石油及石油制品外的主要出口产品。小麦、玉米是主要粮食作物。畜牧业有很好的条件，全国有宜牧区域1.67万公顷。粮食不能自给，需要大量进口。

（3）摩洛哥。

国名，摩洛哥王国。国土面积45.9万平方公里，2008年年底人口3 117万。首都，拉巴特（人口62.8万）。货币，迪拉姆。2009年年底汇率：1美元＝8.06迪拉姆。2009年GDP为931.6亿美元，人均GDP 4 616美元。居民，阿拉伯人约占80%，其余主要为尚未被同化的土族柏柏尔人。还有不到1%的欧洲人和犹太人。官方语言为阿拉伯语，通行阿拉伯语、法语，少数人讲柏柏尔语。伊斯兰教为国教，居民中98.7%的人信仰伊斯兰教。基督教教徒约为1%，还有少数的犹太教信徒。地处非洲西北角，北濒地中海，西临大西洋，西北角隔直布罗陀海峡(15公里)与欧洲的西班牙隔海相望，东面与阿尔及利亚相邻，南面与西撒哈拉接壤。在北纬28°到36°，西经2°到13°之间。位于欧非大陆、地中海与大西洋交界处，是扼守地中海出入大西洋的门户，战略位置十分重要。北部为地中海气候，中部为热带草原气候，东南部为热带沙漠气候。

摩洛哥在历史上也曾是西方列强角逐的战场。目前摩洛哥政局稳定，社会治安较好。在政治上，摩洛哥与北非其他国家相比，政体独特的地方是国王制，国王不仅是名义上的国家元首，同时也是实际上的政府首脑，国家的军政大权握于国王一手。1958年11月1日与中国建交，两国一直保持着比较友好的关系。

经济结构上，磷酸盐生产和农业是国民经济支柱产业。2009年农业产值占GDP的26.9%，工业中纺织业有较大生产能力，产值占GDP的15%；旅游业比较发达，产值占GDP的10%左右。摩洛哥的矿产资源，主要有磷酸盐、铁、铅、锌、钴、锰、钡、铜、盐、无烟煤、油页矿等。其中磷酸盐储量占世界的75%，居于世界前列；钴的储量居于世界第四位；油页岩储量1 000亿吨以上。摩洛哥的农业主要集中在地中海和大西洋沿岸，有可耕地925.6万公顷，主要有谷物、豆类、油料、经济作物四大类。谷物主要有小麦、大麦、玉米；豆类主要有蚕豆、豌豆等；油料作物主要有向日葵、花生等；经济作物主要有亚麻、棉花、甘蔗等。还有橄榄、椰枣、葡萄、柑橘、阿尔法草等。有草原牧场2 029万公顷，畜牧业比较发达。渔业资源丰富，年产鱼量100万吨左右，是非洲第一大产鱼国。

(4)阿尔及利亚。

国名，阿尔及利亚民主共和国。国土面积238.17平方公里，2008年年底人口3 440万。首都，阿尔及尔(人口256万)。货币，第纳尔。2009年GDP为1 621亿美元，人均GDP 4 712美元。居民阿拉伯人占近80%，柏柏尔人约占20%，还有姆扎布族、图阿雷格族等少数民族。伊斯兰教为国教。阿拉伯语、柏柏尔语为官方语言，阿拉伯语、法语为通用语言。地处地中海南岸。国土除地中海沿岸少部分地区为地中海气候(地中海气候的特点：冬季温和多雨，夏季炎热干燥)，中部为热带草原气候，南部为热带沙漠气候。85%的国土在撒哈拉沙漠之中。西面与摩洛哥、西撒哈拉为邻，东面与突尼斯、利比亚为邻，南面、西南面与尼日尔、马里、毛里塔尼亚为邻。隔地中海与欧洲相望。位置在北纬19°到38°，东经12°到西经9°之间。夏季气温22～29℃，冬季为9～15℃。

阿尔及利亚有悠久的历史，公元前3世纪柏柏尔人即在当地建立了自己的国家。目前政局稳定，社会治安较好。1958年12月20日与中国建交。1971年中国加入联合国时，阿尔及利亚是发展中国家中牵头支持中国的主要国家，应该说是非洲国家中对中国最友好的国家之一。

经济结构上，石油、天然气生产为支柱产业，2008年占GDP总量的45.1%，制造业占5.2%，农业占7.5%，第三产业占42.2%。阿尔及利亚的工业主要有石油化工、食品、纺织、手工艺品、钢铁、机械、电力等。矿产资源，以天然气储藏量最大，探明储量居世界第五位。还有石油、磷酸盐、铁矿、铜矿、汞、铅矿等。农业主要集中在地中海沿岸，经济作物主要有阿尔法草、葡萄、柑橘、椰枣等，粮食作物主要有小麦、玉米等。粮食不能自给，需要大量进口。

(5)利比亚。

国名，大阿拉伯利比亚人民社会主义民众国。国土面积176平方公里，2008年年底人口617.3万。首都，的黎波里(人口168万)。货币，第纳尔。2008年年底汇率：1美元＝1.224第纳尔。2008年GDP总量676亿美元，人均GDP 15 909美元，在非洲56个国家和地区中名列前茅。阿拉伯语为官方语言，阿拉伯语、法语为通用语言。居民主要是阿拉伯人，还有少数柏柏尔人。伊斯兰教为国教。地处地中海南岸，西面与突尼斯、阿尔及利亚为邻，东面与埃及、苏丹为邻，南面与尼日尔、乍得为邻。隔地中海与欧洲相望。位置在北纬19°到33°，东经9°到25°之间。除地中海沿岸很狭窄的地带外，整个国土98%以上处于撒哈拉沙漠之中，气候炎热高温。

利比亚现政局基本稳定，社会治安较好。利比亚是东部、南部非洲共同市场成员。

经济支柱主要是石油、天然气等矿产品。2008年，工业产值占GDP的

76.5%，其中矿产品占近72%。在矿产品中，石油、天然气的产值又占了90%。其他矿产品主要有铁矿、磷酸盐、钾盐、铜矿、铝矿等。农业包括渔业、畜牧业在内，约占GDP的3%。其他为服务业的产值。农产品集中在地中海沿岸和沙漠中的绿洲，主要农产品有橄榄、葡萄、椰枣、橘子、小麦、大麦、玉米等。粮食主要依赖进口。

(6)突尼斯。

国名，突尼斯共和国。国土面积16.21万平方公里。2009年人口1 043万。首都，突尼斯(人口225万)。货币，第纳尔。2009年年底汇率：1美元=1.35第纳尔。2008年GDP为418亿美元，人均GDP为3 999美元。居民，阿拉伯人占90%以上，其他为柏柏尔人。伊斯兰教为国教。阿拉伯语为官方语言，阿拉伯语、法语为通用语言。地处地中海南岸，国土除地中海沿岸外，大部分属于撒哈拉沙漠。沿海为地中海气候，内地为沙漠草原和沙漠气候。西面、西南面与阿尔及利亚为邻，北面、东北面临地中海，东南面与利比亚为邻。隔地中海与欧洲意大利相望，最近处距离意大利的西西里岛乘飞机不足半小时里程。位置在北纬30°到37°，东经8°到12°之间。夏季炎热干燥，日气温21～33℃；冬季温暖湿润，日气温6～14℃。

突尼斯历史悠久，公元前9世纪，腓尼基人就在突尼斯建立了世界历史上著名的迦太基城。后来，相继被罗马帝国、东罗马帝国、阿拉伯帝国、奥斯曼土耳其帝国统治，1881年沦为法国的殖民地，1956年3月20日独立。突尼斯政局多年稳定，社会治安良好。自独立以来与中国一直保持友好关系，1964年1月10日和中国建交。

经济结构上，2008年GDP中农业产值占10.8%，工业占28.3%，服务业占60.9%。突尼斯是非洲的旅游大国，每年接待世界各地游客近700万人次。旅游收入约占国民经济收入的10%。矿产资源比较丰富，主要有石油(储量7 000万吨)、天然气(储量615亿立方米)、铁矿(储量2 500万吨)、磷酸盐(储量20亿吨)、锌矿等。石油、磷酸盐收入在国民经济中占有重要地位。农业主要集中在地中海沿岸，主要经济作物为橄榄，橄榄油产量居世界第四位。其他农产品有葡萄、甜菜、柑橘、小麦等。粮食不能自给,40%需要进口。

**4. 在北非经商、投资可以选择的项目**

北非6国作为伊斯兰阿拉伯国家,虽然各国都有自己不同的国情,但文化、社会环境条件基本相同,选择发展项目要考虑的因素也基本相同。

从改革开放以来,中国公司、个人在这些国家经商、投资成功和失败的经验教训看,机遇较多、比较容易操作的主要有以下项目:

(1)商业、贸易。

北非国家,由于其文化的影响,导致了其政治、经济,包括对外贸易相对封闭。就是在埃及、突尼斯、阿尔及利亚这些在北非阿拉伯国家中开放程度相对较高的国家,贸易同样存在相对的封闭性。这主要表现在两个方面。一方面是阿拉伯人实际是被传统习惯支配的,当然其他民族也有传统习惯问题,但是比阿拉伯人少得多。在信息高度传播、经济高度一体化的现代,一般的国家都已经高度开放,而在阿拉伯国家,基本没有本质性的变化。一个家族,可能若干代都从事一个职业,他们几乎很难改变自己的职业习惯,实际这种习惯同时也造成了一定的垄断性。家族与家族、人与人之间互相隔膜,大家各做各的事情,这样就留下了一定的商业空间。另一方面是从国家管理的角度看,阿拉伯国家也同样存在较大的封闭性。这种封闭性主要体现在管理的不透明和管理的随意性,自然给市场留下许多人为操作的空间。如果能把握得好,和这些国家的阿拉伯人交上若干个朋友,或者能深入其中,就会有许多商业机会。但这些国家的商人,除少数大公司外,都是现钱现货交易。

初和这些国家做贸易,比较安全有效的办法是自己把公司开到当地,自己发货,自己接货,然后在当地用批发的形式把货物销售出去。需要提醒的有两点,一点是切不可赊账;另一点是前期开拓市场要有较大的耐心,在没有和当地商人建立互信关系前经营是十分困难的,甚至会出现长时间不开张、当地商人联合压价等问题。但只要你有足够的耐心,你会笑在最后。

笔者曾了解一个在阿尔及利亚经商的商人,一位40多岁姓马的妇女,人称Madam马,她刚到阿尔及利亚考察时,发现当地服装市场有巨大的潜力和丰厚的利润，就在首都阿尔及尔注册了一家公司，让家人从国内发来2个集装箱的衣服，满怀信心地认为，马上就能赚一大笔钱了。但是，货到后，先是海关清关遇到麻烦，找人花钱把货提出关后，在销售环节又遇到更大困难。头3个月货物放在库内几乎无人问津，直到半年以后，在她感到要绝望的时候，市场才慢慢打开了。从第二年开始，每月从国内发5～6个集装箱的货，效益非常好，一年轻轻松松可以赚上百万美元。

笔者还认识一个原在北京某涉外机构工作的姓周的翻译，在她辞职到摩洛哥经商之前，和摩洛哥政府上层一些官员已通过工作建立了关系。她满以为一到摩洛哥就可以大把大把地赚钱，但前期也经历了一个非常痛苦的过程，直到一年以后才打开市场。

（2）餐饮业。

过去，开餐馆是中国人在海外谋生就业、安身立命的看家本领；今天，开餐馆同样是中国人进入北非市场的有效利器。相对中国来讲，北非国家的餐饮业并不发达，除了极少数的西餐馆外，几乎是清一色的低档次的阿拉伯餐馆。中餐在当地很受欢迎，即使在国内看来属中低档的餐馆，在这些国家也是高档次的，利润非常高。笔者在当地见到的中餐馆基本是两种形式：

一是在当地的高档饭店（一般是五星级饭店）租用对方的现成场地。这样的地方虽然场地费用贵，但其他费用都可以省掉，如安全保卫，部分管理、社交费用等，尤其是节约了可观的装修费用和部分设施购置费，而且面对的都是高档客人，如当地的达官贵人、富豪、外宾等，饭菜价格十分昂贵。笔者曾在开罗和阿尔及尔的五星级饭店内的中餐馆就过餐，一条普通的清蒸鱼卖价30美元，一个炒青菜卖价15美元。笔者询问厨师经营情况，厨师对着笔者的耳朵小声说："老板不让讲，利润高得吓人。"

二是租用当地的民房自己装修，自己布置。自己租房一般是闹中取静，甚至是远离繁华街道的地方。这里面有几个因素要考虑，首先是北非国家城市内的房租都比较贵，在繁华街道、闹市区更贵。其次是平民吃不起中餐，来中餐馆就餐的都是有一定地位、一定身份的人，也可能有个别正在谈恋爱的年轻人偶尔来一次，这样的客户群都喜欢到僻静的地方用餐。而闹市区的餐馆主要是针对平民的当地的街头餐馆。从安全角度讲，闹市区游手好闲、地痞流氓很多，这些人很容易闹事，尤其是针对外国人。笔者在北非的几个国家都在这样的餐馆就过餐，和老板们多次聊过天，生意很好。

在阿尔及利亚首都阿尔及尔，笔者问过一个在当地开中餐馆的温州籍年轻人（28 岁），他们是夫妻店，妻子负责收银、餐厅管理，丈夫负责采买。他的餐馆营业面积有 30 多平方米，只能放下 6 张条式餐桌，平时客人虽然不多，但效益不错，主要是菜价高，一年能赚 30 多万美元。笔者问他遇到过什么问题没有，他讲，刚开始主要是当地的地痞流氓有时会来骚扰，后来雇用一个阿拉伯人当保安就解决了问题。

在北非开中餐馆没有国内复杂。一般能做十几个菜就可以应付了，而且也不需要高档菜，当地人最喜欢吃宫保鸡丁、孜然羊肉、爆炒牛肉、扬州炒饭、清蒸鱼几个菜，就是中国人来就餐也多是点这几个菜。当地条件有限，许多炒菜的原料在当地没有卖的。炒菜的配料一般都是从国内进货，有的自己没有条件，委托在当地做贸易的中国人帮忙。此外，在当地开餐馆还能交一大批当地的朋友。餐馆是一个各种信息汇集的场所，在开餐馆的同时再做贸易，可能会发大财。笔者遇到的部分中餐馆老板同时都做贸易，有的干脆把餐馆交给家人或朋友管理，自己的主业变为做贸易而发了大财。笔者 2006 年在阿曼首都马斯喀特一家中餐馆就餐，刚好遇到老板带着客户也在这儿就餐，就和他一起聊起来。他说他现在已经把餐馆交给了表弟打理，自己专做贸易。笔者询问了他的业务情况，他说手里已有上千万美元。

（3）工程项目。

北非国家的基础设施基本上是殖民地时期建设的，普遍存在严重老化、“小马拉大车”、不配套的问题，严重滞后于经济和社会发展的需要。近年都在进行大规模的技术改造和改建、扩建、新建，项目较多。这些国家是欧洲的传统市场，法国、英国、意大利及土耳其的公司较多，但由于市场的长期垄断，导致工程质量下降，标价过高，当地政府和民众都有意见，希望中国公司介入，参与市场竞争，打破垄断。21 世纪以来，中国公司开始进入，但经常受到欧洲公司、土耳其公司和当地公司的联合“围剿”。他们经常利用中国公司初次进入而不熟悉情况，联合围标，压低标价、哄抬标价，打压中国公司，企图把中国公司挤出市场。在双方政府的支持下，近年，已有很多中国公司进入这些国家的市场。但由于北非国家情况的特殊性，一般当地公司自身能做的项目，外国公司很难介入，进入这些国家的公司都是有一定规模、具有抗风险能力的大公司。如中国对外工程建设总公司 20 世纪 90 年代以来，已在阿尔及利亚接了上百亿美元的工程；中国铁路工程建设公司也于 21 世纪初进入利比亚的工程市场。进入苏丹工程市场的中国公司更多（苏丹工程市场对中国公司全面开放）。这些国家工程市场的特点同其他市场一样，就是一旦进入之后建立起自己的信息网络、人脉网络，就会有源源不断的项目。

需要指出的是在这些国家做工程项目，技术管理人员，包括建设工人基本上都需要从国内聘用。当然，当地政府非常希望雇用当地人员，而且会在项目合同中明确规定至少要雇用多大比例的当地人。然而，当地人的素质和工作态度、工作能力都和中国人有较大差距。而且，他们在伊斯兰教的礼拜天（是星期四和星期五）是不工作的，要去清真寺做大礼拜。另外一天还有五次小礼拜时间。这是到伊斯兰阿拉伯国家投资、做项目必须重视的问题。这大概也是与欧洲近在咫尺，又是欧洲人的传统市场，而欧洲人很少在当地投资的原因。

（4）生产性项目。

在北非国家投资生产性项目是非常需要慎重的，这和做贸易、开餐馆，包括做工程项目都有大的差别。那些项目基本都是自己可以把控、操作、管理，很少雇用当地人。而且，一旦有了什么问题，马上可以采取断然措施。工程项目土方工程可能也需要雇用大量的当地劳动力，但还可以外包给当地的小公司或当地的工头，避免直接管理当地人。而生产性项目，一旦投资，就必须做好长期打算。首先要考虑的是经营管理问题。一开工就需要雇用大量的当地人，由于文化差异太大，管理是一个必须逾越的障碍。其次是如何营造企业的经营环境。和当地人合作经营，当地人心思太多，互信是一个大问题；独资经营，自己作为一个外国人、异教徒很难融进当地的文化圈。再次,生产原材料当地一般没有,必须进口,而进口海关也是一个重要环节,许多产品如何报关、清关,是海关官员说了算的。

据笔者所知,在北非各国投资办生产企业的中国人较少,成功的更少。20世纪90年代末,有一个温州鞋厂的老板,到北非考察后,感到当地布鞋、胶鞋、旅游鞋市场非常好,利润很大,在北非国家投资办鞋厂是重大机遇,就在阿尔及利亚首都阿尔及尔投资200多万美元建了一个鞋厂。开工后,遇到的第一个问题是当地伊斯兰教的风俗,女孩不出来工作。在国内,鞋厂大部分用的是女工,而在当地只能招收男工。第二个问题就是对工人的管理问题。生产线正在运转,突然,那些工人放下手中的工具,趴在地上就做礼拜,生产被迫中断。第三个问题是海关问题。按当地海关法,鞋类产品进口原材料仅是进口成品税率的1/3。温州商人从国内进口做鞋的半成品鞋帮、鞋底,第一批货按原材料清关获得了海关的认同,但第二批货清关时,海关已把鞋帮、鞋底列入了成品的税目,进口税被提高到和鞋一个税目。最后,温州老板经营不下去,被迫把工厂转让给了当地人。如果准备在这些国家投资做生产性项目,一定要慎之又慎。北非国家中,相对开放一些的是苏丹。

(5)资源性项目。

北非国家从整体上讲,石油、天然气比较丰富,主要集中在利比亚、阿尔及利亚、苏丹。近年,埃及、突尼斯、摩洛哥也发现有石油、天然气。这类项目投资都很大,目前主要是欧美的跨国公司经营,中国公司近年在苏丹获得了较大的成功,在利比亚也获得了一些地块的勘探权。但这些都是国有大企业,私人公司目前还没有涉及的可能。其他资源性项目,在这些国家私人也很难介入。阿拉伯国家都十分重视资源的保护,对于外国人进入资源领域限制条件很严。一些大的项目如石油、天然气等,对其他国家开放,是因为他们自己没有能力开发,需要借助外国的资本、技术。

(6)其他项目。

北非国家的粮食大部分不能自给,需要进口。因此,农业项目是北非国家优先考虑的项目，对外资开放。但据笔者所知，在北非国家投资农业项目的中国人还没有。从笔者的角度看，主要应有两个方面的原因。一是整体资源条件较差。北非除苏丹的南方和红海沿岸，都是干旱少雨地区，大部分地方是撒哈拉沙漠。就是地中海沿岸，雨水也不多。只有摩洛哥沿大西洋地区相对雨水多一些，农业条件好一些，但宜农地方早已被当地农民开发，在这样的地区从事农业项目投资太大。二是这些国家社会、文化的封闭性。外国人在当地搞农业，会影响到农民的利益。本身就难以融入当地社会，可能还要面临当地农民的忌恨和报复。实际北非离欧洲很近，最近的地方越过直布罗陀海峡只要 15 公里海面。如果农业项目开发成功，农产品出口欧洲的市场很大。现在摩洛哥的柑橘每年即向欧洲大量出口。

服务业是吸纳就业人口比较多的行业，也是北非国家开放度较低的行业，基本没有外商在北非国家从事服务业投资（在当地开中餐馆是个例外，因中餐是和当地传统餐饮业完全不同的品种，当地人没有条件经营）。可以投资的还有客流、物流项目。据笔者了解，外资有进入其他地区伊斯兰国家做客流项目比较成功的，但在北非地区目前还没有，如果对这类项目有兴趣，也可考虑。北非各国，除苏丹外，人口都主要集中在地中海沿岸、尼罗河谷，运输半径较小，地面交通条件还可以，经营物流、客流具备一定条件。而当地人对目前此类项目的经营还处于初期阶段，都是规模不大的私人小公司，市场需要整合，有很大的潜力，可做深入调查后再做结论。

在北非国家发展，从目前情况看，进出口贸易和办中餐馆的条件比较成熟，生产性项目、农业项目要十分慎重，工程项目、资源性项目适合大公司、大企业进入。

## 二、东部非洲，通行英语的国家

东部非洲（以下简称东非）是从非洲的东北角亚丁湾、红海之滨的吉布提、厄立特里亚、索马里开始沿印度洋向南到坦桑尼亚地区，包括埃塞俄比亚、厄立特里亚、索马里、吉布提、肯尼亚、坦桑尼亚、乌干达、卢旺达、布隆迪、塞舌尔 10 国（如果加上新独立的南苏丹，为 11 个国家）。

**1. 东非国家的总体情况**

东非10个国家（不包括新独立的南苏丹）领土面积371.18万平方公里，人口21 823.82万，GDP总量1 107.37亿美元，人均GDP 507.8美元。大部分国家是前英国的殖民地；部分国家，如埃塞俄比亚，虽然没有被英国殖民，但也曾长期沦为英国的保护国。也有部分地区，如索马里、坦桑尼亚、埃塞俄比亚（今天的厄立特里亚）的一部分，曾在一段时间沦为德国、意大利的殖民地。同时这些国家又都是经济、社会落后的发展中国家，有的甚至是世界上最不发达的国家。

（1）地理位置和气候。

东非10国，大部分国家位于东非高原之上，在东非大裂谷两侧，从红海之滨的东非之角，沿印度洋到坦桑尼亚。靠南部的5国都是非洲最大的湖泊——维多利亚湖湖区国家（其中坦桑尼亚、肯尼亚、乌干达是沿湖国家，卢旺达、布隆迪虽然不直接沿湖，但离湖不远，在气候上也直接受维多利亚湖影响，属于湖区国家）。地理位置大约在南纬12°到北纬18°，东经29°到57°之间。气候，大部分地方属于热带高原和热带草原性气候，东北角的吉布提、索马里大部分地区属于热带沙漠气候，在东非大裂谷的谷底有少部分的热带雨林气候，印度洋中的一些岛屿属于热带海洋气候。大部分地方一年只有雨季和旱季；在维多利亚湖湖区因受维多利亚湖影响，一年中有两个雨季、两个旱季；海拔在1 000米以上的高原上一年到头都比较凉爽，如埃塞俄比亚、厄立特里亚的大部分地区，坦桑尼亚、乌干达、肯尼亚的部分地区，乞力马扎罗山附近；海拔比较低的地方，沿海、东非大裂谷的谷底全年都很炎热，夏季气温高达40℃以上。离海岸、湖岸较远的坦桑尼亚内陆地区及地处东非之角的索马里、吉布提全年干旱少雨，炎热高温。

（2）历史文化。

历史上，在欧洲人入侵之前，这一地区大部分处于原始社会后期的部落文明时期，在部分地区出现了早期的国家雏形。文明程度较高的主要有两个地方，一个是在埃塞俄比亚高原，从1世纪开始，曾先后建立过多个非洲大陆最早的国家，如阿克苏姆王国、所罗门王国等；一个是在坦桑尼亚沿海和桑给巴尔岛，于10世纪左右，建立了桑给王国及后来的阿曼苏丹王国。

从文化角度看，东非国家大体分为两部分，一部分是维多利亚湖湖区，包括坦桑尼亚、乌干达、肯尼亚、卢旺达、布隆迪5国。虽然这些国家有数百个部族，但大部分属于班图人族群，在生活习惯、文化传统等方面有许多共同的地方。在数万年的历史发展长河中，虽然各部族形成了自己的方言、俚语，但同属于班图语系，语言仍然有许多相通的地方，互相之间的交流没有太大的障碍，通行英语和斯瓦希里语。另一部分是东非的北部，从埃塞俄比亚高原到东非之角的索马里、吉布提。这一地区在历史上曾长期受到北非、西亚文化的影响，阿拉伯伊斯兰文化的影响，也是黑非洲在历史上最早进入人类文明的地区之一。埃塞俄比亚也是非洲唯一在古代创造出自己的文字，用自己的文字记载历史的国家。生活于埃塞俄比亚的阿姆哈拉民族，约在1 000年之前创造出了本民族的文字——阿姆哈拉文。在埃塞俄比亚高原先后建立的几个王国，其版图多次达到索马里、吉布提等地。现在的厄立特里亚是1993年才从埃塞俄比亚分离出去的。也就是说，在古代，东非北部在文化方面一直是以埃塞俄比亚为主导的地区，但这一地区，同样是一个多民族聚集的地区，居住着数百个民族。

（3）政治体制、社会稳定及对外关系。

目前，东非10国的政治体制大体上分为四类。一类是基本稳定的西方民主体制。主要包括坦桑尼亚、肯尼亚、乌干达，三国中又首推坦桑尼亚最为稳定，自独立50多年以来，没有发生过大的政治动乱。上述三国基本都奉行全方位和平外交政策，同周边国家、欧美国家、中国、印度及世界其他各国均采取积极的外交政策。埃塞俄比亚、厄立特里亚对中国的政体、中国改革开放取得的巨大成就比较仰慕。尤其是厄立特里亚，某种意义上讲正在学习中国的政治、经济模式。两国目前政局稳定，社会安定，对外政策也大体相同，均和中国保持友好合作关系。吉布提、塞舌尔作为东非的两个小国，独立以来政局基本稳定、社会治安较好，奉行和平睦邻外交政策。索马里长期处于战争状态，社会混乱，政治动荡。布隆迪、卢旺达内战刚结束不久，社会安定还有待时日。

（4）经济社会发展及对外开放程度。

从经济发展状况看东非10国，虽然都是经济欠发达地区，但互相之间还存在一定差距。经济基础较好，近年经济发展较快，国际社会前景比较看好的国家有坦桑尼亚、肯尼亚、乌干达。这三国都在东非走廊上，都是维多利亚湖沿岸国家，都在乞力马扎罗山脚下；三国的经济发展水平也大体在一个水平线上。在21世纪前7年（世界金融危机前）经济年平均增速都在6%以上；三国经济一体化程度的步伐走得也较快，很可能将是东非最早实现崛起的地区。卢旺达和布隆迪是维多利亚湖湖区的内陆小国，经济发展缓慢，社会长期动乱，属于世界上最不发达国家。但埃塞俄比亚作为东非的大国，发展潜力很大，近年也在采取改革开放措施，加速经济社会发展。

从对外开放角度讲，东非10国开放程度最高的国家同样首推坦桑尼亚、肯尼亚、乌干达三国。这几个国家几乎是全方位对外开放，投资领域除了军事领域外，几乎没有限制外资进入的领域，欢迎包括中国在内的世界各国到这些国家投资经商，从政府到民众对中国都比较友好，外汇的管制也比较宽松。目前中国在这些国家投资经商的企业和个人也比较多。临近的卢旺达、布隆迪战乱结束后，近年也在扩大开放，促进经济社会的发展，政策上和上述三国接近。埃塞俄比亚、厄立特里亚相对开放程度要低一些，部分投资领域对外国人进入有一定限制，在外汇进出方面也有一定管制，但由于这些国家对中国都非常友好，近年到埃塞俄比亚投资、经商的中国企业和个人居于东非国家首位。此外，埃塞俄比亚首都亚的斯亚贝巴是非洲联盟总部所在地，也是许多联合国驻非洲的机构所在地，属于非洲区域性政治中心。塞舌尔以旅游立国，是东非开放程度较高的国家之一，但国土面积较小，人口很少，资源、市场容量有限。

（5）交通、能源及其他基础设施。

交通条件的落后是制约这一地区经济发展的瓶颈之一。目前非洲的运输成本是世界其他地区的2.36倍。东非也概莫能外。但东非地区内部的交通条件大体分为两大区域，维多利亚湖湖区是交通条件较好的区域，湖区5国近年来交通发展很快，尤其是坦桑尼亚、乌干达、肯尼亚3国在国际社会的支持下，在公路建设上进行了大量的投资，虽然公路等级仍然不高，但三国已基本连接成网。目前，非洲在交通项目方面进展最顺利的东非走廊，计划用5年的时间（2009年开始)，建成从南非德班港出发北上，经赞比亚或莫桑比克，到达坦桑尼亚的达累斯萨拉姆的国际大通道。然后再由达累斯萨拉姆向北到乌干达、肯尼亚、卢旺达、布隆迪等国，这一段目前大部分地方已经连通，还有部分正在新建或改造。再向北延伸可以进入埃塞俄比亚境内，由厄立特里亚出红海，或到达吉布提、索马里，但这一段存在的问题比较大，目前尚未启动。此外，在东非各国之间还有部分国际和国内的铁路交通。坦桑尼亚到肯尼亚、到赞比亚都有铁路连接，埃塞俄比亚境内也有通往邻国吉布提、索马里、厄立特里亚的铁路。但这些铁路普遍存在设施严重落后、老化、年久失修、管理水平低、运营水平低、效益差的问题，如每1小时通车速度仅有20~40公里，还经常出事故，不能保证正常运营。大部分地方目前正在进行改造更新。

空中交通，各个国家的首都都有国际航班相通。即使有的国家没有自己的航空公司，也有其他国家的航班来往。埃塞俄比亚首都亚的斯亚贝巴、肯尼亚首都内罗毕是东非的航运中心，有较多航班和世界各地往来。亚的斯亚贝巴是东非地区，甚至是非洲最早和中国有直达航班的地方。另外，坦桑尼亚的旅游胜地阿鲁沙也是东非一个重要的航运中心，有部分国际航班和世界各地来往。

海上交通，东非国家有许多港口，在印度洋沿岸有坦桑尼亚的达累斯萨拉姆、肯尼亚的蒙巴萨、吉布提的吉布提、索马里的摩加迪沙，红海沿岸属于厄立特里亚的马萨瓦、阿沙布等。目前蒙巴萨港是东非条件最好的港口，有21个深水泊位，可以停泊2万吨巨轮。

从能源和其他基础设施看，东非国家的能源供应，首先是电力供应，在白尼罗河的上游地区乌干达境内、清尼罗河上游的埃塞俄比亚境内都建有水电站。临近的苏丹、刚果、赞比亚也都建有水电站，还有不少电力项目正在施工中。但目前还没有从根本上解决电力问题，在广大农村的大部分地区还没有通电，在城市拉闸限电也是家常便饭。其他能源，近年东非各国都在大力勘探石油和天然气，但到目前为止，除在埃塞俄比亚、肯尼亚发现有石油、天然气，在坦桑尼亚近海发现有天然气外，其他地方还没有发现，但埃塞俄比亚、肯尼亚的储量、品位不是很高，形不成生产开发规模，工业、生活用成品油，均需进口。在坦桑尼亚虽然已探明有大量的煤炭储藏,但也没有进行规模开发。

(6)矿产资源情况。

东非的矿产资源比较丰富,其中黄金、宝石、钻石主要集中在环维多利亚湖地区和东非大裂谷。维多利亚湖周围是东非黄金的主要产地,储量大、品位高、开采条件优越,是世界上少数几个黄金优质产地,可以与南非、澳大利亚、加拿大等国相媲美,尤其以坦桑尼亚最为突出,黄金出口已经是外贸出口的主要产品之一。周边的肯尼亚、乌干达也有较大分布。除此之外,在埃塞俄比亚也有一定的分布,而且开采历史比较悠久。宝石、钻石主要分布在东非大裂谷带,有红宝石、蓝宝石和钻石等具有重要价值的产品。其中坦桑尼亚生产的坦桑蓝在国际市场享有盛名。其他矿产品还有煤炭、铜矿、铁矿、银矿、磷酸盐等。

东非国家对外国资本进入采矿业基本都持欢迎态度。东非国家的矿产资源大部分都还处于原始状态。由于黄金、宝石属于价值巨大、易于运输的特殊产品,在一些开采条件好、品位高、富集的矿区,在殖民地时代就有欧洲人开始开采。目前,也有一些当地居民用十分原始的方法在开采。

需要说明的是,虽然在维多利亚湖周围数百公里的地区都有黄金、宝石矿藏分布,但据笔者了解,基本上都已被世界各国的公司、个人瓜分完毕,一个个都在待价而沽。后来者要么和他们合作,要么从他们手中购买勘探权(他们大部分都是登记的勘探权)。另外也还有机会,勘探权登记都有时间限制,超越一定期限不勘探、开发,国家有权收回转给其他公司或个人。实际上,20 世纪 90 年代,在这些地方大部分矿产资源都还没有人登记,只是在最近的十几年内,当他们发现中国人开始大踏步地走向世界,对各类项目,尤其是对矿产资源特别感兴趣,而且中国政府也在制定各项优惠政策对自己的国民给予扶持时,作为对非洲早已了如指掌的宗主国——欧洲各国便带动世界各国有一定条件的公司、个人纷纷下手,无论是否开采,把这些地方条件较好的矿产资源都登记在他们名下,等待中国人出高价从他们手中购买。据笔者了解,仅坦桑尼亚的金矿,由该国矿产资源部颁发勘探许可证的公司、个人就有 1 000 多家,而这些已经登记的公司、个人情况很复杂,只要下功夫,中间还是有许多机会可以利用的。

个别地方，当地政府有远见的，为了给当地民众、子孙后代留下一些资源，要求中央政府为他们保留了一些资源。这些资源，他们一般不愿意出售，只愿意联合开发。2006年，笔者在坦桑尼亚维多利亚湖附近的一个黄金储量丰富的省份，曾遇到过此类情况。当地政府最高行政官员亲自派人来，询问是否愿意和他们合作开发，因笔者当时所在单位，正忙于其他业务，而且在和坦桑尼亚政府商议独立登记矿区，而未予回应。

(7)东非经济共同体及其他区域性合作组织。

在20世纪60年代，坦桑尼亚、乌干达、肯尼亚为促进区域经济发展，加速市场一体化，于1967年签订协议，建立了非洲最早的经济共同体，后来因政治原因于1977年中断。1999年11月30日，三国总统再次签订《东非共同体条约》，于2001年1月15日再次启动。主要目标：加强成员国之间政治、经济、社会、文化、科技、外交合作，协调发展战略、产业政策，建立关税同盟、共同市场、货币同盟，共同发展基础设施，最终实现政治统一。在上述三国之外，2009年又加入了卢旺达和布隆迪。五国正式于2009年11月签订了共同市场协议。

此外，1994年12月8日，东非、南非和中非、北非的部分国家，签订了建立东部、南部非洲共同市场条约，建立东部、南部非洲共同市场(以下简称东南非共同市场)。目前参加国家有19个，包括北非的埃及、利比亚、苏丹，东非的吉布提、埃塞俄比亚、厄立特里亚、肯尼亚、乌干达、布隆迪、卢旺达、塞舌尔，中非的刚果(金)，南非的科摩罗、马达加斯加、马拉维、赞比亚、毛里求斯、斯威士兰、津巴布韦。宗旨是消除成员国之间的关税壁垒，实现商品、劳务的自由流动，在金融、贸易、交通运输、能源及产业领域展开合作，促进经济社会发展，以逐步建立关税同盟、货币同盟、自由贸易区，形成统一市场。目前关税同盟发展较快，2008年12月正式启动，2009年6月又宣布正式实施，对外采取统一关税政策。对外资本货物和原料免收关税，半成品征收10%关税，成品征收25%的关税。其中明确对中国产品征收10%关税。

(8)中国公司、中国人在东非。

在东非地区投资、经商发展的中国企业和中国人是比较多的。尤其是坦桑尼亚、乌干达、肯尼亚、埃塞俄比亚等国最多。商业、贸易、建筑、餐饮、医疗、农业、制造业、采矿业等各个领域都有中国人涉足。如埃塞俄比亚，到2009年初，中国人在该国投资大小项目700多个，投资总额12亿美元（这是据埃方统计数字，估计是合同额，实际投资没有那么多。据中国驻该国大使馆统计实际投资有2亿多美元），项目涉及工程、轻工、纺织、医药、化工、餐饮、建材、钢铁、机械设备组装、商务咨询等领域。深圳中联广深医药公司和丹东金丸集团公司与当地一家公司立足当地，面向非洲，合资投资该国第一个胶囊药品生产厂，年产胶囊60亿粒，是非洲同类项目中，规模最大、技术最先进的制药厂。中兴公司在当地投资建设了该国第一家移动电话组装厂。据当地有关单位统计，中资公司雇用当地员工总数已超过10万人，有力地推动了当地的就业和经济发展。在坦桑尼亚、肯尼亚、乌干达投资、经商的中国企业和中国人虽然相对埃塞俄比亚要少一些，但同样有很大的数量，投资涉及各个领域。

**2. 东非各国的基本情况**

（1）坦桑尼亚。

国名，坦桑尼亚联合共和国。国土面积94.5万平方公里，2009年人口4 370万。首都，达累斯萨拉姆（人口300万）。货币，先令。2009年汇率：1美元＝1 327先令。2008年GDP总量175.8亿美元，人均GDP 379美元，是世界上最不发达的国家之一。居民，非洲当地黑人占98%。有不到2%的印度裔和欧洲裔及其他国家的移民。官方语言为英语和斯瓦希里语，同时，也通行上述两种语言。但坦桑尼亚人口分属非洲的四大种族，同时也分属四大语系，在这四大种族、四大语系中又分100多个小种族，有100多种方言。但有文化的人基本上都会英语和斯瓦希里语。宗教信仰，有45%的人信仰伊斯兰教（逊尼派），35%的人信仰基督教，其余人信仰原始宗教。地理位置处于南纬1°到12°，东经34°到42°之间。地处非洲中东部，赤道从北部横跨国土，北临维多利亚湖，东临印度洋，北面部分地区与肯尼亚、乌干达相邻，西北部与卢旺达、布隆迪相邻，西部隔坦噶尼喀湖和刚果相望，西南部与赞比亚、马拉维相邻，南面和莫桑比克相邻。国土主要有坦桑尼亚大陆和桑给巴尔岛组成。气候，大部分地方是热带草原气候，西部高原是热带山地气候，沿海是热带季风气候，桑给巴尔岛是热带海洋气候，东非大裂谷内一些地方属于热带雨林气候。全年平均气温26℃。

与中国是独立以来全天候友好的非洲国家，也是获取中国援助最多的非洲国家之一，中国援建非洲举世闻名的坦赞铁路，大部分路段在坦桑尼亚境内。中国与坦桑尼亚2009年贸易额为11.1亿美元，中国出口9.14亿美元，进口1.96亿美元。

经济结构上，农业产值占GDP的28%，工业产值占GDP的23%，服务业产值占GDP的49%。工业主要是采矿业，坦桑尼亚的矿产资源丰富，已探明的主要矿产资源有黄金矿（80万吨）、钻石矿（250万吨）、煤炭（3.24亿吨）、铁（1.3亿吨）、磷酸盐（1 000万吨）等，此外还有纯碱、钛、锡、钨、镍、宝石等。其中黄金、宝石储量居于世界前列，煤的储量居于非洲国家前列。黄金、宝石的开采生产目前是坦桑尼亚的支柱产业。制造业主要有建材、纺织、食品、农机、化肥等。近年，沿海探明有天然气储藏（储量300亿立方米），正引进外资进行开发。坦桑尼亚的农业，有可耕地3 949万公顷，土地肥沃，日照充足，其中有2 940万公顷适于灌溉，但已耕土地仅有620万公顷。适宜生产的各类农产品达几十类。主要粮食作物现有的是小麦、玉米、水稻、谷子、高粱、木薯等；经济作物主要有咖啡、棉花、甘蔗、烟草、腰果、除虫菊、丁香、剑麻等。桑给巴尔岛满山遍野都是丁香树，世界上80%的丁香产于该岛，素有“丁香之岛”之称。坦桑尼亚也是非洲的天然大牧场之一，有草原面积3 500多万公顷。森林覆盖面积为45%，盛产紫檀木、桃花心木、栲树、乌木等名贵木材。

（2）埃塞俄比亚。

国名，埃塞俄比亚联邦民主共和国。国土面积112.19万平方公里，2008年人口7 280万。首都，亚的斯亚贝巴（人口，300万）。货币，比尔。2008年汇率：1美元=9.6比尔。2008年GDP总量279亿美元，人均GDP 383美元，是世界上最不发达的国家之一。居民主要是非洲本地人。埃塞俄比亚有65个民族，人口最多的民族是奥罗莫族（占40%）。官方语言为阿姆哈拉语（由于历史上，埃塞俄比亚长期受阿姆哈拉族统治，阿姆哈拉族也是埃塞俄比亚历史上文明程度较高的民族,目前占全国人口的20%),通行英语。文字为阿姆哈拉族的拼音文字(为该民族自己独创)。信仰东正教的居民占50.6%,信仰伊斯兰教(逊尼派)的居民占32.8%,信仰基督教的居民占10.2%,还有少部分居民信仰原始宗教。地理位置处于非洲东北部埃塞俄比亚高原上,素有"非洲屋脊"之称,大部分国土在海拔2 000米以上;在北纬4°到15°,东经33°到48°之间,年平均气温13℃,是一个没有出海口的内陆国家。北部与厄立特里亚、吉布提相邻,西部与苏丹相邻,南部与肯尼亚相邻,东部、东北部、东南部均与索马里相邻。目前主要是从吉布提的吉布提港出海。

埃塞俄比亚在历史上一直是东非的大国,在东非有举足轻重的影响。也是非洲具有悠久历史文明的国家,有3 000多年的文明历史,是东南非共同市场成员。1970年11月24日与中国建交以来,一直与我国保持友好关系,是非洲接受中国援助较多的国家之一,也是非洲最早和中国直通航班的国家。

经济结构上,2008年农业产值占GDP的47%,工业产值占GDP的13.2%,服务业产值占GDP的39.8%。工业主要有食品、饮料、制革、纺织等。矿产资源,主要有黄金、铂、苏打粉、磷酸盐、钾盐、镍等,还有煤、石油、天然气等,但据目前勘探情况看,许多矿产资源储量不是太大,品位不是很高,不具备规模开采价值。农业,是其支柱产业,埃塞俄比亚65%以上的国土都适合发展农业,目前已耕种土地仅占15%,大部分土地还处于荒芜状态。现有粮食作物主要有苔芙、小麦、玉米、大麦、豆类、高粱、红薯、木薯、山药、恩赛特(又叫假香蕉)。经济作物主要有咖啡、茶叶、花生、香料、恰特草等。埃塞俄比亚是非洲的畜牧大国,全国53%的土地都可以作为牧场。目前牲畜和家禽存栏数非洲第一,世界第九。

(3)厄立特里亚。

国名,厄立特里亚国。国土面积12.4万平方公里,2008年人口456万。首都,阿斯玛拉(人口,50万)。货币,纳克发。2009年汇率,1美元=15.4纳克发。2009年,GDP总量18.67亿美元,人均GDP 398美元,是世界上最不发达国家之一。居民,非洲当地黑人占99%以上,有少量的阿拉伯后裔。但是厄立特里亚人口中有一个特殊现象,有100多万人常年侨居国外,是非洲地区最大的劳务输出国。语言主要是提格雷尼阿语和阿拉伯语（没有规定官方语言），通行英语、阿拉伯语、提格雷尼阿语。主要有 9 个民族，其中提格雷尼阿族占主体，占总人口的 50%，也是厄立特里亚文明程度较高的民族。宗教信仰，居民主要信仰基督教和伊斯兰教。两教信徒大体相当，约各占 50%。地理位置，地处非洲东北部的非洲之角，在北纬 12°到 18°，东经 36°到 43°之间。扼红海入口，西北部与苏丹相邻，西南部与埃塞俄比亚相邻，东部与吉布提相邻，东北部隔红海与沙特阿拉伯、也门相望。

在政治上，厄立特里亚又是非洲唯一一个从法律角度明确实行一党执政的国家。与其他国家的关系，坚持奉行独立自主、和平共处、互不干涉内政、不结盟的外交政策。是东南非共同市场成员。与中国一直保持友好关系，在政治、经济体制上受到中国影响。2009 年双边贸易额 0.4 亿美元，中国出口 0.39 亿美元，进口 0.01 亿美元。

经济上，农业为国民经济支柱产业，2007 年农业产值占 GDP 的 24.3%，工业产值占 GDP 的 19.2%，第三产业产值占 GDP 的 56.5%。厄立特里亚的农业，有可耕地 320 万公顷，但大部分地方土地比较贫瘠。主要粮食作物有小麦、大麦、苔芙、玉米、谷子、高粱等。矿产资源有黄金、铜矿、铁矿、镍矿、锰矿、重晶石、钾盐、石棉等，但一些矿产资源储量不是太丰富。粮食自给率 70% 左右。

（4）肯尼亚。

国名，肯尼亚共和国。国土面积 58.26 万平方公里，2008 年人口 3 860 万。首都，内罗毕（人口，300 万）。2008 年 GDP 总量 343.8 亿美元，人均 GDP 890 美元。货币，先令。2008 年汇率：1 美元 = 79.6 先令。居民，全国有 42 个民族，人口最多的吉库尤族，占总人口的 21%；其次是卢希亚族，占 15%。官方语言为英语、斯瓦希里语，通行语言仍是英语和斯瓦希里语。宗教，信仰天主教、基督教的居民占 78%，信仰伊斯兰教的居民占 10%，还有约 12% 的居民信仰原始宗教。地理位置上处于非洲中东部，东南邻印度洋，东邻索马里，北邻埃塞俄比亚，西北与苏丹交界，西邻乌干达和维多利亚湖，南邻坦桑尼亚。赤道横贯中部，国土处于北纬 5°到南纬 5°，东经 33°到 41°之间。属于热带高原气候和热带草原气候，沿海地区湿热，高原地区温和。全年最高气温为22～26℃，最低气温10～14℃。东非大裂谷横贯西北部。

独立后，一直积极发展与周边国家的睦邻友好关系。保持与邻国的紧密合作关系，积极参与非洲国家区域性活动及国际组织活动，是东非经济共同体成员、东南非共同市场成员、非洲统一组织成员。1963年12月4日与中国建立外交关系，与中国是全天候友好的非洲国家之一，也是非洲国家中获取中国援助较多的国家之一。

经济上，肯尼亚是黑非洲基础设施比较好的国家，有沥青公路9 000多公里，铁路2 765公里，国际机场3个（其中内罗毕机场是东非航运中心之一），蒙巴萨港口是目前东非最大的深水港口。第三产业是其国民经济的重要支柱，产值占GDP的60%以上。其中旅游业在非洲占有重要地位，与坦桑尼亚交界的乞力马扎罗山周围，是世界上最大的野生动物保护区，每年吸引世界上千万的游客。2008年旅游业产值占GDP的22%。工业基础比较薄弱，2008年产值仅占GDP的10%。矿藏资源主要有纯碱、盐、重晶石、黄金、银、铜、铝土矿等，近年发现在内地有石油、天然气储藏。农业在国民经济中占有重要地位，产值占GDP的23.9%。主要经济作物有虫草菊、剑麻、咖啡、可可、茶叶等；花卉生产在非洲也占有重要地位，是非洲最大的花卉出口国；粮食作物主要有小麦、玉米、谷物等，是非洲少数正常年份粮食可以自给甚至有少量出口的国家。畜牧业、渔业也有较好的发展条件。

（5）乌干达。

国名，乌干达共和国。国土面积24.1万平方公里，2009年人口3 066万。首都，坎帕拉（人口，153万）。货币，先令。2008年汇率：1美元=1 721先令。2009年GDP 162.7亿美元，人均GDP 511美元，是世界上最不发达的国家之一。居民，主要是非洲原住居民，有65个民族，人口最多的是班图族群，约占总人口的60%。官方语言为英语，通行英语、斯瓦希里语。宗教，信仰天主教、基督教的居民占85%以上，信仰伊斯兰教的居民约占10%，还有少数居民信仰原始宗教及其他宗教。地理位置处非洲东北部，西临刚果（金），北临苏丹，东北邻肯尼亚，东南部临维多利亚湖，南部临坦桑尼亚，西南部临卢旺达。国土横跨赤道，处于北纬 4°到南纬 2°，东经 29°到 35°之间，东非大裂谷横贯全境。大部分国土属于热带草原气候，西部属于热带雨林气候，全年平均气温 22℃。

在对外关系上奉行独立、不结盟外交政策。积极发展与世界各国的关系，参加非洲国家区域性及国际性活动，是东非经济共同体成员、东南非共同市场成员、非洲统一组织成员。1962 年 10 月 18 日与中国建交。目前和中国关系比较友好，近年中国向乌干达提供了大量的援助和低息贷款，帮助其加快基础设施建设，促进经济发展。2009 年，两国贸易额为 2.51 亿美元，中国出口 2.31 亿美元，进口0.2亿美元。

经济结构上，农业产值占 GDP 的 29%，第二产业产值约占 GDP 的 25%，第三产业约占 GDP 的 46%。工业产品主要有食品、烟草、纺织、服装、制革、制鞋等。矿藏资源主要有黄金、铜矿、锡矿、钨矿等。农业是其国民经济的支柱。乌干达虽然横跨赤道，但地处东非高原，部分地区全年温凉多雨。乌干达水系丰富，湖泊、沼泽遍布，农业资源非常丰富。经济作物主要有咖啡、可可、棉花、烟叶、茶叶等。粮食作物主要有玉米、小米、高粱、木薯、水稻等。还有各类热带水果等。林业、渔业、畜牧业等，都有较好的发展条件。

(6)卢旺达。

国名，卢旺达共和国。国土面积 2.64 万平方公里，2009 年人口 1 000 万。首都，基加利(人口，100 万)。货币，卢旺达法郎。2009 年汇率：1 美元 = 549.3 卢旺达法郎。2009 年 GDP 41 亿美元，人均 GDP 410 美元，是世界上最不发达的国家之一。居民，有三大部族，人口最多的部族是胡图族，约占总人口的 85%；其次是图西族，占总人口的 14%；还有 1% 的瓦特族。官方语言、通行语言为法语、英语、卢旺达语。宗教，信仰天主教的居民占 45%，信仰基督教的居民约占 10%，还有约 44% 的居民信仰原始宗教，信仰伊斯兰教的居民约占 1%。地理位置，处非洲东中部，北邻乌干达，东邻坦桑尼亚，南临布隆迪，西部邻刚果(金)，是一个内陆国家。国土处于南纬 1°到 3°，东经 29°到 31°之间。大部分地方属于热带草原气候，地处东非高原，在维多利亚湖湖区内，全境多草原、沼泽。全年温凉,气候宜人,是非洲四季如春之国,年平均气温为18℃。

在对外关系上,奉行独立、不结盟的外交政策。现政府积极发展与邻国的友好关系,参加区域性及国际性活动,于2009年正式加入东非经济共同体,是东南非共同市场成员、非洲统一组织成员。1971年11月12日与中国建立外交关系,目前和中国关系比较友好,近年中国向卢旺达提供了部分经济援助和低息贷款,帮助其加快战后重建,促进经济发展。2009年两国双边进出口贸易额8 400万美元,中方出口5 800万美元,进口2 600万美元。

经济结构上,农牧业是国民经济的支柱产业,产值占GDP的31%。工业产值占15.2%。主要矿藏资源为钨,储藏量、产量均居非洲第一。其他矿产资源有锡矿(储藏量9万吨)、铌钽矿(储藏量3 000万吨)、黄金、绿柱石等。全国可耕地面积185万公顷,主要粮食作物有玉米、高粱、甘薯等。经济作物主要有咖啡、可可、除虫菊、茶叶、金鸡纳、棉花等。有优质的草原牧场,占全国面积的1/3,发展畜牧业有较好的条件。。

(7)索马里。

国名,索马里共和国。国土面积63.77万平方公里,2009年人口910万。首都,摩加迪沙(人口,160万)。货币,先令。2008年汇率:1美元=29 450先令。2009年GDP 57.31亿美元,人均GDP 600美元,是世界上最不发达国家之一。居民,分两大族系,一大族系为撒马来,约占总人口的80%;另一族系为萨布,约占总人口的20%。官方语言为索马里语和阿拉伯语,通行语言为英语、意大利语。宗教,奉伊斯兰教为国教,信仰伊斯兰教的居民占95%。地理位置处非洲东北角的索马里半岛上,号称"非洲之角"。北邻亚丁湾,东濒印度洋,西邻肯尼亚、埃塞俄比亚,西北部与吉布提相邻,隔亚丁湾与阿拉伯半岛相望。国土处于南纬2°到北纬12°,东经41°到52°之间。大部分地方属于热带沙漠气候,西南部属于热带草原气候。全年高温少雨。首都摩加迪沙,热季平均气温26~32℃,凉季平均气温23~28℃。

公元前1700年就建立了以生产香料著名的早期"邦特"王国。目前,索马里海盗十分猖獗,已经形成过往亚丁湾、红海船只的严重威胁,引起国际社会高度关注。1960 年 10 月 21 日与中国建立外交关系。

畜牧业、农业为其国民经济支柱产业。畜牧业产值约占 GDP 的 40%，农业约占 20%，工业产值不到 7%。全国 80% 以上的居民从事畜牧业。骆驼、牛、马、驴是主要牲畜，是世界上骆驼最多的国家，有“骆驼王国”之称。矿藏资源主要有铁矿、锰矿、钨矿、锡矿等。全国有可耕地 820 万公顷，已经利用的约 100 万公顷。粮食作物主要有高粱、玉米、水稻、豆类。经济作物主要有甘蔗、棉花、芝麻、没药、乳香等。其中乳香、没药产量占世界的 50%，有“世界乳香、没药之国”之称。具有漫长的海岸线，渔业资源十分丰富。

（8）吉布提（意思是炽热的海滨之国）。

国名，吉布提共和国。国土面积 2.32 万平方公里，人口 81.82 万。首都，吉布提（人口，48 万）。货币，吉布提法郎。2009 年汇率：1 美元 = 174.66 吉布提法郎。2009 年 GDP 11 亿美元，人均 GDP 1 290 美元，是世界上最不发达国家之一。居民，主要有伊萨族，约占总人口的 50%；阿法尔族，约占总人口的 40%。官方语言为法语和阿拉伯语，通行语言是法语、阿拉伯语。宗教，伊斯兰教为国教，信仰伊斯兰教的居民占 94%，信仰基督教的居民约占 6%。地理位置处非洲东北角的“非洲之角”，东部面向亚丁湾，扼红海进出印度洋的曼德海峡，东南邻索马里，北邻厄立特里亚，西部、南部、西南部与埃塞俄比亚交界，隔曼德海峡与阿拉伯半岛相望。国土处于北纬 11°到 13°，东经 42°到 43°之间。大部分地方属于热带沙漠气候，内地山区为热带草原气候，全年炎热少雨。年平均气温 27°C。

在对外关系上，采取睦邻友好政策，积极发展与邻国的关系，参与区域性及国际性活动，是东南非共同市场成员、非洲统一组织成员。和原宗主国法国保持有良好关系，法国是其最大的外援国。1979 年 1 月 8 日与中国建立外交关系，目前和中国关系比较友好。近年中国向吉布提提供了部分援助和低息贷款，帮助其加快基础设施建设，促进经济发展。

经济结构上，服务业是国民经济支柱产业，占 GDP 的份额多年维持在 80% 左右，农业产值占 3%，工业产值占 16.8%。服务业中主要收入为货物、船只过境收入，这也是其国民经济的主要来源（埃塞俄比亚进出口货物主要从吉布提港转口,同时,过往红海的船只一般都要在吉布提港加油)。矿藏资源比较贫乏,只有海盐和地热。畜牧业比较发达。90%以上的粮食及其他食物需要进口。

(9)布隆迪。

国名,布隆迪共和国。国土面积2.78万平方公里,2006年人口790万。首都,布琼布拉(人口,40万)。货币,布隆迪法郎。汇率:1美元=1081.8布隆迪法郎。2007年GDP 11.1亿美元,人均GDP为138美元,是世界最不发达国家之一。居民,主要民族有胡图族,占总人口的84%;图西族,占总人口的15%;瓦特族,占总人口的1%。官方语言为法语和基隆迪语,通行语言为法语、基隆迪语,部分居民讲斯瓦希里语。宗教,信仰天主教的居民占75%,信奉基督教的居民约占15%,信仰伊斯兰教的居民占2%,还有约8%的居民信仰原始宗教。地理位置,处非洲中东部赤道南侧,西南邻坦噶尼喀湖,北邻卢旺达,东、南邻坦桑尼亚。国土处于南纬2°到5°,东经30°到31°之间。大部分地方属于热带草原气候,部分地方为热带山地气候,全年高温多雨。因靠近维多利亚湖,一年有一个旱季,两个雨季。全年平均气温24℃。

在对外关系上,因长期处于内战状态,受到国际社会制裁,和周边国家关系时好时坏。最近,积极发展与其他国家的睦邻友好关系,并于2009年年底同卢旺达一起加入东非共同体,也是东南非共同市场成员,进入国家关系的新时期。1963年12月1日与中国建立外交关系。2009年双边贸易额3 500万美元,中国出口3 400万美元,进口100万美元。

经济结构上,农牧业为国民经济支柱产业,其产值约占GDP的25%,第三产业占GDP的56%,工业产值占19%。矿藏资源主要有镍(3亿吨)、磷酸盐(3 050万吨)、钒(1 600万吨)、泥炭(5亿吨)、黄金、锡矿等。农业是国民经济的支柱,粮食作物主要有玉米、水稻、高粱、木薯等。经济作物主要有茶叶、棉花、烟叶、咖啡等。畜牧业有较好的条件。

(10)塞舌尔。

国名,塞舌尔共和国。国土面积455.39平方公里,2008年人口10万。首都,维多利亚(人口,3万)。货币,塞舌尔卢比。2009年汇率:1美元=13.6塞舌尔卢比。2009 年 GDP 总量 7 亿美元，人均 GDP 7 000 美元。非洲原住居民占 80% 以上，其他为印巴人后裔、法国人后裔，还有部分华裔。官方语言为克里奥尔语，通行英语、法语。信仰天主教、基督教的居民占 90% 以上，少数人信仰伊斯兰教。地理位置处于印度洋中，欧、亚、非三洲海上的中心地带，由 150 个岛屿组成。国土处于南纬 4°到 12°，东经 45°到 58°之间。西距肯尼亚蒙巴萨 1 593 公里，西南距马达加斯加 900 公里，距离印度孟买 2 813 公里。属于热带雨林气候，高温多雨，年平均气温 24℃。

在对外关系上，奉行不结盟、睦邻友好的外交政策。积极发展与其他国家的友好关系，法国是其重要援助国和贸易伙伴。积极参与非洲区域性及国际性活动，是东南非共同市场成员、非洲统一组织成员。1976 年 6 月 30 日与中国建交。目前和中国关系比较友好。

旅游业和渔业为其支柱产业。首先是旅游业，全境 50% 以上被辟为自然保护区，是世界十大旅游度假胜地之一，每年有大量游客到塞舌尔旅游度假，有 70% 的国民收入来源于旅游业。其次为渔业，周围海域金枪鱼、对虾产量丰富，主要出口欧洲市场。渔业出口收入占其外汇来源的 40%。经济结构上，第一产业占 GDP 的 2.5%，第二产业占 GDP 的 16.2%，第三产业占 GDP 的 81.3%。粮食主要依赖进口。

(11)南苏丹。

2011 年 7 月 9 日，以朱巴为首都的地球上最年轻的国家——南苏丹共和国正式建立。非洲大陆上一个新独立的国家。在地理位置上属于东非。

南苏丹是从苏丹分离出来的国家。首都，朱巴，国土面积为 61.974 5 万平方公里，下辖 3 个大区：加扎勒河、赤道和上尼罗。其中加扎勒河大区辖 4 个省(西加扎勒河、北加扎勒河、瓦拉普和湖省)，赤道大区辖 3 个省(西赤道、中赤道、东赤道)，上尼罗大区辖 3 个省(琼莱、联合、上尼罗)，全国共有 86 个县。人口，2008 年南苏丹当局宣布的人口普查数为 826.049 万，联合国人口基金会的估算为 750 万 ~970 万，而一些民间机构则认为应是 1 100 万 ~1 300 万。

南苏丹有 200 多个民族。但大多数民族人口都不到万人，较大的民族有丁卡、努尔、西鲁克等原本就居住在这里的尼罗系各民族,以及15~19世纪迁徙而来的阿赞德族和18世纪迁徙来的阿文加拉族等。各部族大多拥有自己的语言,但大多数语言的使用范围狭窄,有的使用人数不过数千人。各部族通用语言为夹杂各种方言俚语的"朱巴阿拉伯语",官方语言为英语。

南苏丹接壤的邻国除北部的苏丹共和国外,自西向东有中非共和国、刚果民主共和国、乌干达、肯尼亚和埃塞俄比亚。

南苏丹有丰富的矿产资源。拥有全苏丹85%以上的石油产能,以及铁、铜、铬、铅、锌、钨、云母和金、银等矿藏,除石油外,大多数矿藏资源尚待开发。森林覆盖率50%以上,并拥有大片草原和湿地。赤道大区是柚木、桃花心木和各种热带硬木的著名产区。水力资源丰富,白尼罗河和众多支流从这里流过,水电发展潜力巨大。大部分人口仍从事农业,棉花、花生、小麦、谷子、木薯和各种热带水果是主要作物;热带硬木是除石油外第二大出口产品,其中柚木人工种植面积居非洲第一位。此外,南苏丹还是世界著名的阿拉伯树胶产地。

南苏丹经济十分落后,经济支柱是石油出口收益。南苏丹超过90%的人口平均每天生活费不到1美元;小学教育普及率仅2%,成人识字率不足15%。为全世界新的最贫穷国家。

南苏丹没有炼油设施,依赖北方喀土穆等地的炼油能力。南苏丹石油输出主要通过两条输油管,它们分别从东西路进入苏丹共和国境内,在喀土穆汇合后,向东北通往红海之滨的苏丹港。自2009年以来,南苏丹当局一直试图进行本土炼油能力的建设,并筹划建设自朱巴通往肯尼亚拉穆的输油管,以减少对北方的依赖,但这些项目目前进展缓慢,资金、技术、人才缺乏。

南苏丹基础设施十分落后。全境沥青铺设路面的公路里程仅38公里,交通主要依靠一条年久失修的窄轨铁路和白尼罗河,朱巴是全国重要的航运枢纽及水陆交通要津,瓦乌是窄轨铁路的交通枢纽。

南苏丹的卫生条件被认为即使在撒哈拉以南的非洲也是最恶劣的地区之一,2004年全境只有3所合格的外科医院,大多数省份,平均50万人口才有1名医生。除中赤省"经处理的水源使用率"为不到10%外,其余各省均不到5%。

苏丹是中国在非洲第三大贸易伙伴和第四大投资目的地，而中国则是苏丹最大的贸易伙伴和投资来源国。苏丹是中国在非洲重要的合作伙伴，与中国经济关系重大。但南苏丹独立对中国在这一地区的经贸利益没有威胁。

相对于苏丹来讲，南苏丹更为贫穷，工业品自给率极低，社会购买力低下，门类齐全、性价比较高的中国工业品，将是这个新独立的南苏丹国最现实的选择。

同时，石油贸易是中国和苏丹经贸的支柱。中国在非洲的石油经营始于1995年的苏丹，苏丹2/3的原油出口中国。中石油在苏丹拥有12个企业，占有苏丹最大石油公司大尼罗河股份公司40%的股份，喀土穆炼油厂、石化厂50%和95%的股份，并修建了750公里输油管和苏丹港30万吨油轮输油终端，但苏丹原油产量的85%来自南苏丹。按照苏丹石油部的数据，位于南苏丹境内的石油区块为第一、第二、第三、第四、第七和B共6个，其中西部的第一、第二、第四区块由苏丹大尼罗河石油作业公司经营，该公司的股本结构为中石油40%，马来西亚国家石油公司30%，印度25%，苏丹国有Sudapet仅5%；东部的第三、第七区块由Petrodar公司经营，该公司的股本结构为中石油41%，马来西亚国家石油公司40%，Sudapet 8%，海湾石油和AlThani各5%；B区块原本由法国道达尔中标，但该公司因“客观原因”中途放弃，目前由一家名为“Jarch, Ltd”、有朱巴政府背景的公司托管。可以看出，南苏丹各油田虽然名义上由在苏丹注册的公司经营，但由喀土穆当局支配的股权不到1成，资本和控制权均掌握在外国公司手中，且中国股本位列第一。目前，南苏丹政府领导人马亚尔迪特和军队均提出保护外国投资者的利益，以吸引更多外资进入，中国资本自然也在受保护之列。而南苏丹的独立，得到包括中国在内的国际社会的承认，中国和南苏丹在各方面均存在互补关系。同时，失去南方的苏丹喀土穆政权，不论在政治、经济，还是协调南北方关系等方面，都继续需要和中国的充分合作，因此苏丹的一分为二，不会从根本上影响中国的利益。

## 三、西部非洲，法语为主要通用语言的地区

西部非洲（以下简称西非）是指沿大西洋从摩洛哥以南的西撒哈拉到几内亚湾的非洲西部地区，包括西撒哈拉、毛里塔尼亚、塞内加尔、塞拉利昂、冈比亚、

马里、布基纳法索、几内亚、几内亚比绍、佛得角、利比里亚、科特迪瓦、加纳、多哥、贝宁、尼日尔、尼日利亚17个国家和地区。也是非洲国家最多、人口最多的一个地区。

**1. 西非国家的总体情况**

西非领土面积共599.5万平方公里,人口28 992.9万。2008年GDP总量为2 569.32亿美元(不包括西撒哈拉),人均GDP 886.19美元(不包括西撒哈拉)。在目前西非17个国家和地区中,除尼日利亚、加纳、塞拉利昂、冈比亚是英国的殖民地,佛得角是葡萄牙殖民地,多哥是德国的殖民地,西撒哈拉是原西班牙殖民地,利比里亚是由美国派遣回非洲的原非洲黑奴后裔建立的移民国家外,其他9个国家都是法国的殖民地,历史上叫法属西非。

(1)地理位置和气候。

西非是从摩洛哥、阿尔及利亚以南的西撒哈拉、马里、毛里塔尼亚开始,沿大西洋向南,直到几内亚湾的尼日利亚的西部非洲地区。位置大约在北纬2°到28°,东经16°到西经17°之间。西非在气候上大体分为两个区域,一个是北部靠近撒哈拉沙漠的地区,大部分国家属于干旱、半干旱的沙漠、沙漠草原地区,其中西撒哈拉、毛里塔尼亚、马里、尼日尔的国土全部或部分在撒哈拉沙漠之内;还有部分国家,如塞内加尔、布基纳法索、尼日利亚北部在撒哈拉沙漠的边沿。这些国家或地区终年干旱,无雨或少雨,土地沙化严重。另一个是靠近几内亚湾地区,自然条件较好,属于热带季风或热带雨林气候,全年高温多雨,雨季降水量很大。大部分地方年降水量在2 000毫米以上,个别地方甚至在8 000毫米以上。

(2)历史文化、宗教信仰、民族构成。

西非在古代历史上,曾是非洲经济、社会发育程度相对较高的地方之一。早在伊斯兰文化进入撒哈拉沙漠以南之前,在一些地区已经出现了早期的国家雏形。现有西非国家中,除尼日利亚、冈比亚、塞拉利昂、利比里亚通行英语,佛得角通行葡萄牙语外,其他国家都通行法语。这一地区民族构成十分复杂。撒哈拉沙漠附近地区的居民主要信仰伊斯兰教,靠近几内亚湾的沿海地区的居民主要信仰基督教、天主教,内陆偏远地区还有相当大比例的居民信仰原始宗教。

(3)政治体制、社会稳定、安全及对外关系。

西非地区国家的政治情况比较复杂，大体上可分四种情况。第一种是近似于北非的伊斯兰国家，把伊斯兰教奉为国教，伊斯兰文化为主流文化，如毛里塔尼亚和马里、尼日尔。政治体制名义上民主共和，实际是个人或少数人统治，具有浓厚的伊斯兰色彩。第二种是伊斯兰教对国家政治有重要影响，但国家体制是民主共和、多党制。如塞内加尔、冈比亚、几内亚，比较典型的是塞内加尔。伊斯兰教会组织对政治有很大影响，甚至在一定程度上左右国家大选结果。第三种是宗教对政治影响不大，主要是世俗政治，名义上的多党制国家，如利比里亚、科特迪瓦、加纳、贝宁、多哥、塞拉利昂、几内亚比绍等国。第四种是宗教对政治的影响错综复杂，伊斯兰教和基督教两大宗教矛盾比较突出的国家，即尼日利亚。此外，西非还有一个特殊的地区，即西撒哈拉，至今是独立还是并入摩洛哥，地位未定，政治上受摩洛哥影响很大，也是伊斯兰教在政治、文化上控制的地区。

从社会稳定、社会安全的角度看，在西非地区，政局长期比较稳定、社会治安较好的国家有塞内加尔、加纳、马里、贝宁、冈比亚等国。目前政局稳定、社会治安较好的国家还有塞拉利昂、科特迪瓦等国。毛里塔尼亚、多哥、几内亚、尼日利亚、几内亚比绍、布基纳法索、利比里亚等国家的政局刚刚稳定，有的还在动乱之中，社会稳定及安全形势相对较差。

从对外关系看，西非国家和原宗主国关系较好。尤其是原法属殖民地国家，至今，法国对它们的影响仍然很大，法国也一直是它们的最大援助国和外来投资国。如塞内加尔、科特迪瓦、布基纳法索、加纳、尼日尔、马里。同时，这些国家大部分还力求保持和欧美发达国家的良好关系，以争取更多的外援。从西非各国内部的关系看，大部分国家之间关系友好。西非各国之间除西撒哈拉地区外，在领土、政治方面没有太多历史遗留问题。西非国家和中国的关系比较复杂，和中国一直保持良好关系的国家有几内亚、尼日利亚、贝宁、马里、加纳等国；有的国家和中国的关系经历了多次反复，目前和中国关系较好，如塞内加尔、塞拉利昂、科特迪瓦、利比里亚等国；至今和中国还没有外交关系的国家有冈比亚、布基纳法索。

(4)经济社会发展及对外开放程度。

西非17个国家和地区之间经济生活发展水平有较大差异。相对发展较好的国家有塞内加尔、科特迪瓦、加纳、尼日利亚、佛得角。佛得角人均GDP居于西非国家第一位，2009年达到3 603美元。尼日利亚、科特迪瓦、加纳三国人均GDP超过1 000美元，塞内加尔为975美元。除此外的其他国家，马里、毛里塔尼亚、利比里亚、几内亚、几内亚比绍、多哥、布基纳法索、冈比亚均被联合国列入世界上最不发达国家。尼日利亚、加纳、科特迪瓦等国是西非经济最有活力的国家，近年经济一直发展较快，年平均增长速度在6%以上。尤其尼日利亚是西非经济最为活跃的国家，也是发展潜力最大的国家，目前是西非经济发展的火车头。塞内加尔的经济社会发展也一直比较稳定。

从对外开放程度讲，西非国家之间差异较大。开放程度较高的有科特迪瓦、加纳、冈比亚、利比里亚、塞拉利昂、多哥、贝宁等国。在利比里亚手持美元可以自由出入境，在其国内，美元是与他们本国货币一样的流通货币，在市场上可自由使用。尼日利亚、塞拉利昂等国对外汇出入境也没有管制。这些国家的国内市场开放程度较高，大部分国家对商品进出口没有限制(目前例外的是尼日利亚，开始对部分商品进口设限，学习中国改革开放初期政策，要求进口替代，生产本土化，鼓励支持来料加工、进料加工、合作生产、合资生产，类似于中国20世纪80年代的对外开放政策)。大部分国家对外商投资没有严格限制，并且都制定有吸引外商投资的优惠政策。近年不少国家还学习发达国家及新兴经济体国家，在沿海地区设立经济开发区、自由贸易区等。开放程度相对较低的国家有塞内加尔、几内亚、马里、毛里塔尼亚、尼日尔等国。马里、毛里塔尼亚、尼日尔是伊斯兰国家。塞内加尔主要以维护本国市场为目的。

(5)交通、能源及其他基础设施。

西非国家的基础设施总体上很落后。在地面交通领域，国家间基本是各自为政，没有类似于东非维多利亚湖周边国家之间的广泛合作。地面交通条件相对较好的国家有塞内加尔、科特迪瓦、加纳、尼日利亚等国。虽然中心城市交通仍然很拥挤，但基本已形成四通八达的国内主要城市、主要地区之间的公路交通网。交通条件相对较差的国家有几内亚、利比里亚、塞拉利昂、尼日尔等国。西非国与国之间地面交通发展缓慢,不少国家之间地面几乎无路可通。即使是相邻之国,近在咫尺,也要从海上绕行数倍的路程才能到达,尤其是临近大西洋、几内亚湾的国家此类问题更为突出。据笔者所知,2007 年,有一个中国公司从几内亚向利比里亚调运数台工程设备,陆路不到 400 公里的路程,却走了两个多星期。

从空中交通条件看,虽然各个国家的首都都有机场(在各国首都外,有机场的城市很少,但例外的是尼日利亚的拉各斯有较大的国际机场),但机场条件都很差,设施严重落后,多数还是殖民地时代留下的"遗产"。到目前为止,西非还没有一个现代化的机场。17 国中只有两个航空公司,一个是尼日利亚航空公司,一个是由多个国家参股的西非航空公司。

从海洋运输看,沿海国家都有港口,但是港口的设施都比较落后,除拉各斯是大港口外,其他都是中小型港口,不能停泊大型货轮、油轮。还有一个例外的是毛里塔尼亚,因有大型铁矿开采出口,近年,由中国援建了一个以装载运输铁矿石为主要对象的大型港口。

从西非能源供应情况看,和东非国家条件大体差不多,有部分国家还不如东非,也是制约大部分国家经济、社会发展的瓶颈。能源供应相对较好一点的国家有塞内加尔、加纳、贝宁、多哥、科特迪瓦等国。生产、生活用电满足率大概在 60% 左右。在尼日利亚、几内亚、利比里亚、塞拉利昂等国,电力供应满足程度还要低一些,有的国家甚至不到 40%。西非河流较多,尤其是几内亚,素有"西非水塔"之称;还有贝宁、冈比亚等国可以建设大中型水电站的地方很多。如近年尼日利亚、加纳与贝宁合作的贝宁大型水电站。尼日利亚有丰富的石油、天然气,还有可观的煤炭储藏;几内亚等国沿海也探明有天然气储藏。

从通信情况看,由于国际跨国公司的投资,移动通信、固定电话,包括宽带、国际互联网等现代通信工具已进入城市居民的工作与生活中。

当地居民生活能源,大城市主要是液化气,普通老百姓主要用土炭,偏远农村主要用木柴。

(6)矿产资源。

西非的矿产资源应该说比东非还要丰富。其中储藏量较大的矿藏资源,第一是铝矾土。在西非的几内亚、马里、塞拉利昂、塞内加尔等周边国家,铝土资源储藏量占世界的30%以上。而且除几内亚有个别跨国公司在小规模地开采外,绝大部分都没有开采,甚至连勘探都没有认真进行过。第二是优质铁矿。在毛里塔尼亚、马里、几内亚、塞拉利昂、利比里亚蕴藏有丰富的优质铁矿资源。除了利比里亚在内战前曾进行规模开采外,目前只有毛里塔尼亚在大规模开采,其他地方都还处于原始的休眠状态。科特迪瓦、加纳、马里、几内亚、利比里亚、塞拉利昂、科特迪瓦、加纳、尼日利亚都有一定数量的黄金、宝石储藏。目前只有科特迪瓦、加纳、马里、几内亚等国家有欧洲的跨国公司在大规模开采黄金,其他地方的黄金和宝石矿主要是当地的黑人用原始的办法在星星点点地开采。西非还有大量的其他矿藏,如几内亚湾、西撒哈拉丰富的石油、天然气,加纳、科特迪瓦、塞内加尔的铜矿,马里、西撒哈拉、塞内加尔等国家和地区丰富的磷酸盐、钾盐矿,尼日利亚的煤矿,以及西非多个国家的锌、铅、钼等有色金属矿藏,特别是尼日尔蕴藏着丰富的具有国际战略意义的铀矿等。

西非和东非在矿藏资源方面相比,由于西非面积比东非更辽阔,有些地方更偏僻,条件更加艰苦,还有更多的地方没有被欧美国家的跨国公司占有,甚至一些国家对资源的真实储藏情况还没有弄清楚。已经勘探清楚的富矿,虽然勘探权大部分被西方的跨国公司瓜分完毕,但就是已经被登记在其他公司名下的资源也还有易主的可能。只要下功夫,什么奇迹都可能出现。据笔者所知,近年已有不少的中国公司在西非拿到了一些矿藏资源勘探开发的权利,把一些宝贵的资源登记到了中国公司的名下。有一个省级地矿部门下面的外经公司,近5年内,已在西非及非洲其他地方登记到了十几块各类矿藏的勘探开发权。有一家做工程的省级公司,在西非一个国家通过自己耐心细致的工作,击败欧洲一家跨国公司,把唯一一块登记在当地公司名下的铝土矿转到了中国公司名下,该矿的储藏量是中国全国储藏量的3倍以上。最近,由河南省一家涉外公司牵头,上海宝钢等有关大企业参加,在利比里亚拿到了一个储量丰富的大铁矿的开采权。

可以说，西非在矿产资源开发方面有更大的发展潜力。

（7）西非经济共同体及西非货币联盟。

西非经济共同体是1975年5月28日成立的，包括贝宁、多哥、布基纳法索、佛得角、冈比亚、几内亚、几内亚比绍、加纳、马里、科特迪瓦、利比里亚、尼日尔、尼日利亚、塞拉利昂、塞内加尔、毛里塔尼亚16国。人口2.25亿。面积527万平方公里。组织机构：国家元首和领导人会议为最高权力机构，一年一次会议；部长理事会，一年两次会议，负责审查秘书处和专门委员会的政策、建议；执行秘书处，协调处理日常事务；6个技术和专门委员会，负责有关技术、计划的制订、执行；共同体法院，负责监督各成员国对共同体条约、有关法律的执行，调解分歧等；共同体议会，为咨询性机构；共同体中央银行、商业银行等。共同体成立20多年来，为推进西非地区经济一体化，协调各成员国的矛盾、利益起到了重要作用，尤其在地区性维和、推进民族和解、消除贸易保护等方面成效明显。并于2004年实现了统一护照，共同体各国公民持统一护照进入其他国家不再需要签证，可以自由旅行、工作、定居，目前是非洲唯一实现区域内成员国居民可以自由流动的地区。又于2008年建立了关税同盟，并定于2020年实行统一货币，建立统一市场。

西非货币联盟，1994年1月10日成立，于同年8月1日生效。成员国8个，包括塞内加尔、科特迪瓦、贝宁、布基纳法索、马里、尼日尔、多哥、几内亚比绍。成员国取消本国货币，统一流通非洲法郎（与欧元挂钩）。联盟机构：国家元首和国家首脑会议，部长会议，联盟委员会，联盟法院，审计院，商务仲裁所，专家办公室，西非国家中央银行（负责发行货币），西非开发银行等。

西非货币联盟8国，人口9 550万，GDP总量701.3亿美元，人均GDP 734.34美元，是西非市场潜力较大的地区。同时，由于这些国家实行同一货币政策，同一关税，及大体相同的经济、社会发展政策，对外开放政策，逐步发展为统一市场，许多商业、投资类项目可以统一筹划、统一考虑。

此外，马里、毛里塔尼亚、西撒哈拉地区的共同特点都是伊斯兰文化区，国土全部或部分在撒哈拉沙漠中间，除了马里南部之外，常年无雨或干旱少雨，大部分地区为不毛之地;农业条件较差,畜牧业相对比较发达;磷酸盐、黄金等矿产资源丰富。由于历史及地理位置原因,经济、社会的发育程度比黑非洲国家整体要高。作为伊斯兰教居于统治地位的国家和地区,在生活习俗、政治文化领域都有明显的伊斯兰文化特点,有许多和北非类似的地方,但在社会的开放程度上远远高于北非,也没有北非那么多严格的宗教禁忌。但如果到这些国家经商、投资,还是要认真遵守伊斯兰的风俗习惯。

(8)中国人在西非。

西非主要是法语区,同时距离中国路程比东非、南非都要遥远,还有少数国家至今仍然和我国没有建交。只有尼日利亚中国人较多。但有的国家中国人已经有相当数量,以从事商业、贸易、饭店、医疗卫生、建筑业为多,也有部分投资于生产项目。如在塞内加尔,总统府面前最繁华的街道上,当年是出售欧洲高档消费品的"巴黎一条街",现在已经经过改造,变成了"中国商品一条街",鳞次栉比的门面,几乎清一色转手给中国人经营。笔者曾在一家药店和销售人员攀谈过,他讲,这里以前销售的全部是欧洲货,即使有部分中国货,也是由欧洲或土耳其转口而来的。他以治疗疟疾的青蒿素为例,说法国人从中国进口后,在法国一换商标,再出口到塞内加尔,在当地售价大约是中国市场价的7倍。中间的巨额利润全让法国人拿走了。现在,直接从中国进口,售价大大下降,厂家、当地老百姓和经营者都受益。在利比里亚,虽然中国人很少,但只要扑下身子干了,都很成功。笔者曾两次到利比里亚首都蒙罗维亚短期工作,为生活方便,曾吃住在一个东北人开的一家住宿带餐饮的饭店。主人原来是一个西非的某中国公司的职工,后来辞职了,三年前带了几十万美元到蒙罗维亚,在最繁华的街道上租赁了一个两层、建筑面积200多平方米的小楼,一楼做餐馆,二楼做住宿(有6个房间);一年后又在马路对面租了一栋三层楼,建筑面积300多平方米,还有一个院子,仍然是采用餐饮兼住宿的经营形式,常常客满,如果不是熟人提前定房,临时住宿客人可能还没有房间。据当地知情的中国人讲,一年最少能赚100多万美元。在西非,中国人相对较多的还有加纳、科特迪瓦等国。

**2. 西非各国的基本情况**

(1)尼日利亚。

国名，尼日利亚联邦共和国。国土面积92.37万平方公里，2008年人口1.46亿。首都，阿布贾(人口，300万)。货币，奈拉。2009年年底汇率:1美元=149奈拉。官方语言，英语;通行语言，英语。2009年GDP总量1 590亿美元，人均GDP 1 089美元。是西非GDP总量最大的国家，也是西非包括整个非洲人口最多的国家。全国有250多个民族，人口最多的是豪萨-弗拉尼族，占总人口的29%;其次是约鲁巴族，占21%;伊博族占18%。宗教，信仰伊斯兰教的居民占人口的50%,信仰基督教的居民占人口的40%,还有约10%的居民信仰原始宗教。尼日利亚位于非洲几内亚湾的东北部，在北纬4°到14°,东经2°到15°之间。北邻尼日尔，西邻贝宁，东北邻乍得，东邻喀麦隆，南临几内亚湾。大部分地方为热带季风气候，高温多雨，但靠近乍得的北部地区属于热带草原气候，干旱少雨。年平均气温26~27℃。

尼日利亚是非洲古代文化比较发达的地方。积极奉行睦邻友好外交政策，发展与世界各国的友好关系。1971年2月10日与中国建立外交关系，目前两国政治关系良好，贸易、投资发展很快。2009年中国和尼日利亚贸易额63.72亿美元，中国出口54.76亿美元，尼日利亚出口8.96亿美元。尼日利亚是西非中国人最多的国家，据估计有7万多人。

经济上，石油是其国民经济的支柱产业，石油出口占国家财政收入的85%以上。2008年石油收入628.6亿美元，占其国民收入的30%,财政收入的91.5%。除石油外，尼日利亚还有天然气、煤矿(27.5亿吨)、铁矿、锡矿、钨矿等30多种矿藏。工业主要有纺织、建材、汽车装配、食品、饮料等。农业上，主要生产玉米、棉花、花生、可可等。粮食不能自给，需要大量进口。

尼日利亚是非洲人口最多的国家，也是非洲具有明显自己特点的国家。该国是黑非洲目前最大的石油生产国，也是最大的石油输出国(产量居世界第七位);是黑非洲最具活力、最具发展潜力的最大国家。同时，又是宗教矛盾突出、社会治安形势严峻(主要是大城市，而且主要是拉各斯)的地方。尼日利亚目前又是非洲最大的市场、冒险家的乐园。在此国度,你可以用金钱办成很多事情(当然前提是有可能办成的事情)。

工业、农业、商业、贸易、餐饮、旅栈、建筑、房地产、矿产资源、能源等,各类项目在这里都具有广阔的市场前景。只要具有一定经营能力、一定经济实力,具有“不入虎穴,焉得虎子”的精神,就可以开辟出自己的一片天地。有一个不到30岁的湖南籍小伙子,原来在南非做进出口贸易生意,后来到尼日利亚拉各斯郊区开办了一个鞋厂,不久就积累了相当数量的资本,进入餐饮业、装修业,成了当地具有相当实力的老板。尼日利亚的建材、装饰材料更是一个炙手可热的行业,全国都是大工地,各种建材装饰材料市场十分红火,水泥、钢筋、角钢、石子、铝材、板材、门窗等,都是供不应求。但产品质量泥沙俱下、鱼龙混杂。建筑业热火朝天,项目俯拾皆是(当然,还是需要一定条件的)。笔者曾经做过一些了解,利润率非常丰厚。笔者曾了解有一家德国和当地合作的建筑公司,在20世纪90年代进入尼日利亚市场,主要做道路、桥梁等项目,刚开始规模并不大,历经10年,据业内人士说,该公司资产已在数亿美元以上,每年市场份额都在数亿美元。尼日利亚的房地产业前景同样十分可观,巨大的市场需求推动着房地产业飞速发展,在拉各斯周围几十公里以内,都是房建工地。许多房子还在图纸阶段,便已经销售一空。

(2)塞内加尔。

国名:塞内加尔共和国。国土面积19.67万平方公里,2009年人口1 250万。首都,达喀尔(人口,254.5万)。货币,非洲法郎。2009年汇率:1美元=472非洲法郎。2009年,GDP总量112亿美元,人均GDP 975美元。居民,非洲人占99%以上,外来人口很少。有20多个民族,人口最多的民族是沃洛夫族,约占总人口的43%。官方语言为法语,通行语言也是法语,各民族有自己的语言。信仰伊斯兰教的居民占90%,信仰天主教、基督教的居民约占5%,还有约5%的居民信仰原始宗教。地理位置,处非洲最西端,西部临大西洋,北部与毛里塔尼亚相邻,南部与几内亚、几内亚比绍相邻,东部与马里相邻,从东、南、北三面包围冈比亚。在北纬12°到17°,西经11°到17°之间。大部分地方属于热带草原气候，年平均气温29℃。是非洲距离美洲直线距离最近的国家。由于国土向大西洋海岸突出，又是北非地中海沿岸国家和几内亚湾沿岸国家之间交通的必由之路，所以是大西洋南北航线上重要的中途站。

塞内加尔是西非历史比较悠久的地区。在对外关系上，奉行不结盟、独立的外交政策，大力发展与周边国家的睦邻友好关系，同时展开全方位外交，争取欧美发达国家的援助，积极吸引外资，尤其重视发展与原宗主国法国的关系。法国是塞内加尔主要进出口目的国和最大援助国、外来投资国。塞内加尔与中国的关系几起几落，2005年再次恢复与中国的外交关系以来两国关系发展平稳，瓦德总统多次在外交场合肯定中国对非洲经济建设的贡献和援助模式。

经济上，塞内加尔是一个以旅游业、服务业立国的国家，第三产业占GDP的份额多年维持在60%左右，工业产值占20%，农业产值占16%，畜牧业产值占4%。工业在西非地区占有重要地位，主要有食品加工、建筑材料（有一个法国人投资建设的年产100万吨的水泥厂）、纺织、造纸、日用化工等。矿藏资源，主要有磷酸盐、黄金、铁矿、铜矿、盐矿、铝土矿等。已经进入规模开采的是磷酸盐和黄金。此外，还有一定量的石油、天然气储藏，英国、澳大利亚的跨国公司正在投资开发。塞内加尔是西非建筑业中最有实力的国家，有不少当地的建筑公司，个别公司在西非国家部分项目中已有竞争能力。

全国有可耕地815.7万公顷，已耕地246万公顷。但是，由于大部分地区雨季时间短暂，干旱少雨，农民生产手段原始，农业产量很低。现有粮食作物主要有谷子、水稻、玉米、豆类、高粱、红薯、木薯。经济作物主要有棉花、花生、甘蔗、芝麻草等。塞内加尔有牧场565万公顷，发展畜牧业有较好的条件。此外，塞内加尔的渔业有较大发展潜力，沿海有丰富的渔业资源。粮食不能自给，需要大量进口。

（3）冈比亚。

国名，冈比亚共和国。国土面积10 380平方公里（其中含冈比亚河1 300平方公里），2009年人口178.3万。首都，班珠尔（人口，3.6万）。货币，达拉西。2009年汇率：1美元=27达拉西。2009年GDP 7.32亿美元，人均GDP 430美元。非洲原住居民占99%,外来人口约1%。有10多个民族,人口最多的民族是曼丁哥族,约占总人口的40%。官方语言为英语,通行语言仍是英语。信仰伊斯兰教的居民占90%,信仰天主教、基督教的居民约占9%,还有约1%的居民信仰原始宗教。地理位置处非洲西端,以冈比亚河为中心,西面开口于大西洋。塞内加尔从南、东、北三面包围冈比亚,好像衔在塞内加尔口中的一条昆虫。领土在北纬13°到14°,西经14°到16°之间。属于热带草原气候,全年平均气温27°C。

冈比亚现政府积极参加西非国家区域性及国际性活动,是西非经济共同体、非洲统一组织、英联邦、伊斯兰会议组织成员。和原宗主国英国保持着良好关系,英国是其最大的外援国。冈比亚与中国的关系几经起落,于1995年中断和中国的外交关系。

经济结构上,旅游服务业、农业是其国民经济的支柱产业。第三产业占GDP的份额多年维持在50%以上,农业占30%以上,工业产值只有10%多一点。矿藏资源贫乏,主要有钛、锆、金红石浑生矿。可耕地占国土面积的30%。粮食作物主要有水稻。经济作物主要有花生。畜牧业有较好的发展条件。粮食不能自给,需要大量进口。

(4)马里。

国名,马里共和国。国土面积124.12万平方公里,人口1 430万。首府,巴马科(人口,172.8万)。货币,非洲法郎。2009年汇率:1美元=472非洲法郎。2009年GDP 92亿美元,人均GDP 600美元,是世界上最不发达国家之一。全国有23个民族,人口最多的班巴拉族占全国人口的34%,富贝尔族占11%,塞努福族占9%。官方语言为法语,通行语言是法语、班巴拉语。信仰伊斯兰教的居民占80%,信仰天主教、基督教的居民占2%,信仰原始宗教的居民占18%。地理位置,处在非洲西北部,处于北纬10°到26°,东经4°到西经12°之间,是一个内陆国家。西面邻毛里塔尼亚、塞内加尔,北邻阿尔及利亚,东邻尼日尔,东南邻布基纳法索,南邻科特迪瓦,西南邻几内亚。北部在撒哈拉沙漠之内,中部为半沙漠地区,南部为热带草原气候,终年干旱少雨,高温干燥。旱季最高气温为50℃,雨季最低气温为14℃。但南部地区水资源比较丰富,有较好的农业和牧业发展条件。

马里对外奉行独立、不结盟外交政策，积极发展与其他国家的睦邻友好关系，参与区域性、国际性活动。是西非经济共同体成员、西非货币联盟成员、非洲统一组织成员。1960年10月25日与中国建立外交关系，建交以来两国关系发展平稳。

经济上，农牧业为国民经济的基础，2009年农牧业产值占国民经济的32.9%。全国可耕地面积3 000万公顷。粮食作物主要有高粱、水稻、谷子、木薯等；经济作物主要有棉花、花生、卡里特果等，是非洲主要棉花产地之一。畜牧业，主要养殖牛、羊、骆驼等。工业产值占GDP的21.3%，主要是纺织、建材、食品加工。矿产资源丰富，主要有黄金（已探明900吨）、铁（储量13.6亿吨）、磷酸盐（储量1 180万吨）、锰（储量1 500万吨）、铝矾土（储量12亿吨）、铀（储量5 200吨）、硅藻土（6 500万吨）、岩盐（储量5 300吨）。马里是非洲主要产金国之一，黄金出口占外贸收入的50%。

（5）利比里亚。

国名，利比里亚共和国。国土面积11.13万平方公里，2009年人口347万。首都，蒙罗维亚（人口，130万）。货币，利比里亚元。2009年汇率：1美元=67.8利比里亚元。美元在市场上也是直接流通货币。2009年GDP 9亿美元，人均GDP 225美元，是世界上最不发达国家之一。非洲原住居民有16个民族，占人口的96%以上。外来人口约4%，主要是从美国移民回非洲的原非洲黑奴的后裔。官方语言为英语，通行语言仍是英语。信仰天主教、基督教的居民约占40%，还有约40%的居民信仰原始宗教，信仰伊斯兰教的居民占20%。地理位置在北纬4°到8°，西经8°到11°之间。西南临大西洋，西北邻塞拉利昂，东北邻几内亚，东南部邻科特迪瓦。属于热带季风气候，天气炎热，降水量丰富。全年平均气温25℃。利比里亚在西非历史上是以种植谷物而闻名的，欧洲人曾叫其为“谷物海岸”。

在对外关系上，利比里亚广结善缘，和世界各国发展友好关系，广泛争取国际支持，得到了欧美国家及包括中国在内的各国的政治认可和经济援助，还争取到不少国际组织的赠款、贷款进行国家重建。2003年同中国建立外交关系以来，双边关系发展顺利。

在经济上，利比里亚大力推行经济自由化、贸易自由化。利比里亚是一个传统的农业国，但采矿业和橡胶业在国民经济中占有重要地位。在经济结构上，天然橡胶、木材、铁矿砂为国民经济支柱产业。2009年农业产值占GDP的25%左右。利比里亚工业基础十分薄弱，工业化生产的工厂只有一家水泥厂、一家饮料厂、一家小型炼油厂和特许地的橡胶加工厂。矿藏资源主要有黄金、铁矿、宝石、铝土矿、铜矿、铅矿、锰矿、锌矿、钽矿、重晶石、蓝晶石等。铁矿的含铁量高达70%，属于优质铁矿，储量居于非洲前位(40亿吨)。黄金、宝石矿在全国许多地方都有分布。内战前铁矿、黄金、宝石开采都有一定规模，目前正在恢复。有可耕地380万公顷，粮食作物主要有谷子、水稻、玉米、木薯等。经济作物主要有橡胶、花生、咖啡、可可、甘蔗、棕榈等。尤其是橡胶在非洲享有盛名，有许多世界各国的工业橡胶种植园。美国阿尔斯通公司、日本布里奇斯通公司，荷兰-德国的萨拉拉公司等世界级的跨国公司在利比里亚都经营有橡胶园。利比里亚森林资源也比较丰富，有479万公顷，有许多优质木材。渔业资源也比较丰富。此外，利比里亚是世界上著名的船舶注册国家，只收少许注册费和管理费，免除一切税收，对许多私人船舶公司有很大吸引力。从而吸引了世界上许多船舶公司在利比里亚注册。粮食不能自给，需要大量进口。

(6)毛里塔尼亚。

国名，毛里塔尼亚伊斯兰共和国。国土面积103万平方公里，2009年人口330万。首都，努瓦克肖特(人口80万)。货币，乌吉亚。2008年汇率:1美元=257乌吉亚。2007年GDP总量25亿美元，人均GDP 871美元，是世界最不发达国家之一。居民，主要分白摩尔族和黑摩尔族、黑人族三大类。白摩尔族占30%，黑摩尔族占40%，黑人族占30%。白摩尔族是11~17世纪从北非迁徙来的阿拉伯人或阿拉伯人和柏柏尔人的混血儿，黑摩尔族是阿拉伯人、柏柏尔人、白摩尔人和当地黑人的混血儿。他们主要从事游牧业，生活在毛里塔尼亚的北部。黑人族为非洲原住居民，有5个民族，从事农业，生活在毛里塔尼亚南部及塞内加尔河沿岸。官方语言为阿拉伯语和法语，通行语言是法语。信仰伊斯兰教的居民占96%，信仰天主教、基督教的居民约占1%，还有约4%的黑人族居民信仰原始宗教。地理位置在北纬14°到28°，西经6°到17°之间。西面临大西洋，南隔塞内加尔河与塞内加尔为邻，东北部与阿尔及利亚接壤，东南部与马里相邻。国土3/4在撒哈拉沙漠之内，全年干旱少雨，年平均气温25℃。大部分地区没有植被，只有南部靠塞内加尔河有一定降水量，土地肥沃，有大片的农田。

毛里塔尼亚在对外关系方面，奉行中立，同时奉行亲伊斯兰政策，重视发展和周边国家及欧洲和海湾国家的关系，积极参加马格里布联盟，是西非经济共同体成员。与原宗主国法国关系密切，法国是其主要外援国。1965年7月19日与中国建立外交关系。建交后和中国的关系一直比较友好，中国对其经济建设给予了较大援助，双方合作项目较多。

经济结构上，服务业、采矿业、畜牧业是其国民经济的三大支柱。2008年，第一产业产值占GDP的16.1%，第二产业占GDP的41.7%，第三产业占GDP的42.2%。畜牧业在毛里塔尼亚占有重要地位，在第一产业中畜牧业占其产值的70%以上。第二产业中采矿业占有重要地位，产值占近50%。矿藏资源主要有铁矿（储量107亿吨）、铜矿（储量2 200万吨）、磷酸盐（储量1.4亿吨）、黄金（储量184吨）、石膏（储量40亿吨）等。还有石油（储量10亿吨）、天然气等。铁矿以储量大、品位高在非洲占有重要地位，目前正在大规模开采。农业可耕地面积很小，仅有50万公顷。粮食作物主要有水稻、高粱、玉米等。经济作物主要有花生。畜牧业发达，有丰富的渔业资源。粮食不能自给，需要大量进口。

（7）西撒哈拉。

国土面积26.6万平方公里，人口约30万。首府，阿尤恩。主要是阿拉伯人、柏柏尔人和非洲黑人的混血儿。有三大族系21个部族，官方语言是西班牙语，通行阿拉伯语、法语。居民主要信仰伊斯兰教。地理位置，处非洲西北角，在北纬21°到28°，西经9°到17°之间。西面邻大西洋，北邻摩洛哥，东北邻阿尔及利亚，南邻毛里塔尼亚。全境在撒哈拉沙漠之内，终年干旱无雨，高温干燥，夏天气温达65℃，可以说是一个不毛之地。

西撒哈拉,有丰富的磷酸盐矿(100 亿吨)及铁矿、铜矿、镍矿、铀矿等。农业资源贫乏,动植物稀少,但在漫长的大西洋海岸线上,有丰富的渔业资源。粮食几乎全部需要进口。

(8)尼日尔。

国名,尼日尔共和国。国土面积 126.7 万平方公里,2009 年人口 1 530 万。首都,尼亚美(人口 100 万)。货币,非洲法郎。2009 年汇率:1 美元 = 472 非洲法郎。2009 年 GDP 62 亿美元,人均 GDP 405 美元,是世界最不发达国家之一。全国有 5 个主要民族,人口最多的民族是豪萨族,占总人口的 56%;其次是哲尔马族、桑海族,占人口的 22%。官方语言为法语,通行语言是法语、豪萨语。信仰伊斯兰教的居民占 88%,信仰原始宗教的居民占 11.7%,还有少数居民信仰基督教。地理位置,处非洲的中西偏北的位置,在北纬 11°到 24°,东经 0°到 16°之间。北邻利比亚、阿尔及利亚,南邻尼日利亚、贝宁,东邻乍得,西邻马里,西南邻布基纳法索、贝宁。是一个内陆国家,北部为热带沙漠气候,国土 60% 在撒哈拉沙漠之中,南部为热带草原气候。全年干燥、炎热、高温少雨,为世界上最炎热的国家之一,全年平均气温 30℃。

1974 年 7 月 20 日与中国建立外交关系,近年中国向尼日尔提供了大量的援助和低息贷款,积极发展友好关系。2009 年,中国和尼日尔贸易额为 2.84 亿美元,几乎全部为中国出口。因其具有丰富的铀矿资源而成为许多国家关注的焦点,美国等发达国家对尼日尔也在积极渗透。

经济社会发展缓慢,经济结构上,农牧业为国民经济支柱产业,2007 年农业产值占 GDP 的 40.8%,其中畜牧业占 13.25%,工业产值只有 13.8%。矿藏资源方面,铀和磷酸盐储量居世界前列。铀储量达 21 万吨,占世界总储量的 11%,目前是世界主要产铀国之一。磷酸盐储量 12.54 亿吨,居于世界第四位。还有煤矿(储量 600 万吨)、铁矿、黄金、石油等。法国是尼日尔现有资源的主要开采者和占有者。全国有可耕地 1 723.89 万公顷,已经利用 588.29 万公顷。粮食作物主要有小米、高粱、豆类等。经济作物主要有花生、棉花等。畜牧业有较好的发展条件。

(9)几内亚。

国名，几内亚共和国。国土面积24.58万平方公里，2009年人口1 010万。首都，科纳克里(人口210万)。货币，几内亚法郎。2007年汇率：1美元＝4 538几内亚法郎。2007年GDP总量44亿美元，人均GDP 471美元，是世界最不发达国家之一。居民有100多个民族，人口最多的民族是富尔贝族，约占总人口的40%。官方语言为法语，通行法语。宗教上，信仰伊斯兰教的居民占87%，信仰基督教的居民约占5%，还有约8%的居民信仰原始宗教。地理位置在北纬7°到13°，西经8°到15°之间。东北邻马里，东邻科特迪瓦，南邻塞拉利昂、利比里亚，西北邻塞内加尔、几内亚比绍，西邻大西洋。大部分地区雨水充沛，东南部年降水量达到8 000多毫米，素有“西非水塔”之称。西非几条主要河流，塞内加尔河、尼日尔河、冈比亚河均发源于几内亚。

在对外关系上，几内亚积极发展与非洲国家的睦邻关系，与周边国家没有大的矛盾冲突。与中国一直保持友好关系，在经济上，中国长期向几内亚提供经济技术援助。

在几内亚，工业产值占GDP的32.5%(主要是采矿业收入)，农业产值占GDP的23.8%，第三产业产值占43.7%。矿藏资源比较丰富，铝土矿储藏量占世界近1/3，还有优质的铁矿、铅锌矿、金矿、宝石矿等，近海还探明有石油、天然气储藏。但除铝土矿、金矿有开采外，绝大部分矿藏还处于原始状态。农业，是其国民经济的支柱。主要粮食作物有玉米、木薯、水稻等，经济作物有花生、腰果、棉花等。畜牧业有较好的条件。粮食不能自给，需要大量进口。

(10)科特迪瓦(殖民地时期叫“象牙海岸”)。

国名，科特迪瓦共和国。国土面积32.24万平方公里，2008年人口2 060万。首都，亚穆苏克罗(人口24.6万)。货币，非洲法郎。2009年汇率：1美元＝472非洲法郎。2009年GDP 236.3美元，人均GDP 1 125美元。居民有69个民族，分4大族系，人口最多的阿肯族系约占总人口的42%，曼迪族系占27%，沃尔特族系占16%，克鲁族系占15%。官方语言为法语，通行语言为法语、迪乌拉语。宗教方面，信仰伊斯兰教的居民占38.6%，信仰天主教、基督教的居民约占30.4%,还有约16.7%的居民无宗教信仰,偏远地区还有部分居民信仰原始宗教。地理位置,处非洲几内亚湾的北岸,北邻马里、布基纳法索,西邻几内亚、利比里亚,东邻加纳,南临几内亚湾。国土处于北纬4°到11°,西经3°到9°之间。南部属于热带雨林气候,北部属于热带草原气候。全年高温多雨,平均气温25℃。一年有两个雨季、两个旱季。历史上因盛产象牙,而得名“象牙海岸”。是非洲比较富庶的地区之一。

在对外关系上,科特迪瓦奉行独立、平等、互不干涉内政的外交政策,积极和非洲及世界各国发展友好关系,参加区域性及国际性活动,是西非经济共同体、西非货币联盟、非洲统一组织成员。原宗主国法国是其最大的援助国和外来投资国。于1983年3月2日与中国建立外交关系,目前和中国关系比较友好。近年中国向科特迪瓦提供了大量的援助和低息贷款,帮助科特迪瓦加快基础设施建设,恢复经济发展。

经济上,原来是西非发展较好的国家,2002年军事政变后陷入困境,近年开始回升。经济结构上,农业是其国民经济的支柱,农业产值占GDP的26%。盛产可可、咖啡、橡胶、油棕、棉花,产量均居于非洲前列。其中可可产量居于世界第一位,占世界市场的40%。咖啡、腰果生产也居于世界前列。工业产值占GDP的22.3%。木材生产加工、出口也有重要地位。第三产业也比较发达,贸易、旅游、运输在西非均占有重要地位。与尼日利亚同为西非对外贸易的支柱,其中在非洲内部贸易中所占地位仅次于南非。矿藏资源十分丰富,黄金、钻石、铀、铁矿、锰矿、镍矿都有较大储藏量。还有石油、天然气等资源,石油及其相关产品出口正在成为科特迪瓦重要的经济收入。畜牧业、渔业也均有较好的发展条件。

(11)加纳(殖民地时期叫“黄金海岸”)。

国名,加纳共和国。国土面积23.85万平方公里,2008年人口2 335万。首都,阿克拉(人口228万)。货币,新色地。2009年汇率:1美元=1.41新色地。2009年GDP总量155亿美元,人均GDP 1 512美元。居民,主要是非洲原住居民。有4大民族,人口最多的阿肯族占52.4%,莫西·达戈姆巴族占15.8%,埃维族占 11.9%，加一阿丹格贝族占 7.8%。官方语言为英语，通行语言仍是英语。宗教方面，信仰基督教的居民占 69%，信仰伊斯兰教的居民占 15.6%，还有约 8.5% 的居民信仰原始宗教。地理位置处于北纬 5°到 11°，东经 1°到西经 3°之间。在西非几内亚湾的北岸，北邻布基纳法索，西邻科特迪瓦，东临多哥，南向几内亚湾。属于热带季风性气候，一年有两个雨季，两个旱季。全年高温多雨，年平均气温 24 ~26℃。

历史上，中世纪时是加纳古国的一部分，15 世纪以后，因盛产黄金，在欧洲列强争夺中数易其手。在对外关系上积极推行睦邻友好政策，积极参与非洲国家区域性及国际性活动，是西非经济共同体成员、非洲统一组织成员。和原宗主国英国保持着良好关系，英国为其最大的外援国。1960 年 7 月 5 日和中国建立外交关系。近年，中国向其提供了大量的援助和低息贷款，帮助加纳加快基础设施建设，促进经济发展。2009 年双边贸易额 16.13 亿美元，中国出口 15.34 亿美元，进口 0.79 亿美元。

经济结构上，农业是其国民经济支柱产业，2008 年农业产值占 38% 以上，工业产值占 28%，服务业产值占 34%。经济作物主要有橡胶、可可、油棕、棉花、烟草、花生、甘蔗等，其中可可产量仅次于科特迪瓦，居于世界第二位。粮食作物主要有玉米、水稻、高粱、小米、木薯等，还有各类丰富的热带水果。矿产资源丰富，主要有黄金（储量约 17.5 亿盎司，已探明储量 3 167.2 盎司）、钻石（储量 1 亿克拉，已探明 872.85 克拉）、铝矾土（储量 4 亿吨，已探明 1 891.19 万吨）、锰（储量 4 900 万吨，已探明 489.17 万吨），还有铁矿、红柱石矿等。全国有可耕地 1 000 万公顷，森林覆盖率 34%，渔业资源丰富，畜牧业有较好的发展条件。

（12）贝宁。

国名，贝宁共和国。国土面积 11.26 万平方公里，2008 年年底人口 890 万。首都，波多诺伏（人口 25 万）。货币，非洲法郎。2009 年汇率：1 美元 =472 非洲法郎。2009 年 GDP 为 72 亿美元，人均 GDP 约为 800 美元。有 60 多个民族，主要民族是芳族、阿贾族、约鲁巴族、奥塔马里族等。官方语言为法语，通行语言也为法语。宗教方面，信仰伊斯兰教的居民占 15%，信仰天主教、基督教的居民约占25%,还有约60%的居民信仰原始宗教。地理位置处非洲几内亚湾的北岸,南邻几内亚湾,西邻多哥,西北邻布基纳法索,东北临尼日尔,东邻尼日利亚。国土处于北纬6°到12°,西经7°到9°之间。南部沿海属于热带雨林性气候,高温多雨;北部为热带草原气候。全年平均气温为27℃。

在对外关系上,贝宁奉行睦邻友好政策,积极发展与世界各国的关系,积极参加非洲国家区域性及国际性活动。是西非经济共同体成员、西方货币联盟成员、非洲统一组织成员。和原宗主国法国关系良好,法国是其最大的外援国。1964年11月12日与中国建立外交关系,和中国长期保持友好关系,是西非地区接受中国较多援助的国家之一,2009年双边贸易额为20.4亿美元。

经济结构上,农业是国民经济支柱产业,其产值占GDP的37%,工业产值只占14.5%,第三产业产值占48.5%。矿藏资源比较贫乏,虽然有石油、天然气、铁矿、磷酸盐、黄金等,但有的储量不大,有的品位不高。现有粮食作物主要有木薯、玉米。经济作物主要有腰果、棉花、油棕。贝宁的冈维埃水上村是非洲著名的旅游景点,有"非洲威尼斯"之称,每年吸引大量欧洲及其他各地的游客。畜牧业有较好的发展条件,渔业资源也比较丰富。

(13)多哥。

国名,多哥共和国。国土面积5.68万平方公里,人口660万。首都,洛美(人口80万)。货币,非洲法郎。2009年汇率:1美元=472非洲法郎。2009年GDP为32亿美元,人均GDP 484美元,是世界最不发达国家之一。有40多个民族,人口最多的民族是埃维族,约占总人口的22%;阿凯布族、阿克波索族等占33%。官方语言为法语,通行法语。宗教方面,信仰伊斯兰教的居民占10%,信仰天主教、基督教的居民约占20%,65%以上的居民信仰原始宗教。地理位置处非洲几内亚湾的北岸,北邻布基纳法索,西邻加纳,东邻贝宁,南邻几内亚湾。国土处于北纬6°到12°,东经2°到西经1°之间。南部属于热带雨林气候,北部属于热带草原气候,全年高温多雨,平均气温为27℃。

在对外关系上,多哥注意发展与周边国家的友好关系,积极参与非洲国家区域性及国际性活动,是西非经济共同体成员、西非货币联盟成员、非洲统一组织成员。1972 年 9 月 19 日与中国建立外交关系，目前两国关系友好，近年中国向多哥提供了部分援助和低息贷款，帮助多哥加快基础设施建设，促进经济发展。2009 年双边贸易额 11.7 亿美元，中国出口 11.3 亿美元，进口 0.4 亿美元。

经济上，农业、磷酸盐、转口贸易是其国民经济三大支柱。2006 年农业产值占 GDP 的41%。主要矿产资源为磷酸盐，还有铁矿、锰矿、大理石等。农业资源丰富，主要经济作物有棉花、咖啡、可可、椰子等；主要粮食作物有玉米、木薯等。

(14)塞拉利昂。

国名，塞拉利昂共和国。国土面积 7.17 万平方公里，2009 年人口 570 万。首都，弗里敦(人口 100 万)。货币，利昂。2009 年汇率：1 美元 =3 386.2 利昂。2009 年 GDP 18 亿美元，人均 GDP 316 美元，是世界上最不发达国家之一。有 20 多个民族，人口最多的民族是曼迪族和泰姆奈族，占总人口的 60% 以上，由美国、英国移民回来的“自由”黑人后裔克里奥尔人约占 10%。官方语言为英语，通行语言是英语。宗教方面，信仰伊斯兰教的居民占 60%，信仰基督教的居民占 30%，还有约 10% 的居民信仰原始宗教。地理位置，处于非洲西部，西南邻大西洋，北及东北部邻几内亚，东南邻利比里亚。国土处于北纬 6°到 10°，西经 10°到 14°之间，属于热带季风气候，全年高温多雨，平均气温 27℃。

在对外关系上，塞拉利昂积极推行和平外交政策，发展睦邻友好关系，参加区域性及国际性活动，是西非经济共同体成员、非洲统一组织成员。与原宗主国英国关系密切，英国为其主要外援国和外来投资国。1971 年 7 月 29 日与中国建立外交关系。近年中国向塞拉利昂提供了较多的援助和低息贷款，帮助其加快基础设施建设，恢复经济。

经济结构上，农业和采矿业为国民经济支柱产业，2007 年农业产值占 GDP 的 57.6%，工业产值只有 8.5%。矿藏资源主要有钻石(储量 2 300 万克拉)、黄金、铝矾土(储量 1.22 亿吨)、铁矿(储量约 2 亿吨)、金红石(储量 2.78 亿吨)等，其中钻石储量、产量居世界前列，有“钻石王国”之称。农业资源丰富，可耕地 720 万公顷，土地肥沃，雨量充沛。粮食作物主要有水稻、玉米、甘薯、木薯等。经济作物主要有咖啡、可可、油棕、花生等。有丰富的渔业资源，盛产黄花鱼、邦加鱼、金枪鱼等。

(15)几内亚比绍。

国名,几内亚比绍共和国。国土面积3.61万平方公里,2009年人口158万。首都,比绍(人口38万)。货币,非洲法郎。2009年汇率:1美元=472非洲法郎。2009年GDP 4.3亿美元,人均GDP 266美元,是世界上最不发达国家之一。有27个民族,富拉族、巴兰特族、曼雅科族,占总人口的80%。官方语言为葡萄牙语,通行语言为克里奥尔语。宗教方面,信仰伊斯兰教的居民占45%,其他居民信仰天主教、基督教和原始宗教。地理位置,处于非洲西部,西南邻大西洋,北邻塞内加尔,东及东南部邻几内亚。国土处于北纬11°到13°,西经14°到17°之间。属于热带海洋性气候,全年温凉多雨,年平均气温26℃。

在对外关系上,几内亚比绍积极发展与非洲国家的关系,参加区域性及国际性活动,是西非经济共同体成员、西方货币联盟成员、非洲统一组织成员。1974年3月15日与中国建立外交关系,目前和中国关系比较友好。

经济上,农业是其国民经济支柱产业,2009年农业产值占GDP的50.2%,畜牧业产值占15%,工业产值占12.5%。全国可耕地90万公顷,盛产大米、玉米、马铃薯、木薯、豆类等。林果业主要是腰果,2008年产量11万吨,是非洲第二大腰果出口国。渔业资源比较丰富,主要是出卖给欧洲公司捕捞。主要矿藏资源有铝矾土(储量2亿吨)、磷酸盐(储量5 000万吨)。近海还有丰富的石油、天然气资源,正在勘探。盛产木材,森林覆盖率达60%。发展畜牧业有较好的条件。粮食不能自给,需要进口。

(16)布基纳法索。

国名,布基纳法索。国土面积27.42万平方公里,2008年年底人口1 580万。首都,瓦加杜古(人口141万)。货币,非洲法郎。2009年汇率:1美元=472非洲法郎。2009年GDP为91亿美元,人均GDP为576美元,是世界上最不发达国家之一。居民有60多个民族,主要民族是沃尔特族,约占总人口的70%;其次为忙带族,约占总人口的28%。官方语言为英语,通行语言也是英语。宗教方面,信仰伊斯兰教的居民占30%,信仰天主教、基督教的居民约占

20%，还有约50%的居民信仰原始宗教。地理位置上，南邻科特迪瓦、加纳、多哥、贝宁，北、西两面邻马里，东北邻尼日尔，是一个内陆国家。国土处于北纬4°到9°，西经6°到东经2°之间。属于热带草原气候，全年干燥炎热，年平均气温27℃。

在对外关系上，布基纳法索积极发展与邻国的友好关系，参加非洲国家区域性及国际性活动，是西非经济共同体、西非货币联盟成员、非洲统一组织成员。是目前世界上少数几个一直与我国台湾保持关系的国家。2009年双边贸易额1.16亿美元，中国出口4 268万美元，进口1.16亿美元。2009年经济结构上，第三产业占GDP的39.4%，农业占34.1%，工业产值占26.5%。矿产资源主要有黄金（储量22吨）、磷酸盐（储量2.5亿吨）、锰（储量1 770万吨）及锌矿、银矿等。农业是其国民经济的支柱，有可耕地327万公顷，粮食作物主要有玉米、水稻、小米、高粱等。经济作物主要有棉花、花生、芝麻、卡里特果等。畜牧业有较好的发展条件。

（17）佛得角。

国名，佛得角共和国。国土面积4 033平方公里，2009年人口51.6万。首都，普拉亚（人口13.2万）。货币，埃斯库多。2008年汇率：1美元=79埃斯库多。2009年GDP 19.4亿美元，人均GDP 3 603美元。非洲原住居民占28%，白人占1%，黑人、白人混血儿占71%。官方语言为葡萄牙语，通行语言为葡萄牙语和克里奥尔语。宗教方面，信仰天主教的居民占98%，信仰基督教、本土宗教的居民约2%。地理位置，在北大西洋的佛得角群岛上，东距非洲大陆最近点塞内加尔的佛得角半岛500公里。国土处于北纬4°到10°，西经22°到26°之间，属于热带干燥性气候，全年干燥少雨，年平均气温22～27℃。地处非洲、欧洲、美洲、亚洲海上交通要道，素有“海上十字路口”之称。

在对外关系上，佛得角奉行不结盟对外政策，积极发展和非洲国家及欧洲各国的关系，与原宗主国葡萄牙关系紧密，积极参加非洲国家区域性及国际性活动，是西非经济共同体成员、非洲统一组织成员。1976年4月25日与中国建立外交关系，两国关系发展平稳。

经济上,第三产业为其国民经济支柱产业,产值占 GDP 的 70% 以上;农业、渔业占有重要地位,产值占 GDP 的 6.6%;工业产值占 19%。粮食作物主要有玉米、木薯。经济作物主要有咖啡、花生等。有丰富的渔业资源,盛产龙虾、金枪鱼等,渔业有较大的发展潜力。粮食自给率约 15%,需要大量进口。

## 四、中部非洲,非洲的心脏部位

中部非洲(以下简称中非)是从非洲中部与利比亚接壤的撒哈拉沙漠边沿乍得开始,沿中轴线向南,包括乍得、中非、喀麦隆、赤道几内亚、加蓬、刚果(布)、刚果(金)、圣多美和普林西比 8 个国家。地处非洲心脏地带,是非洲 5 大区域中,国家最少、人口最少的区域。

### 1. 中非国家的总体情况

中非 8 个国家,领土面积约 536.56 万平方公里,人口 10 527.5 万。2008 年 GDP 总量 834.99 亿美元,人均 GDP 532.46 美元。中非 8 国情况比较复杂,其中乍得、中非、加蓬、刚果(布)属于原法国殖民地,赤道几内亚是原西班牙殖民地,喀麦隆是原德国殖民地,刚果(金)属于原比利时殖民地,圣多美和普林西比是原葡萄牙殖民地。这些国家总体上都是经济比较落后的发展中国家,有的是世界上最不发达的国家。虽然其中加蓬、赤道几内亚等国人均 GDP 达到 10 000 多美元,但老百姓仍然十分贫穷,与其他非洲国家没有太大差别。

(1)地理位置和气候。

中非 8 国大体分两种情况,乍得、中非是典型的内陆国家,气候干燥炎热,除中非南部外,全年少雨。其中乍得北部处于热带沙漠地区,终年干旱,植被稀少,几乎是不毛之地;而其余 6 国,喀麦隆、加蓬、刚果(布)、刚果(金)、赤道几内亚 5 国在大西洋沿岸,圣多美和普林西比是大西洋内的岛国。这些国家都分布在赤道左右,在南纬 12°到北纬 12°,东经 7°到 31°之间。属于典型的赤道上的热带国家,大部分地方终年高温、湿热、多雨,温度经常高达 40℃,有的地方年降水量最高可达到 9 000 多毫米。

(2)历史文化、宗教信仰、民族构成。

在古代历史上,大西洋沿岸的喀麦隆、加蓬、赤道几内亚、刚果地区因土地肥沃、热带植物丰富，是非洲十分富庶的区域。但由于远离欧亚大陆文明中心，基本是本土文明，与外界很少交流。在欧洲殖民主义者到来之前，虽然也形成了许多以部落、部落联盟为中心的早期国家的雏形，但基本上没有脱离原始社会形态。直到15世纪，欧洲列强带着寻找黄金、财富的贪婪欲望，先后踏上中非大地，进行征服、掠夺，同时开始黑奴贸易，中非进入暗无天日的殖民时代。现有中非国家中，主要通行法语的国家是乍得、中非、加蓬、刚果（布）、刚果（金）、喀麦隆6国，通行西班牙语的国家有赤道几内亚，通行葡萄牙语的国家是圣多美和普林西比，个别国家有少数居民通行英语。这一地区民族构成十分复杂，靠近北非的乍得相当一部分居民是阿拉伯人和阿拉伯人与土族黑人的混血儿，中非以南，虽然基本上是黑人，但每一个国家也有几十个甚至上百个民族。在宗教信仰方面，中非信仰原始宗教的居民相对占多数；在乍得，信仰伊斯兰教的居民相对占多数；在靠近几内亚湾的沿海地区，信仰基督教、天主教的居民相对占多数。但在中非国家，不同宗教信仰的居民之间基本能和平相处，近年以来没有发生过大的冲突。

（3）政治、社会、安全及对外关系。

中非地区国家的政治情况比较复杂，相对于非洲其他地区而言，中非是一个政治很不稳定的地方。虽然这些国家名义上是民主共和、多党制，但实际上大多数是极权政治，大部分国家独立以来都发生过军事政变，除圣多美和普林西比外几乎无一例外。但大体上可分两种情况。第一类是目前政局相对稳定的国家。如加蓬、喀麦隆、赤道几内亚，政变已经成为历史，国家已有10年以上没有再发生内战和大的动乱，现政府都是经过名义上合乎法律程序的选举选出来的，已经进入和平发展时期。但是，部分国家的领导人还是原来采用军事政变上台的军人，有的已经连续执政几十年，如加蓬、喀麦隆、赤道几内亚等国，但目前政治稳定，安全形势也不错。第二类是长期政体不稳，政变频繁的国家，尤其是乍得、中非、刚果（金）三国，多次发生军事政变，国家政局没有长时间稳定过，当然这些国家的社会安全形势也不会太好。乍得虽然是伊斯兰文化为主流文化的国家，伊斯兰文化对其社会、民俗有较大影响，但在国家的政治体制上与非洲大部分国家没有大的差别。2006 年到 2007 年笔者曾三次到加蓬，考察了其首都利伯维尔和下面的几个省会，并在晚上和同事到商业街购物漫步，见老百姓安居乐业、社会比较和谐。从对外关系看，中非国家内部虽然部分国家之间有领土、领海之争，但国家间保持有正常合作关系。区域性组织主要有中非经济共同体和中非货币同盟；中非大部分国家和原宗主国关系较好，法国、葡萄牙、西班牙等国对原殖民地国家影响仍然很大，是这些国家最大的外援国。目前，这些国家大部分都在积极发展与欧美发达国家的关系，以争取更多的外援和国际投资。中非许多国家和中国建交较晚，乍得、中非等国，和我国没有建立外交关系，对外关系不稳定。和中国一直保持良好关系的国家是加蓬和喀麦隆、赤道几内亚等国。

(4)经济社会发展及对外开放程度。

整体看，中非国家的经济社会发展状况在非洲各大区域中是比较落后的，但是由于大部分国家有丰富的矿产资源和森林资源、热带植物资源，部分国家的主要经济指标远远好于东非和西非国家。8 国中人均 GDP 超过 1 000 美元的国家达到 5 个，其中加蓬人均 GDP 已经达到 11 160 美元，赤道几内亚人均 GDP 达到 13 000 美元，仅从这一项指标看，已经达到发达国家水平。但是这些国家人口不多，经济总量不大，综合国力仍然非常有限；同时这些国家存在严重的两极分化，普通老百姓仍然非常贫穷。另外，中非目前人均 GDP 比较低的几个国家，也有巨大的发展潜力，刚果(金)、中非、乍得 3 国都拥有丰富的地下、地上资源，如果政治上能实现长期稳定，经济很快就会发展上去。

从对外开放程度讲，中非地区开放程度较高的有加蓬、喀麦隆、刚果(布)等国；从外汇出入境管理角度看，这些国家的外汇出入境，虽然在国家法律上有限制，但在实际操作中，形同虚设；从市场开放程度看，对商品进出口没有过多的限制，对外商投资领域也没有限制，都制定了不少吸引外商投资的优惠政策，外国人出入境基本是来去自由，也没有类似西非塞内加尔、东南非赞比亚等对人员入境的国别限制。

(5)交通、能源及其他基础设施。

中非国家的基础设施在非洲是比较落后的。地面交通方面，国家间缺乏有效合作，国与国之间的道路很难通行，甚至无路可走。陆路交通条件相对较好的国家是加蓬、喀麦隆、刚果（布）等国。国内城市间的交通，虽然路面狭窄，有的路段年久失修，但都是沥青公路。而在乍得、中非许多地方只有土路交通。从空中交通条件看，各个国家的首都城市都有机场，但机场条件设施严重落后。8国都没有自己的航空公司，国与国之间，与外部世界之间的交往主要依赖外国的航空公司。欧洲原宗主国的航空公司几乎都有发往原殖民地国家的航班。从西非各国到中非各国，法国航空公司的飞机是这些国家与外部世界联系的主要运载工具，巴黎也是这些非洲国家飞向世界各地的主要中转站。此外，德国、比利时等欧洲国家也有发往个别中非国家的航班。从海洋运输看，沿海国家都有自己的港口，但是港口都存在设施老化、吨位小、泊位少等问题。

从中非能源供应情况看，严重不足，是制约经济、社会发展的瓶颈之一。能源供应条件相对好一些的国家有加蓬、刚果（布）、赤道几内亚等国。在刚果河流域有许多可以修建水电站的地方，一些水电站正在建设中。此外，天然气、石油及其加工后的成品油也可以用来做能源，有的国家已有用柴油做能源的小型发电厂。

从通信情况看，移动通信、国际互联网等现代通信工具已全部进入居民生活。当地居民生活能源，大城市主要是液化气、土炭，农村主要是木柴。

（6）矿产资源。

中非是非洲资源十分丰富的地区。首先是木材，由于中非大部分国家地处赤道附近，从刚果到加蓬、喀麦隆、赤道几内亚、中非都生长着大面积的热带雨林，是非洲林业资源最丰富的地方。从热带雨林的面积和木材的储蓄量讲，都是世界上仅次于南美亚马孙河领域的地区，在世界上占有重要位置。其次是各类矿产资源，乍得、中非、喀麦隆、加蓬、刚果（金）等国的黄金、钻石、铁矿、铜矿、镍、钴、铬、锰、铀及多种有色金属储藏量丰富。部分国家还有丰富的石油、天然气资源。喀麦隆、赤道几内亚、加蓬、刚果（布）、刚果（金）、撒哈拉沙漠边沿的乍得及中非都发现了石油，尤其是乍得的石油、天然气储量非常丰富。加蓬、乍得等国家已进入世界石油生产国的行列，乍得还发现了丰富的铀矿。但由于交通条件很差，如乍得、中非远在非洲的中部，几乎与外界隔绝。资源最丰富的刚果（金），国土大部分深入非洲内陆，而且大面积覆盖着原始热带雨林。因上述条件限制，这些地方的资源基本没有开发。目前已开发的主要是沿海地区及一些交通条件较好的地区。另外就是一些具有战略意义的资源，如铀、黄金、铜、石油、天然气等。这些国家由于自己没有开发能力，对外国资本进入采矿业一般都持欢迎态度。

（7）中非国家经济共同体及中非货币联盟（CEMAC）。

中非国家经济共同体，在中非关税和经济联盟基础上，于1983年10月17日成立，成员国11个（中非8国，外加区域外国家3个）。包括加蓬、喀麦隆、赤道几内亚、乍得、中非、圣多美和普林西比及安哥拉（东南非国家）、布隆迪（东非国家）、卢旺达（东非国家）等。组织机构和西非共同体基本一样，主要有首脑会议、部长理事会、秘书处、专业委员会、议会、法院，具有的功能和非洲其他地区的经济共同体也大同小异。

中非货币联盟，1999年6月25日成立，成员国6个，包括赤道几内亚、刚果（布）、加蓬、喀麦隆、乍得、中非。这些国家均取消了本国货币，统一流通与法国法郎挂钩的中非法郎（现在与欧元挂钩）。机构和西非货币联盟基本相同。联盟设立的中非国家银行为联盟中央银行，负责统一发行货币、协调货币政策。

另外，中非国家还成立了中非自由贸易区，2004年7月3日启动。主要是协调国与国之间的进出口关税问题。

（8）中国人在中非。

中非国家的中国人相对较少，没有中国人特别集中的国家，可能是非洲各区域中中国人最少的一个地区。进入中非的中国公司和个人，从事餐饮服务、森林资源开发、渔业捕捞、建筑、房地产开发等项目的较多。较早进入中非的主要是以开发森林、开办中餐馆项目为主的东南亚、我国台湾地区的老华人、华侨。进行森林开发的多是马来西亚华人，做餐饮业的以我国台湾华人为主。近年大陆华人渐渐增多，项目范围不断扩大，对当地经济社会生活影响越来越大。如喀麦隆等国华人数量增长很快，尤其是个体投资创业者越来越多。

中非和东非、西非情况有所差别。虽然中非在资源方面有许多优势，但相对更为落后。如果说非洲过去是世界上被遗忘的角落，应该说中非又是非洲更为边缘化的地方，可以说目前在这一区域从事投资、经商的外国人远远少于非洲其他区域。从投资、创业的某种程度上讲，中非可能比其他地方有更大的发展机遇和发展潜力。中非从投资、经商环境角度来看，大体分两种情况：一是中非货币联盟。这些国家经济发展水平大体相当，社会开放程度也大体在一个层面上，经济、社会政策也近似，国家稳定与社会治安状况也差不多；再加上这些国家正在实行统一货币，统一关税，在经商、投资、长期经营发展方面可把其作为一个区域统筹考虑。二是中非经济共同体。中非 8 国外加其他区域 3 国正在实施的区域经济一体化，必将对本区域经济社会发展产生深远影响。刚果（金）、乍得和中非 3 个国家有大体相近的国情，在中非国家中，是经济社会发展状况更为落后的国家，既有丰富的矿藏资源，也有尚未发育的市场，同时政局长期不稳，社会治安不好，投资、经商都存在较大的风险，属于高风险、高收益地区。

**2. 中非各国的基本情况**

（1）乍得。

国名，乍得共和国。国土面积 128.4 万平方公里，2009 年人口 1 091 万。首都，恩贾梅纳（人口 76 万）。货币，非洲法郎。2009 年汇率：1 美元 = 447.8 非洲法郎。2009 年 GDP 82 亿美元，人均 GDP 752 美元，是世界上最不发达国家之一。非洲原住居民约占 80%，外来人口（阿拉伯人）约占 20%。有 250 多个民族，人口最多的民族是图布族。官方语言为法语、阿拉伯语，通行语言仍是法语、阿拉伯语。宗教方面，信仰伊斯兰教的居民占 45%，信仰天主教、基督教的居民约占 30%，还有约 25% 的居民信仰原始宗教。地理位置，处非洲的中心偏北位置，北邻利比亚，西邻尼日尔、尼日利亚，东邻苏丹，南邻中非。国土位于北纬 7°到 24°，东经 13°到 24°之间。大部分在撒哈拉沙漠的边沿，北部有部分已在沙漠之中。全年干燥、炎热、高温少雨，年平均气温 27 ~ 29℃。

在对外关系上，乍得比较注意发展和周边国家的关系，积极参加非洲国家区域性及国际性活动。乍得是中非经济共同体成员、非洲统一组织成员。和原宗主国法国目前保持较好关系，得到法国较多的经济援助和军事援助。并积极发展与美国等发达国家的关系。1972 年与中国建交，1997 年中断和中国的外交关系，2006 年和中国再次恢复外交关系。2009 年中国和乍得贸易额为 2.142 7 亿美元，中国出口 1.489 亿美元，进口 6 537 万美元。近年，因其具有丰富的铀矿资源和石油、天然气资源而成为许多国家关注的焦点，目前有美国、法国、英国等国的跨国公司在乍得进行石油、天然气、铀矿的勘探与开发。

经济结构上，石油是其国民经济支柱产业，其产值约占 GDP 的 50%。其次是农业，产值占 GDP 的 20% 左右。乍得矿藏资源丰富，除石油、天然气、铀矿外，储量较大的矿产资源还有镍、铬、铜、钨、锡等。农业上，乍得干旱少雨，但乍得湖周围有约 40 万平方公里的地方，有可耕地 5 200 万公顷，目前已开发 700 万公顷，还有较大发展潜力。粮食作物主要有高粱、玉米、黍子。经济作物主要有棉花、花生。畜牧业有较好的发展条件。

(2)喀麦隆。

国名，喀麦隆共和国。国土面积 47.54 万平方公里，人口 1 940 万。首都，雅温得(人口 167 万)。货币，非洲法郎。2009 年汇率：1 美元 = 447.81 非洲法郎。2009 年 GDP 221.32 亿美元，人均 GDP 1 171 美元。有 200 多个民族，人口最多的民族是福尔贝族、巴米累克族、赤道班图族等。官方语言为法语、英语，通行语言仍是法语、英语。宗教方面，信仰天主教、基督教的居民约占 40%，信仰伊斯兰教的居民约占 20%，还有约 40% 的居民信仰原始宗教。地理位置处于北纬 3°到 13°，东经 8°到 17°之间。在西非几内亚湾的东北岸，西北邻尼日利亚，东北邻乍得，东邻中非，东南邻刚果(布)，南邻加蓬、赤道几内亚，西邻几内亚湾。大部分地方属于热带季风气候，沿海地区为热带雨林气候，北部为热带草原气候，全年高温多雨，个别地方年降水量达到 9 000 毫米。年平均气温24.9℃。物产丰富，土地肥沃。

在对外关系上，喀麦隆奉行独立、不结盟外交政策，积极发展和世界各国的关系，参加区域性及国际性活动，是西非经济共同体成员、西非货币联盟成员、非洲统一组织成员。和法国等西方国家保持有良好关系。1971 年 3 月 26 日与中国建立外交关系，近年，两国关系发展很快，中国向喀麦隆提供了大量的援助和低息贷款，帮助其加快基础设施建设，促进经济发展。2009 年双边贸易额 8.1 亿美元，中国出口 4.1 亿美元，进口 4 亿美元。

经济结构上，工业属于中部非洲最发达的行业，2007 年工业产值 63.2 亿美元，占国家 GDP 总量的 30.7%，主要行业有食品、饮料、卷烟、纺织、建材、电力、木材加工、石油加工等。农业经济也是中部非洲较好的产业，有“中部非洲粮仓”之称，主要粮食作物有小米、玉米、高粱、水稻、木薯等，经济作物有可可、棉花、咖啡、油棕等。畜牧业是中非发展最好的产业，全国牧场和草原面积 1 430 公顷，牧业产值占 GDP 的 14%。第三产业中，旅游业发展较好，年收入在 10 亿美元以上。矿产资源主要有石油、铀、铝矾土（储量 11 亿吨）、铁矿（储量 3 亿吨）、金红石（储量 300 万吨）、钛、锡、黄金、钻石、钴、镍等。森林资源也很丰富，全国森林覆盖面积占 40%。畜牧业有很好的发展条件。

（3）中非。

国名，中非共和国。国土面积 62.3 万平方公里，2008 年人口 430 万。首都，班吉（人口 56 万）。货币，非洲法郎。2008 年汇率：1 美元 = 447.8 非洲法郎。2008 年 GDP 总量 21.13 美元，人均 GDP 491 美元，是世界最不发达国家之一。非洲原住居民占 95%，外来人口（阿拉伯人等）约 5%。有 60 多个民族，人口最多的民族是班达族、巴雅族、曼吉阿族，约占总人口的 40%。官方语言为法语，通行语言也为法语。宗教方面，信仰天主教、基督教的居民约占 35%，信仰伊斯兰教的居民占 5%，还有约 60% 的居民信仰原始宗教。地理位置，处非洲的中心位置，在北纬 2°到 12°，东经 14°到 28°之间。大部分地方属于热带草原性气候，靠近刚果的南部属于热带雨林气候。年平均气温在 26℃，降水量在 1 000 ~ 1 600 毫米。北邻乍得，东北邻苏丹，南邻刚果（布）、刚果（金），西邻喀麦隆，西南邻赤道几内亚。境内河流纵横，较大河流有 20 多条，形成河流网，水力资源丰富。

在对外关系上，由于多次发生政变，和周边国家关系时好时坏，与喀麦隆还有边界冲突。新一届政府上台以来，积极发展与非洲国家的友好关系，参加区域性及国际性组织,是中非经济共同体成员。和原宗主国法国和西方发达国家的关系也是因多次政变而时好时坏。与中国的关系几经起落,两次中断和中国的外交关系,于1998年和中国再次恢复外交关系。近年两国间的经济关系和政治交往日益增多,双边合作加强,中国对中非的援助及投资在不断增加。

经济结构上,农业是其国民经济支柱产业,产值约占GDP的60%,工业产值约占25%(主要是矿产品收入),第三产业占15%。矿藏资源主要有钻石、黄金、铀、铁矿、铜矿、汞、镍、铬等,以钻石、黄金最为丰富,国土约1/2都有钻石矿分布,钻石、黄金收入在国家财政中占有重要地位。近年,北部地区发现有石油。南部有较丰富的森林资源,木材也是中非的重要资源之一。全国有可耕地650万公顷,而实际开垦的只有60万公顷,不到10%。粮食作物主要有木薯、高粱、水稻、小麦。经济作物主要有棉花、咖啡、烟叶、花生等。畜牧业有优越的发展条件,北方有大面积的天然牧场。渔业,虽然处于内陆,但由于河流很多,渔业资源也很丰富,从事水产养殖也很有前途。

(4)加蓬。

国名,加蓬共和国。国土面积26.76万平方公里,2008年人口140万。首都,利伯维尔(人口60万)。货币,非洲法郎。2008年汇率:1美元=447.81非洲法郎。2008年GDP总量150.12亿美元,人均GDP 11 116美元。主要是非洲班图语族,有40多个民族,人口最多的芳族约占总人口的30%,其次巴普努族占25%。官方语言为法语,通行语言也为法语。宗教方面,信仰天主教、基督教的居民约占70%,信仰伊斯兰教的居民占10%,还有约20%的居民信仰原始宗教。地理位置,横跨赤道,处于北纬2°到南纬6°,东经9°到14°之间。北邻赤道几内亚、喀麦隆,从东北到东南临刚果(布),西向大西洋,属于热带雨林气候,全年高温多雨,年降水量在4 000毫米以上,年平均气温26℃。

在对外关系上,加蓬奉行不结盟、睦邻友好的外交政策,但与赤道几内亚、圣多美和普林西比有领土、领海争端。积极推动区域合作,参与非洲国家地区性和国际性活动,是中非经济共同体成员、中非货币联盟成员、非洲统一组织成员。和原宗主国法国保持有良好关系,70%的外来投资来源于法国。1974年4月20

日与中国建立外交关系，双方关系友好。中国向其提供了较多的援助和低息贷款，以促进其经济发展。加蓬因盛产石油，是西非地区经济比较富庶的国家。但收入分配严重不公，社会发展依然十分落后。

经济上主要有两大支柱，一是石油收入占其 GDP 总量的 63%，二是木材出口也占重要地位。加蓬的其他矿产资源也非常丰富，如锰的储藏量 4 亿多吨，居世界第四位；铌的储藏量 40 多万吨，居世界第五位；还有铁矿、磷酸盐、黄金、重晶石、镍等丰富的资源。加蓬还有丰富的农业资源，主要经济作物有橡胶、棕榈油、咖啡、可可等，粮食作物有小麦、玉米等。但农业非常落后，仅占其产值的 8%。沿海渔业资源丰富。农产品主要依赖进口。

(5)赤道几内亚。

国名，赤道几内亚共和国。国土面积 2.8 万平方公里，2007 年人口 101.5 万。首都，马拉博(人口 26.6 万)。货币，法郎。2009 年汇率：1 美元 = 472 法郎。2009 年 GDP 132 亿美元，人均 GDP 1.3 万美元，是世界上最不发达国家之一。主要有芳族，占总人口的 75%；布比族，占总人口的 15%。官方语言为西班牙语、法语，通行语言为西班牙语、法语。宗教方面，信仰天主教的居民约占 82%，信仰伊斯兰教的居民占 15%，还有少部分居民信仰原始宗教。地理位置处于北纬 2°到 4°，东经 8°到 12°之间。国土大部分在几内亚湾的西岸，首都在几内亚湾内的比奥克岛上。南、东邻加蓬，北邻喀麦隆，西邻大西洋，比奥克岛隔海与喀麦隆、尼日利亚相望。大部分领土属于热带雨林气候，全年高温多雨，平均气温为 24 ~26℃，物产丰富，土地肥沃。

在对外关系上，赤道几内亚积极发展和周边国家的关系，参与国际性活动，是中非经济共同体成员、中非货币联盟成员、非洲统一组织成员。1970 年 10 月 15 日与中国建立外交关系。近年来，中国帮助赤道几内亚加快基础设施建设，促进其经济发展，为其提供了大量的援助和低息贷款。2009 年双边贸易额 14.13 亿美元，中国出口 3.58 亿美元，进口 10.55 亿美元。

经济结构上，采掘业是其国民经济支柱产业，2007 年，工矿业产值占 GDP 的 90%。主要矿产资源有石油、天然气、磷酸盐、黄金、铝土矿等。全国有可耕地78.8万公顷，盛产优质可可、咖啡和各种优质木材及各种热带植物；粮食作物主要有玉米、芋头、木薯等。沿海地区盛产金枪鱼和大虾，有丰富的渔业资源。粮食不能自给，需要大量进口。

(6)刚果(布)。

国名，刚果共和国。国土面积34.2万平方公里，2007年人口380万。首都，布拉柴维尔(人口118万)。货币，法郎。2009年汇率：1美元=472法郎。2009年GDP 108亿美元，人均GDP 2 571美元。有56个民族，人口最多的民族是刚果族，约占总人口的45%，泰凯族占20%，姆博希族占16%。官方语言为法语，通行语言为法语。宗教方面，信仰天主教、基督教的居民占36%，信仰伊斯兰教的居民占3%，还有约60%的居民信仰原始宗教。地理位置处于北纬4°到南纬5°，东经11°到18°之间，典型的赤道上的国家。西邻加蓬，北邻喀麦隆、中非，东南邻刚果(金)、安哥拉，西南面临大西洋。南部属于热带草原气候，中部、北部属于热带雨林气候。全年高温多雨，年平均气温24~28℃。物产丰富，土地肥沃。

在对外关系上，刚果(布)奉行不结盟独立外交政策，积极发展与非洲其他国家的关系，参加区域性及国际性活动，是中非共同体成员、中非货币联盟成员、非洲统一组织成员。1964年2月22日与中国建立外交关系，近年和中国合作关系发展较快。

经济上，石油、木材为其国民经济的两大支柱产业。石油产值占GDP的65%。制造业产值只有6%。矿产品除石油之外还有磷酸盐(储量600万吨)、钾盐(储量10亿吨)、铁矿(储量10亿吨)、铜矿、铝土矿、锌矿等。森林资源非常丰富，森林面积2 200万公顷，约占国土面积的60%，可采伐品种300多种，名贵木材有50多种，主要有铁木、刺果美等，有“木材王国”之称。全国有可耕地1 000多万公顷，农牧业发展严重滞后，粮食作物主要有水稻、玉米、木薯等。经济作物主要有咖啡、可可、花生、烟草等。90%以上的粮食、蔬菜、肉类需要进口。

(7)刚果(金)。

国名，刚果民主共和国。国土面积234.5万平方公里，2009年人口6 429

万。首都，金沙萨（人口 778.6 万）。货币，刚果法郎。2009 年汇率：1 美元 = 775 刚果法郎。2009 年 GDP 118 亿美元，人均 GDP 183 美元，为世界上最不发达国家之一。人口、国土面积均为中非最大的国家。有 60 多个民族，人口最多的班图族系，约占总人口的 84%。官方语言为法语，通行语言也为法语。宗教方面，信仰天主教的居民占 45%，信仰基督教的居民占 24%，还有约 30% 的居民信仰原始宗教，约 1% 的居民信奉伊斯兰教。地理位置处于北纬 5°到南纬 14°，东经 7°到 31°之间。北邻中非、苏丹，东邻乌干达、布基纳法索，隔坦噶尼喀湖与坦桑尼亚相望，东南邻赞比亚，西南邻安哥拉，西面由刚果河口进入大西洋。整个国家像个大口袋，刚果河是唯一进入海洋的出口。全境属于刚果河领域，中北部属于热带雨林气候，全年高温多雨；南部属于热带草原气候。森林面积占 53%，有非洲最大的热带雨林。全年平均气温 27℃。土地肥沃，物产丰富。

刚果是中非经济共同体成员、东南非共同市场成员，也是非洲统一组织成员。1961 年 2 月 20 日和中国建立外交关系。刚果是非洲国土面积最大、各种资源最为丰富的非洲国家之一。本是非洲比较富庶的国家，但因长期内战，经济发展受到严重破坏，老百姓流离失所，成为世界上最贫穷的国家之一。

经济结构上，农业、矿业是其国民经济支柱产业。近年，农业产值占 GDP 的 40%，采矿业产值占 GDP 的 25%，制造业仅占 5% 左右。

刚果（金）素有“世界原料仓库”之称，各种矿产资源和热带植物资源都十分丰富。矿产资源主要有黄金、铜（储量 7 500 万吨，占世界储量的 15%）、钴（储量 450 万吨，占世界储量的 50%）、黄金（储量 600 吨）、钻石（储量 1.9 亿克拉，占世界储量的 23%）、锌（储量 700 万吨）、锰（储量 700 万吨）、锡（储量 45 万吨），还有镉、锗、铬、钽、钨、镍等储量都居于世界前列。森林面积 1.25 亿公顷，占非洲的 50%，其中可开采面积 8 000 公顷，盛产乌木、红木、花梨木、黄漆木等 22 种珍贵木材。水力储藏量占非洲的 40%。同时也是世界热带植物的优质产地，全国有可耕地 1.365 亿公顷，咖啡、可可、橡胶、茶叶、棉花、甘蔗、油棕等经济作物曾在世界市场占有重要地位，粮食作物主要有水稻、玉米、木薯等。还有丰富的热带水果、广阔的优质草原等。农业非常落后，粮食不能自给。

(8)圣多美和普林西比。

国名,圣多美和普林西比民主共和国。国土面积1 001平方公里,2008年人口16万。首都,圣多美(人口6.2万)。货币,多布拉。2009年汇率:1美元=16 000多布拉。2009年GDP 2.415亿美元,人均GDP 1 500美元,是世界上最不发达国家之一。人口最多的民族是班图族,占总人口的90%,还有10%的欧洲人和当地人的混血儿。官方语言为葡萄牙语,通行语言也为葡萄牙语。宗教方面,90%以上的居民信仰天主教,还有不到10%的居民信仰基督教、原始宗教。地理位置处于北纬2°到赤道0°,东经6°到7°之间,是一个西非几内亚湾内赤道上的岛国,隔海东与加蓬、赤道几内亚相望,北与尼日利亚相望,东北与喀麦隆相望。与非洲大陆最近点201公里。属于热带雨林气候,全年湿热多雨,有"热带蒸笼"之称,年平均气温27℃。

在对外关系上,它一直积极发展和非洲及世界各国的和平友好关系,参加区域性及国际性活动,是中非经济共同体成员、非洲统一组织成员。

经济上,旅游业、农业为其国民经济支柱产业,农业占GDP的14.8%。农业资源非常丰富,有"赤道公园"之称。经济作物是其国民经济的重要支柱,盛产可可、咖啡、油棕等。发展渔业有得天独厚的条件。曾经是世界上人均接受外援最多的国家。目前近海发现有石油,正在勘探开采。

## 五、南部非洲,非洲多姿多彩的地区

南部非洲(以下简称南非),从安哥拉向东,经赞比亚、马拉维、莫桑比克画一条线,向南直到好望角、大西洋、印度洋中的一些岛屿,包括赞比亚、安哥拉、莫桑比克、津巴布韦、马拉维、博茨瓦纳、纳米比亚、南非、斯威士兰、莱索托、马达加斯加、科摩罗、毛里求斯、留尼汪、圣赫勒拿在内的15个国家和地区。

### 1.南非国家的总体情况

南非国家,领土面积658.02万平方公里,人口13 632.9万,排除留尼汪、圣赫勒拿两个地区,GDP总量4 715.81亿美元(其中南非一个国家为3 133亿美元,占总量的66.4%;如果加上安哥拉、纳米比亚、博茨瓦纳,4国GDP为4 136.4亿美元,占总量的87.71%),人均GDP 3 479美元(主要是南非、安哥拉、纳米比亚、博茨瓦纳4国人均GDP过高，如果剔除这4国，其余国家人均GDP为844.6美元）。相对于非洲其他地区而言，南非地区在政治、经济、文化等方面都更为丰富多彩。15个国家和地区中有原英国的殖民地、原葡萄牙的殖民地、原法国的殖民地，还有原比利时的殖民地、原德国的殖民地。有英语区、葡萄牙语区、法语区，还有讲阿拉伯语、印度语的地区。马达加斯加、毛里求斯、科摩罗是印度洋中的3个岛国；留尼汪、圣赫勒拿现在仍然分别是法国和英国的殖民地；莱索托、斯威士兰是黑非洲仅有的两个王国，其中斯威士兰还是国王直接执政。

（1）地理位置和气候。

地理位置在南纬6°到34°，东经61°到西经37°之间。南非15个国家和地区，版图在非洲大陆之上的有10国，中间包括了纳米比亚沙漠和卡拉哈迪沙漠；印度洋、大西洋中有3个岛国和2个地区。与非洲大陆较近的岛国马达加斯加，是非洲最大的岛屿；远在印度洋中间的毛里求斯，离非洲大陆最近点为1 800公里；大西洋中的圣赫勒拿，离非洲大陆1 950公里。

气候方面，安哥拉北部地区属于热带雨林气候，南部和纳米比亚、博茨瓦纳、津巴布韦等国属于热带草原和热带沙漠气候。南非沿海部分地方和毛里求斯、科摩罗、马达加斯加的部分地方属于热带、亚热带海洋性气候。赞比亚、马拉维位于非洲中部高原之上，大部分地区海拔在1 000米以上，属于热带高原、热带山地气候。

（2）历史文化。

历史上，在欧洲殖民主义者入侵之前，同非洲大部分地方一样，处于原始社会后期的部落文明时期，在部分地区出现了早期的国家雏形。到15世纪以后，西方列强相继侵入东南非，这一地区成为欧洲列强剧烈角逐的战场。

从文化角度看，南非国家大体分为四个部分，一是南非、博茨瓦纳、莱索托、斯威士兰、纳米比亚，这5国大体是一个区域，通用英语。其中纳米比亚虽然不是原英国殖民地，但在第一次世界大战后，长期被南非占领，间接受到英国文化的影响。上述5国政治制度、法律体系基本照搬英国，属于非洲的海洋法系国家。尤其是南非，是整个非洲大陆欧洲移民最多的国家，也是在欧洲殖民时代结束之后，唯一由欧洲殖民后裔长期建立自己政权的国家，也是非洲受欧洲文化影响最深的国家之一。虽然在1994年南非白人种族隔离政权垮台之后，黑人上台执政，但其生活习惯、文化习性基本欧化。二是莫桑比克、安哥拉属于葡语区，其文化受原宗主国葡萄牙影响较深，大体可以作为一个文化圈。三是赞比亚、马拉维、津巴布韦，是东南非靠近东非的地区，曾是原英国的殖民地。是东南非中又一个英语区，也是东南非国家中政治、经济、社会相对长期稳定的地区，并且在历史上都曾长期作为非洲英属殖民地农产品的主要产地。四是印度洋中的几个岛国，各有自己的文化特色。马达加斯加的主流文化属于印度尼西亚文化和非洲本土文化的融合体；毛里求斯，以印度、巴基斯坦文化为主，融合了华人客家文化和欧洲文化；科摩罗主流文化是阿拉伯伊斯兰文化；留尼汪是非洲本土文化和欧洲文化、印巴文化的融合体；圣赫勒拿是本土文化与欧洲文化的融合体。

（3）政治、社会稳定、社会治安情况。

政治体制上，南非国家中议会民主政治搞得相对较好的有南非、赞比亚、马拉维、博茨瓦纳、纳米比亚、毛里求斯等国。其中比较典型的如南非，自曼德拉代表的非洲人国民大会上台以来，已历经三任总统，政权的交接基本平稳。马拉维、赞比亚自独立以来，目前也已经多任总统更迭，基本保持了政党政治、议会民主制的正常延续。但这3个国家至今都是一党执政。毛里求斯作为远离非洲大陆的岛国，民族文化习性与非洲有很大差异，基本保留的是南亚文化传统，无论是法国人统治时期，还是独立后政治上一直平稳。纳米比亚是非洲大陆独立最晚的国家，一直到20世纪90年代才获得独立，欧洲移民后裔相对多于除南非外其他黑非洲国家，受南非和欧洲文化影响较深，政党、议会有较好的基础，独立后政治一直比较稳定。博茨瓦纳政治也比较稳定，独立后没有发生过大的动乱。上述国家的社会治安情况最好的是毛里求斯、纳米比亚等国，很少存在暴力事件。社会治安最差的是南非，针对外国人的袭击事件较多。其他几个国家社会治安情况总体上较好。莱索托、斯威士兰是镶嵌在南非国土内（斯威士兰有部分领土与莫桑比克相邻）的两个袖珍小王国，是殖民时代遗留下来的产物，政治、经济受南非影响较大，但政权也相对稳定，社会治安情况和南非差不多。南非的不法分子经常到这两个小国跨境作案。津巴布韦，也是非洲独立较晚的国家，但独立后，总统穆加贝一直实行集权政治，采用了比较激进的改革措施，生产力受到一定破坏，目前正在进行改革，政局趋于稳定。莫桑比克，目前政治基本稳定，但由于与南非接壤，社会治安受到南非影响。一方面是南非的跨国犯罪集团经常到莫桑比克作案；另一方面是莫桑比克本国的犯罪分子也比较活跃，治安状况不太好。安哥拉，自 20 世纪 70 年代独立以来，经过了近 30 年的内战，直到 21 世纪初，政局才基本稳定，但政治上仍然是独裁体制。因近年石油的大规模开采而暴富，目前正处于大规模经济建设时期，社会治安状况一般。

(4)经济社会发展及开放程度。

南非国家的经济社会发展程度整体上是黑非洲国家中较高的。GDP 总量和人均 GDP 在黑非洲四大区域内均排第一位，远远高于其他地区。其中经济发展程度较好的是南非、博茨瓦纳、纳米比亚三国。南非是南非地区经济的支柱，甚至对整个非洲都有重大影响，GDP 总量占东南非 15 个国家和地区的 60% 以上；同时又是整个地区的航运、贸易、金融中心，对非洲内部的贸易额占整个非洲内部贸易额的 30%。博茨瓦纳、纳米比亚、毛里求斯也是非洲的富国，人均 GDP 都在 4 000 美元以上。安哥拉因内战结束，地下蕴藏有丰富的石油、天然气等资源，国际社会大规模投资开采，而突然成为非洲新兴的暴发户，2009 年人均 GDP 达到 4 600 多美元。莱索托、斯威士兰属于东南非国家中经济发展比较平稳的国家，在东南非国家中属于中游水平。津巴布韦原来具有较好的经济基础，由于经济政策失误而成为东南非国家中比较贫穷的国家。莫桑比克、科摩罗、马达加斯加、赞比亚、马拉维大体在一个水平线上，属于东南非的穷国。

从投资、经商的环境角度来看，大体分四种情况：第一，南非及其周边的国家，包括南非、博茨瓦纳、纳米比亚、莱索托、斯威士兰，大体是围绕南非的一个经济圈。南非和纳米比亚、博茨瓦纳，经济社会发展水平、对外开放程度，包括人文环境大体相当；斯威士兰、莱索托仍然是两个王国，但经济上对南非依赖程度较深，许多南非的商人在两个国家投资经商，与南非关系密切，同时都通用英语。第二，赞比亚、马拉维、莫桑比克、津巴布韦大体可以划为一类情况，赞比亚、马拉维、津巴布韦三国都是原英国殖民地,独立时经济、社会发展水平,人文环境状况基本在一个水平线上,是东南非另一个通行英语的地区。虽然津巴布韦独立后在经济、社会政策方面与赞比亚、马拉维差别较大,走过一段弯路,但目前正在进行改革;同时津巴布韦原来的基础条件比赞比亚、马拉维要好。莫桑比克虽然是原葡萄牙的殖民地,但经济发展水平、基础设施条件、社会发展政策和上述三国大体在一个水平线上。四国同时都处于东非国际大通道或与大通道直接连接的地区,在经商、投资、长期经营发展方面可把其作为一个区域统筹考虑。第三,安哥拉属于高风险、高收益地区。第四,毛里求斯、科摩罗、马达加斯加三个岛国,大体是一个类型。

从对外开放程度看,在南非,开放程度最高的国家应推毛里求斯,本身是以旅游立国的国家,基本在投资、贸易、人员出入境、外汇出入境等方面都没有限制。其次为科摩罗、马达加斯加等国,安哥拉开放程度也比较高。再次为赞比亚、马拉维、津巴布韦、莫桑比克等国。对外来投资、贸易限制较多的国家是南非、博茨瓦纳、纳米比亚等国,但各国情况又有较大差异,限制的领域和方式各有不同。

(5)交通、能源和基础设施。

南非国家交通、能源和基础设施条件整体上是黑非洲比较好的地区。从地面交通看,南非及周边的博茨瓦纳、纳米比亚、津巴布韦,包括莱索托、斯威士兰,有殖民时代和白人统治时期建设的地面交通网,虽然不少地方路面早已严重老化,部分地区已经进行了改造,但目前仍然是非洲较好的地区。其中,南非有3.41万公里的铁路,国家级公路9 600公里,高速公路1 440公里,为非洲交通条件最好的国家。其次是博茨瓦纳、纳米比亚、赞比亚、马拉维、莫桑比克等国,近年投入了大量的资金进行公路建设,尤其是南非—东非国际大通道的开发与建设,大大促进了这一地区相关国家的地面交通设施的完善和建设。安哥拉的地面交通目前正在进行大规模建设,近年投资了几十亿美元,以解决全国主要城市间的公路交通问题,不久就会得到改善。毛里求斯的交通状况与非洲大陆的国家相比,相对属于较好的国家,从各旅游景点到城市间都是沥青路面。虽然路面状况、道路宽度不理想，但基本不影响正常交通。马达加斯加地面交通比毛里求斯要差一些，但比非洲大陆的大部分国家要好。

从空中交通看，南非的约翰内斯堡是南非地区的空中交通枢纽，甚至是整个黑非洲重要的空中交通枢纽。各个国家的首都和重要城市都有航班与约翰内斯堡相连，尤其是南非地区的不少国家，都是通过约翰内斯堡再中转到世界各地。南非航空公司也是非洲规模最大、设备最好的航空公司。约翰内斯堡机场也是非洲规模最大、设施最好的机场。南非其他国家有的也有自己的航空公司，但规模都不大，很少有能飞出非洲的航班。例外的是津巴布韦国家航空公司，是南非地区最早与中国大陆直接通航的航空公司。南非、毛里求斯有航班直接与我国香港往返。

从海上交通看，南非地区的海上交通枢纽是南非的德班，德班是非洲现有最大的深水良港，甚至东非、中非的部分国家的货物都必须从德班港装卸。目前南非地区至东非的国际大通道就是以德班港为原点向其他国家辐射。南非地区除德班港外，沿大西洋、印度洋两岸，南非还有开普敦港、东伦敦港、伊丽莎白港、马普托港等。

南非国家的能源供应，从电力情况看，总体上好于非洲其他地区。南非是非洲经济最为发达的国家，是非洲能源消耗大国，同时也是能源生产大国，在技术和规模上均处于非洲领先地位。发电量占黑非洲的2/3，有水力发电、火力发电、核燃料发电。能源生产不仅可以自给，还向周边国家输送。临近的莱索托、斯威士兰，包括莫桑比克、津巴布韦、博茨瓦纳、纳米比亚，甚至赞比亚、马拉维，电力供应情况都比较好。安哥拉过去是南非地区电力供应最差的国家，目前已正在改善，一些电厂正在建设中，不久就可以投入使用。毛里求斯的电力供应基本可以满足需求。马达加斯加电力存在较大缺口。其他能源方面，南非国家中莫桑比克、津巴布韦等国有较丰富的煤资源储藏，但目前还没有进入规模开采。安哥拉等国有丰富的石油、天然气资源，正在勘探、开采。赞比亚、安哥拉、莫桑比克、津巴布韦、南非有丰富的水力资源，可以用来发电。

（6）南非经济共同体及其他区域性合作组织。

南非经济共同体，于 1992 年 8 月 17 日成立，成员国 15 个，包括安哥拉、博茨瓦纳、津巴布韦、莱索托、马拉维、莫桑比克、纳米比亚、斯威士兰、赞比亚、南非、毛里求斯、塞舌尔、马达加斯加，及中非的刚果（金）、东非的坦桑尼亚。面积 926 万平方公里，人口 2 亿。组织机构和其他经济共同体差不多，但增加了政治、防务和安全机构，官员常设委员会，加大政治、安全和经济的协调。

（7）中国人在南非地区。

相对而言，在英语区的中国人较多，尤其是南非，大约有 30 万华人（包括大陆及港澳台的中国人），也是非洲国家中中国人最多的地方。在南非比较早的华人多来自台湾、香港、新加坡，来自大陆的华人基本上是 1994 年以前去的。随着曼德拉的上台，新政府与中国改善关系，对中国开放市场，中国大批沿海地区的商人开始登陆南非。中国人在南非投资经营的项目涉及商业、贸易、餐饮、服务、宾馆、组装、加工、修理、农业等各个领域。不少人已在当地站稳了脚跟。有的已是“腰缠万贯”。笔者曾有一个台湾的朋友，他全家已在南非经营 20 多年，拥有制衣厂、电器组装厂、宾馆、饭店、百货批发公司等，他在约翰内斯堡富人区的别墅占地 4 公顷以上。笔者还接触过不少大陆籍的华人，在当地已都是富翁。有一个在开普敦做商业零售兼批发的浙江籍的女老板，当时大约 35 岁。她到南非已经 7 年，全家十多口人全都移民开普敦。刚去时，在开普敦市中心一家超市内租了一个柜台卖小型家电，让家人从国内发货，她在当地搞批发兼零售，第一年就赚了 100 多万美元。她让几个兄弟姐妹一起来，又在其他几个城市同时开了多家分店。

近年，中国和南非在经济领域合作比较大的一个项目，就是 2007 年中国工商银行出资 54.6 亿美元购买的南非标准银行股份（南非第二大商业银行），成为该行最大的单一股东，不仅震动了非洲，而且也震动了西方世界。

在东南非国家中，华人人数仅次于南非的是安哥拉，有 7 万左右。在安哥拉的华人大多来自中国大陆，而且去的时间都不是很长。是随着安哥拉内战结束，中国和安哥拉政府间合作关系的发展而开始的。前期主要是随项目去的，目前已是各业并举。由于安哥拉战后百废待兴、百业待举，到当地的中国人很快就找到了商机。有的去一两年生意就已经做大，找到了感觉。有一个曾经驻安哥拉的新闻记者，看到安哥拉战后重建的大量机遇，从国内新闻单位辞职，和国内一个朋友在该国首都搞房地产开发，地基还未打好，楼花已被抢购完了（该国从来没有搞过房地产开发，加上20多年内战，住房奇缺），据说利润率十分可观。

在赞比亚、毛里求斯等国的华人也有一定数量，华人较少的是莫桑比克、纳米比亚、博茨瓦纳、津巴布韦等国。在东南非的中国人从贸易、餐饮、医疗、维修，到制造业、建筑业、采掘业、种植业等各个领域都有。中国2007年在赞比亚首都卢萨卡建设非洲第一个“经贸合作区”，到2009年年底为止，已进驻中资企业11家，协议投资8.1亿美元，为当地提供就业岗位4 000个。

**2.南非各国的基本情况**

（1）南非。

国名，南非共和国。国土面积121.9万平方公里，2009年人口4 932万。首都，比勒陀利亚（人口，200万）。2009年GDP总量3 133亿美元，人均GDP为6 532美元。货币，兰特。2009年汇率：1美元＝7.3兰特。非洲原住居民占79.5%，欧洲白人后裔约占9%，有色人种约占9%（混血儿），亚洲人占2.5%（主要是印度人和华人）。官方语言有11种，通行语言是英语、阿非利卡语（荷兰后裔语言）。宗教方面，信仰天主教、基督教的居民占70%以上，当地原住民有部分信仰原始宗教，印度人后裔信仰印度教，还有少量居民信仰伊斯兰教。地理位置处于南纬24°到40°，东经13°到36°之间，在非洲大陆最南端。东、西、南三面临海。东南部临印度洋，西南部临大西洋，北部从西到东依次邻纳米比亚、博茨瓦纳、津巴布韦，东北临莫桑比克。莱索托王国居于南非东南部，四面被南非包围。斯威士兰在南非的东北部，南非从北、西、南三面包围。全国大部分地区属于亚热带气候，东南沿海有部分地区属于亚热带海洋性气候，夏季气温为32～38℃，冬季气温为10～12℃。全年日照时间居全球之冠。

在对外关系上，南非奉行独立自主、睦邻友好的外交政策，积极发展与世界各国的关系，参与区域性及国际性活动，是南非经济共同体核心成员、非洲统一组织成员。1998 年 1 月 1 日与中国建交。建交后两国经济交往发展很快,目前,在南非从事经商、投资的华人达30万左右,居非洲各国之首。

经济结构上,有矿业、制造业、农业、服务业四大经济支柱。南非是全球五大矿产资源国之一,黄金、宝石、铬、镁、铝、硅、钒等居于世界前列,煤、铁、磷酸盐、铜、铂、钛、镐、蛭石等储量也非常丰富,具有开采价值的矿藏有70多种。钻石产量占世界9%,控制着世界60%以上的贸易额。采矿业是其国民经济的重要支柱,2007年产值为1 482.15亿兰特,约179.43亿美元。南非制造业的规模和水平在黑非洲均居于第一位,2007年产值为3 258.3亿兰特,约394.46亿美元。机械、化工、纺织、食品、家电、建材、造纸、通信、电力等都较为发达。服务业产值7 582.77亿兰特,约950.7亿美元。农业产值567.27亿兰特,约68.67亿美元。经济作物主要有烟草、甘蔗、花生、向日葵等,粮食作物主要有玉米、谷物、小麦、大麦、土豆等。南非有很好的渔业、畜牧条件,水产业、畜牧业也比较发达。南非是世界第四大绵羊毛出口国。旅游业比较发达,收入约占GDP的8%。

(2)莫桑比克。

国名,莫桑比克共和国。国土面积80.16万平方公里,2010年上半年人口2 200万。首都,马普托(人口,189万)。货币,梅蒂卡尔。2009年汇率:1美元=24.4梅蒂卡尔。2009年GDP 103亿美元,人均GDP 881美元,为世界最不发达国家之一。居民方面,人口最多的民族是马库阿-洛姆埃族,占总人口的40%,其他为绍纳-卡兰加、尚加纳、佐加等。官方语言为葡萄牙语,通行语言也是葡萄牙语。宗教方面,信仰伊斯兰教的居民占17.9%,信仰天主教的居民占28.4%,信仰基督教的居民占10.9%,还有15.5%的居民信仰原始宗教,信仰其他宗教的占8.7%,无宗教信仰的居民约占18.6%。地理位置,处于南纬11°到27°,东经30°到42°之间,在非洲的东南部。北邻坦桑尼亚、赞比亚,马拉维近1/2的领土从北部嵌入莫桑比克中部,西邻津巴布韦,西南邻南非、斯威士兰,东部到东南部邻印度洋,隔海与马达加斯加相望,海岸线长2 600多公里。属于热带草原气候,一年分暖湿季和凉干季,年平均气温为20℃。东非最大的河流赞比西河从莫桑比克流入印度洋,是非洲水力资源比较丰富的国家之一。

在对外关系上，莫桑比克奉行不结盟、全方位友好的外交政策。积极发展和非洲各国的友好关系，参加区域性及国际性活动，是东非经济共同体成员、非洲统一组织成员。1975 年 6 月 25 日和中国建立外交关系，多年来，中国向莫桑比克提供了大量的援助和低息贷款，帮助其加快基础设施建设，促进其经济发展。

经济结构上，农业是其国民经济支柱产业，国家有可耕地 3 500 万公顷（已经开发 600 万公顷），农业产值占 GDP 的 30% 左右。主要粮食作物有玉米、高粱、小麦、水稻、大豆、木薯等。经济作物主要有花生、棉花、茶叶、剑麻、甘蔗、腰果等。畜牧业有较好的发展条件，全国有草原牧场 1 200 万公顷。有丰富的矿产资源，主要矿藏有煤矿（储量 100 多亿吨）、铁矿、铜矿、黄金、钛（储量 600 多万吨）、石棉、铝矾土、钽等，其中钽的储量为世界第一。林业资源丰富，全国森林覆盖面积占国土面积的 51%。

（3）赞比亚。

国名，赞比亚共和国。国土面积 75.26 万平方公里，2009 年人口 1 290 万。首都，卢萨卡（人口 310 万）。货币，克瓦扎。2009 年年底汇率：1 美元 = 4 641 克瓦扎。2008 年 GDP 总量 138 亿美元，人均 GDP 1 425 美元（这是按平价购买力计算的，如果按市场汇率计算，要少得多），为世界上最不发达国家之一。居民方面，主要是非洲班图族系黑人，人口最多的民族是通加族，约占总人口的 12%。官方语言为英语，通行语言也是英语。宗教方面，信仰天主教、基督教的居民约占 30%，其他居民信仰原始宗教。地理位置上，赞比亚地处非洲东南部，是一个四面不临海洋的内陆国家，在南纬 8°到 18°，东经 22°到 33°之间。西邻安哥拉，北邻刚果（金），东北邻坦桑尼亚，东南邻马拉维、莫桑比克，南邻津巴布韦、纳米比亚。属于热带高原和热带草原气候，一年分三个季度，5 ~ 8 月为凉季，气温为 15 ~ 27℃；9 ~ 11 月为热季，气温为 26 ~ 36℃；12 月到第二年 4 月为雨季，平均气温为 21℃。

在对外关系上，赞比亚奉行不结盟和睦邻友好政策，积极发展与美国等欧美发达国家的关系，积极参与区域性及国际性活动，是南非经济共同体成员、东南非共同市场成员、非洲统一组织成员。和原宗主国英国保持着良好关系。1964

年与中国建立外交关系,两国关系发展比较平稳。中国在20世纪60年代援建的坦赞铁路,其起点就在赞比亚境内。当时建设该铁路就是为了解决赞比亚矿产资源的对外出口运输问题,中国为此付出了巨大的牺牲。多年来,中国向赞比亚提供了大量的援助和低息贷款,促进其经济发展。

经济结构上,采矿业是其国民经济的支柱产业,主要矿藏有铜(储量1 900万吨)、钴(储量35万吨)、铅、镉、镍、锌、铁等有色金属,其中铜矿在全球占有重要地位,储量居于世界第二位。农业在国民经济中也有重要地位,2008年产值占GDP的22.6%。主要粮食作物有玉米、木薯等,主要经济作物有烟草、花生、棉花、甘蔗等。土地大面积荒芜,开发比例不到20%。但赞比亚是非洲少数粮食正常年份可以自给的国家。畜牧业也有较好的发展条件,全国宜牧面积很大。

(4)津巴布韦。

国名,津巴布韦共和国。国土面积39万平方公里,2009年人口1 310万。首都,哈拉雷(人口187万)。货币,津巴布韦元,2009年2月停止流通,改为自由流通美元和南非兰特。2009年GDP 35亿美元,人均GDP 303美元。人口最多的民族是马绍纳族,占总人口的79%;其次为恩德贝莱族,占17%。官方语言、通行语言为英语、绍纳语、恩德贝莱语。宗教方面,信仰天主教、基督教的居民约占58%,信仰伊斯兰教的居民占1%,还有约40%的居民信仰原始宗教。地理位置,处于南纬11°到22°,东经25°到33°之间。在非洲的东南部,西北邻赞比亚,西南邻博茨瓦纳,南邻南非,东到东北邻莫桑比克,是一个内陆国家。属于热带草原气候,气候温和,年平均气温13~17℃。

在对外关系上,津巴布韦积极发展与非洲国家的关系,参加区域性及国际性活动,是南非经济共同体成员、东南非共同市场成员、非洲统一组织成员。但是,西方国家一直对其进行经济制裁。1980年4月18日与中国建立外交关系,长期和中国保持友好关系,中国向其提供了大量的援助和低息贷款,帮助其克服经济困难,但近年受西方舆论的鼓动和影响,也曾发表了一些攻击中国对非洲政策的言论。

经济结构上,农业为其国民经济支柱产业,曾有“非洲粮仓”之称,盛产玉米、小麦。经济作物主要有烟叶、甘蔗，是非洲最大的烟草生产国，但是从 2000 年以来连年萎缩。工矿业生产能力严重不足，产值连年下滑。矿产资源丰富，主要有煤矿（270 亿吨）、铬、石棉、黄金、铅矿、锡矿、锂矿、铌矿、锌矿、镍矿、铀矿、铁矿（储量 2.5 亿吨）、铜矿等。

（5）博茨瓦纳。

国名，博茨瓦纳共和国。国土面积 58.17 万平方公里，2008 年人口 192 万。首都，哈博罗内（人口 22.5 万）。货币，普拉。2009 年汇率：1 美元 =7.16 普拉。2009 年 GDP 122 亿美元，人均 GDP 7 258 美元。居民方面，人口最多的民族是恩瓦托族，约占总人口的 40%；其次为昆那、恩瓦凯策等；还有不到 1% 的欧洲后裔。官方语言为英语，通行语言是英语和茨瓦纳语。宗教方面，多数人信仰天主教、基督教，还有少部分农村居民信仰原始宗教。地理位置，处于南纬 17°到 27°，东经 20°到 29°之间。西北邻纳米比亚，东北邻津巴布韦，南、东北邻南非，是一个内陆国家，境内有非洲卡拉哈迪沙漠。大部分地区属于热带草原气候和热带沙漠气候，全年干旱少雨，荒漠、半荒漠占去大部分国土面积。年最高气温为28.3℃，最低气温为 12.9℃，年平均气温 20.7℃。

在对外关系上，博茨瓦纳奉行独立自主、睦邻友好政策，积极发展与非洲其他国家的关系，参加区域性及国际性活动，是南非经济共同体成员、非洲统一组织成员。和原宗主国英国保持着良好关系。1975 年 11 月 6 日和中国建立外交关系，两国关系发展平稳。

博茨瓦纳是非洲经济比较富庶的国家，采掘业为国民经济支柱产业，是非洲第二大矿产品（石油、天然气之外）出口国，2008 年采矿业收入占国民经济的 33.4%；旅游业也比较发达，全国 38% 的土地被划为野生动物保护区。第三产业占 GDP 的份额多年维持在 50% 以上。矿产资源丰富，有钻石、黄金、煤矿、铁矿、镍矿、锰矿、铂矿等。钻石生产居于世界前列，钻石出口占外贸收入的 90%；其次为铜、镍。采矿业和畜牧业是其国民经济的主要部门。农业比较落后，生产的粮食只能满足 10% 的国民需求，90% 的粮食需要进口。但畜牧业较为发达，产值占农业的 90%，牛的保有量居非洲第一位。

(6)纳米比亚。

国名,纳米比亚共和国,原称西南非洲。国土面积 82.42 万平方公里,2007 年人口 210 万。首都,温得和克(人口 23 万)。货币,纳米比亚元。2009 年汇率:1 美元 = 7.36 纳米比亚元。2009 年 GDP 94.4 亿美元,人均 GDP 4 500 美元。居民方面,非洲原住居民占 88%,欧洲移民后裔及混血儿等占 12%。人口最多的民族是奥万博族,约占总人口的 50%。官方语言为英语,通行语言也为英语。宗教方面,信仰基督教的居民约占 90%,还有约 10% 的居民信仰原始宗教。地理位置,处于南纬 18°到 28°,东经 12°到 25°之间。北邻安哥拉,东北邻赞比亚,东邻博茨瓦纳,东南邻南非,西邻大西洋,境内有纳米比亚沙漠。属于热带沙漠、半沙漠干旱气候。全年干旱少雨,年平均气温 18 ~ 22℃。

在对外关系上,纳米比亚奉行不结盟、自主外交政策,积极发展与世界各国的友好关系,积极参加区域性及国际性活动,是南非经济共同体成员、非洲统一组织成员,和周边国家保持着良好关系。1990 年 3 月 22 日与中国建立外交关系。建交以来,两国关系发展平稳,经济技术合作不断加强。

经济结构上,采矿业、渔业、农牧业为三大经济支柱产业。铀、钻石等矿产品储藏量、产量均居于非洲前列,2009 年钻石产量 92.5 万克拉。渔业捕鱼量居世界第十位,沿海盛产鲱鱼、鲭鱼、沙丁鱼。畜牧业比较发达,收入占农业产值的 88%,以饲养牛、羊为主,卡拉库尔羊皮驰名世界。矿产资源非常丰富,除钻石、铀外,还有黄金、铜、锌、钒、镉、锰、铍、天然气等。

(7)马拉维。

国名,马拉维共和国。国土面积 11.85 万平方公里,2008 年人口 1 306.6 万。首都,利隆圭(人口 66.9 万)。货币,克瓦查。2008 年年底汇率:1 美元 = 141.1 克瓦查。2008 年 GDP 46.08 亿美元,人均 GDP 344 美元,为世界上最不发达国家之一。居民方面,主要是非洲班图族系的昂加族、奇契瓦族、尧族。官方语言、通用语言均为英语和奇契瓦语。宗教方面,信仰天主教、基督教的居民约占 70%,信仰伊斯兰教的居民占 20%,其他居民信仰原始宗教。地理位置,地处非洲东南部,在南纬 9°到 17°,东经 33°到 36°之间,东非大裂谷从南到北纵贯全境。西邻赞比亚，北邻坦桑尼亚，东北隔马拉维湖与坦桑尼亚部分领土相望，东部部分领土隔马拉维湖与莫桑比克部分领土相望，从东南到西南镶嵌在莫桑比克版图内。是一个高原上的内陆国家，马拉维湖占领土面积的1/4，属于热带高原和热带草原气候，一年分凉季、热季和雨季。由于受马拉维湖及高原气候的影响，雨量适中，气候温和，属于非洲少有的气候宜人的好地方。年最低气温7℃，年最高气温29℃，年平均气温20℃。

在对外关系上，马拉维奉行不结盟、睦邻友好政策，积极发展与美国等欧美发达国家的关系，积极参与区域性及国际性活动，是南非共同体成员、东南非共同市场成员、非洲统一组织成员，与原宗主国英国保持着良好关系。英国、欧盟、美国、日本都是其重要的外援国。2007年12月28日与中国建立外交关系。建交以来，两国关系发展比较平稳。近年以来中国向马拉维提供了大量的援助和低息贷款，促进其经济发展。

经济结构上，农业是其国民经济的支柱产业，产值占GDP的1/3，主要粮食作物有玉米、木薯、水稻，经济作物主要有烟草、花生等，是世界重要的烟草主产国之一，烟草出口占国家外贸收入的70%。畜牧业也有较好的条件，全国宜牧面积很大。有森林面积73万公顷，林业也很有发展潜力。主要矿藏有铝土矿、镍、铬、煤、铀、铁等，尤其高品质铀矿探明储藏量为11 600万吨，2008年已经进入开采期。马拉维湖还是适宜旅游度假的好地方。马拉维湖风景如画、气候宜人，是非洲国家及欧洲国家度假目的地之一。旅游业收入占GDP的6%左右。

（8）安哥拉。

国名，安哥拉共和国。国土面积124.67万平方公里，2008年人口1 740万。首都，罗安达（人口450万）。货币，宽扎。2009年汇率：1美元＝89.4宽扎。2009年GDP 814亿美元，人均GDP 4 678美元。居民方面，主要民族为奥姆本杜族，占人口的38%；基姆本杜族，占人口的25%；刚果族，占人口的14%。官方语言为葡萄牙语，通行语言也是葡萄牙语。宗教方面，信仰天主教的居民占49%，信仰基督教的居民占13%，其他居民主要信仰原始宗教。地理位置，处于南纬6°到18°，东经11°到24°之间。西邻大西洋，北到东北邻刚果，东邻赞比亚，南邻纳米比亚。北部属于热带雨林性气候，全年高温多雨；中南部属于热带草原性气候。年降水量从南到北依次减少。年平均气温为22℃。

在对外关系上，安哥拉奉行不结盟、独立自主外交政策，积极发展与周边国家的睦邻友好关系，参加区域性及国际性活动，是南非经济共同体成员，同时也是中非经济共同体成员、非洲统一组织成员。1983 年与中国建交。进入重建期以来，中国向安哥拉提供了大量的援助和低息贷款，在石油等矿产资源开发、交通、电力等基础设施和医疗卫生等社会发展项目建设，以及关系国计民生的其他项目建设中进行了大量投资，促进了其经济的快速恢复与发展。

2005～2007 年，经济增长率达到 20% 以上，成为黑非洲发展最快的国家之一。安哥拉矿产资源丰富，除石油外，其他资源还有锰铁矿(17 亿吨)、钻石(1.8 亿克拉)、磷酸盐(2 亿吨)、黄金、、铜矿、锰矿(1 亿吨)、锡矿、钨矿等。还盛产白檀木、紫檀木等世界珍贵的优质木材。经济结构上，采掘业为其国民经济支柱产业，2009 年石油收入占其 GDP 的 57%；钻石收入 75 亿美元，约占 GDP 的8.5%，居世界第五位。农业有可耕地 670 万公顷，粮食作物主要有玉米、木薯、小麦、水稻、豆类等。经济作物主要有咖啡、剑麻、棉花、甘蔗、花生等。森林覆盖率为43%。渔业捕捞居于非洲国家前列。畜牧业也有很好的发展条件。

(9)毛里求斯。

国名，毛里求斯共和国。国土面积 2 040 平方公里，人口 127.7 万。首都，路易港(人口 15.6 万)。货币，毛里求斯卢比。2009 年汇率：1 美元 = 33.41 毛里求斯卢比。2009 年 GDP 78.46 亿美元，人均 GDP 6 914 美元。居民方面，印度、巴基斯坦后裔占 69%，克里奥尔人(欧洲人与非洲人的混血儿)占 27%，华裔占 2.3%，欧洲人后裔占 1.7%。官方语言为法语，通行语言有法语、英语、克里奥尔语、印度语等。宗教方面，信仰基督教的居民约占31.3%，信仰伊斯兰教的居民占 16.6%，还有 51% 的居民信仰印度教，少数人信仰佛教。地理位置，处于南纬 19°到 21°，东经 57°到 58°之间，是印度洋西南部的一个岛国，西距马达加斯加 800 公里，距离非洲大陆肯尼亚的蒙巴萨港 1 800 公里，西南距法属留尼汪160 多公里，有“印度洋上的明珠”之称。属于亚热带海洋性气候，全年湿热。一年分两个季节，夏季平均气温27℃，冬季平均气温18℃。

在对外关系上，毛里求斯奉行不结盟、全方位的外交政策，积极发展与世界各国的友好关系，参与区域性及国际性活动，是南非经济共同体成员、东南非共同市场成员、非洲统一组织成员。和原宗主国英国保持着良好关系，英国、法国为其最大外来投资国。1972年4月15日和中国建立外交关系。近年，毛里求斯和中国关系发展良好，中国向毛里求斯提供了一定数额的援助和低息贷款，帮助其加快基础设施建设，促进其经济发展。2009年与中国贸易额为2.98亿美元，中方出口2.92亿美元，进口600万美元。

经济上，制糖业、出口加工业、旅游业、金融服务业为其国民经济四大支柱。是非洲著名的糖业生产基地，该岛的主要经济作物就是甘蔗。

(10)马达加斯加。

国名，马达加斯加共和国。国土面积58.07万平方公里，2008年人口1 910万。首都，塔那那利佛(人口170万)。货币，阿里亚里。2008年汇率:1美元=2 158.3阿里亚里。2008年GDP总量96.45亿美元，人均GDP 477美元，是世界最不发达国家之一。居民方面，主要是非洲原住居民和当地人与印度尼西亚移民混血形成的马尔加什人。主要有伊麦利那等7个民族。官方语言为法语，通行语言为法语、伊麦利那语。宗教方面，信仰天主教、基督教的居民约占41%，信仰伊斯兰教的居民占7%，还有约52%的居民信仰原始宗教。地理位置，处于北纬12°到26°，东经43°到51°之间。是非洲最大的岛屿，也是世界第四大岛屿。隔莫桑比克海峡与莫桑比克、南非相望。东南部属于热带雨林气候，全年高温多雨；中部为热带高原气候，比较凉爽；西部为热带草原气候。全年平均气温18℃。

在对外关系上，马达加斯加积极发展与世界各国的友好关系，长期与宗主国——法国保持友好关系，法国为其最大外援国和外来投资国。积极参加区域性及国际性活动，是东南非经济共同体成员、东南非共同市场成员、非洲统一组织成员。近年来，中国向马达加斯加提供了大量的援助和低息贷款，帮助其加快基础设施建设，促进其经济发展。

经济结构上，农业是其国民经济的支柱产业。2005年，第一产业产值约占

GDP的28%，第二产业产值约占16%，第三产业产值约占56%。全国有3 500多万公顷宜农宜牧的土地，目前已经开发利用的不到30%。经济作物主要有丁香、棉花、咖啡、胡椒、甘蔗、香草等，其中香草出口居世界第一位。粮食作物主要有玉米、大豆、木薯、水稻等。还有香蕉、芒果等丰富的热带水果。矿产资源也很丰富，有石墨、云母、黄金、白银、铝矾土、铜矿、铁矿、镍、锰、铅、锌等。畜牧业有非常优越的发展条件，全国可以畜牧的面积占国土面积的58%，但尚处于一家一户散养的自然经济状态。渔业也有良好的条件，沿海有丰富的渔业资源，龙虾、金枪鱼、海蟹、海参等非常丰富，但没有形成规模捕捞。

(11)莱索托。

国名，莱索托王国。国土面积3.04万平方公里，2006年人口235万。首都，马塞卢(人口38.5万)。货币，洛蒂(复数叫马洛蒂)。2009年汇率：1美元=8.5马洛蒂。2009年GDP 20亿美元，人均GDP 830美元，是世界上最不发达国家之一。居民方面，主要民族有巴苏陀族、祖鲁族。官方语言、通行语言为英语、巴苏陀语。宗教方面，信仰天主教、基督教的居民占90%，还有约10%的居民信仰原始宗教。地理位置，处于南纬28°到31°，东经31°到32°之间。整个国土被包围在南非领土内，是一个内陆国家。有75%的土地为山地，属于大陆性热带气候，全年最高气温33℃，最低气温-3℃。

在对外关系上，莱索托主要依靠南非和其他邻国的庇护。积极参加区域性及国际性活动，是南非经济共同体成员、非洲统一组织成员。中国为其提供了一定的援助和低息贷款，帮助其促进经济发展。

产业结构上，采矿业和服装加工业为其国民经济支柱产业。采矿业以钻石开采为主，还有少量的煤矿、铀矿、玛瑙等。服装加工业主要是东南亚、南非等国的商人为逃避欧美纺织品配额而在当地投资的服装加工厂。2007年工矿业产值占GDP的43.4%，第三产业占GDP的38.6%以上，农业占15%。畜牧业是莱索托的传统产业，全国66%以上的土地是牧场和草场，以养殖山羊为主，是非洲著名的优质山羊毛——马海毛的产地。矿产资源主要有钻石等。

（12）斯威士兰。

国名，斯威士兰王国。国土面积 17 363 平方公里，2009 年人口 119 万。首都，姆巴巴内（人口，6.1 万）。货币，里兰吉尼（复数埃玛里兰吉尼）。2009 年汇率：1 美元 =7.3 埃玛里兰吉尼。2009 年 GDP 29.83 亿美元，人均 GDP 2 906 美元。居民方面，斯威士族占 90%，祖鲁族和通加族占 6%，欧洲人后裔占 2%，还有 2% 左右的欧非混血人种。官方语言、通行语言为英语和斯瓦蒂语。宗教方面，信仰天主教、基督教的居民占 60%，信仰伊斯兰教的居民占 10%，还有约 30% 的居民信仰原始宗教。地理位置，处于非洲东南部，南纬 26°到 28°，东经 31°到 33°之间，是一个内陆国家。东北邻莫桑比克，其他方向均处于南非国土环抱之中，犹如镶嵌在南非东北角的一颗珍珠。属于亚热带气候，年平均气温 16℃。

在对外关系上，斯威士兰奉行不结盟政策，和邻国和平相处。积极参与地区性国际活动，是南非经济共同体成员、东南非共同市场成员、非洲统一组织成员。

经济结构上，工业为其国民经济的主要部门，工业产值占 GDP 的 46%。农业占 12%。旅游业也比较发达，旅游人员约 40% 为赌客。矿产资源主要有石棉、煤矿等，黄金、钻石储量较小。粮食作物主要有玉米等。经济作物主要有棉花、甘蔗等。畜牧业有较好的发展条件。

（13）科摩罗。

国名，科摩罗联盟。国土面积 2 236 平方公里，人口 80 万。首都，莫罗尼（人口 6 万）。货币，科摩罗法郎。汇率：1 美元 =335.9 科摩罗法郎。2008 年 GDP 5.597 亿美元，人均 GDP 682 美元，是世界上最不发达国家之一。居民方面，主要有阿拉伯后裔、卡夫族、马高尼族等。官方语言、通行语言为法语、科摩罗语、阿拉伯语。宗教方面，信仰伊斯兰教的居民占 99%，信仰其他宗教的居民约占 1%。地理位置，在印度洋中，隔海西与莫桑比克相望，东南与马达加斯加相望。大约处于南纬 6°到 8°，东经 42°到 48°之间。属于热带海洋性气候，全年温热多雨，年平均气温 23 ~28℃。

在对外关系上，科摩罗积极发展世界各国的关系，参加区域性及国际性活动,是东南非共同市场成员、非洲统一组织成员。1975 年 11 月 13 日与中国建立外交关系。近年,中国向科摩罗提供了部分援助和低息贷款,帮助其恢复经济,促进其发展。

经济上,农业是其国民经济的支柱产业,农、牧、渔业收入占 GDP 的 51%,主要粮食作物有水稻、玉米、薯类等。经济作物主要是各类香料。科摩罗素有“世界香料王国”之称,是世界上主要的香料生产和出口国,香料生产是其国民经济的支柱产业。大量生产丁香、伊兰、香草、鹰爪蓝、素馨、紫罗兰等香料。渔业资源丰富,主要有金枪鱼、鲭鱼、红鱼等。有很好的旅游资源,有风光旖旎的海岛,媚人的阳光、沙滩、椰林等。粮食不能自给,需要大量进口。

(14)留尼汪。

法国殖民地。领土面积 2 512 平方公里,人口 77.5 万。首府,圣但尼。货币,欧元。居民方面,主要是马达加斯加人和非洲人、印度人、巴基斯坦人、华人的后裔,及克里奥尔人(混血儿)。官方语言为法语,通行语言也是法语。宗教方面,信仰天主教、基督教的居民占 94%,还有约 6% 的居民信仰其他宗教。地理位置,处于南纬 20°到 21°,东经 55°到 56°之间。是印度洋中马林科斯群岛中的火山岛。西距马达加斯加 600 多公里。东北距离毛里求斯约 160 公里,沿海为热带雨林气候,高温炎热;中部为山地气候,温和凉爽。

历史上,16 世纪葡萄牙人首先到达该岛,并把其和毛里求斯岛一同命名为马林科斯群岛。早期在欧洲列强争夺中数易其手,1623 年法国人占领该岛,命名为波旁岛,1793 年更为现在的名字。1946 年被划为法国的海外省至今。

经济上,以农业、渔业、旅游业为主。农产品主要有咖啡、可可、甘蔗、香料、香蕉等经济作物。

(15)圣赫勒拿。

英国殖民地。领土面积 412 平方公里,人口 0.7 万。首府,詹姆斯敦。货币,那镑。汇率与英镑等值。居民方面,主要是圣赫勒拿原住居民,有少量欧洲人。官方语言为英语,通行语言也是英语。宗教方面,居民主要信仰基督教。地理位置,是孤悬于南大西洋中的火山岛,距离非洲大陆西南最近点 1 950 公里。

属于热带季风气候，盛行东南季风，气候温和。

1502 年 5 月 21 日，葡萄牙殖民主义者首次到达该岛，因那天正值君士坦丁大帝的母亲——圣赫勒拿生日，故命名为圣赫勒拿。1633 年被荷兰殖民主义者占领，1659 年又被英国占领，1815 年英国把其和占领的阿森松等岛划为一起，归英国王室直接管理。1818～1821 年，法国皇帝拿破仑曾被囚禁在该岛至死。

经济上，以农业、牧业为主，种植马铃薯、新西兰麻等。畜牧业主要养殖牛、羊、猪等。渔业也有非常丰富的资源。

# 第四章

# 慎重决策侃投资——量身制作，选择项目

在国内30多年改革开放的历史性机遇中，已经积累了比较丰厚的资本，想在海外寻求新的发展机遇，把事业进一步做大做强，或者规划进行跨国经营，利用海外资源、海外市场，创造新的发展奇迹者；在国内已经有一定资本积累，事业已经小有成就，或者已经有一定经济实力，由于行业的过度竞争、产业的转移、市场的变化，以及各种原因在国内发展受到限制，愿意到非洲寻求新的发展机遇、开辟新的市场者；由于各种客观条件的限制，如缺乏创业的起步资金，国内市场过度饱和难以寻找合适的切入点的有志之士，本章主要针对上述几个群体，根据公司、个人的特点，拥有的资本、技术情况，共同探讨在非洲（主要指撒哈拉沙漠以南的黑非洲）可以投资运作、创业发展的项目。

## 一、中介、维修、旅游等服务行业

服务业是一个十分宽泛的概念，包括的行业有上百种之多，这里仅介绍笔者认为目前在非洲已经形成一定市场规模，有较大发展空间，适合中国人投资经营的主要行业，如中介、维修、旅游等。这类行业不需要太多投资，比较适合小额资本者经营。

### 1. 中介服务

如工程咨询、海关清关代理、税务代理、商务代理、房地产中介、物业管理、运输服务等项目。此类项目投资主要是租用办公地点、购买办公设施的费用，有10万或8万美元即可以开张。但关键是工作人员的水平和能力。这个行业比较适宜具有一定专业技能、文化水平而资本较少的创业者，以合伙、合作经营为

主要形式。非洲的中介服务业十分落后。虽然部分中介服务项目当地也有中介公司在开展业务，但大部分单位的人员素质、业务水平、服务质量、信誉都与实际需求之间有很大差距。特别是近年，非洲许多中心城市、商业城市，包括中国公司在内的外国公司及到当地投资创业的个人越来越多，在不少地方已形成一个很大的群体，是一个有很大服务需求的市场。如果开展以面向中国公司为主的以及包括外国公司及外国人、当地富人为主要目标市场的中介服务，应该很有发展潜力。

由于当地人互相之间的信誉度较差，中介服务业很难开展。然而又存在较严重的信息不对称现象，中介服务的市场很庞大。类似于在发达国家，包括在中国一个电话就可以解决的问题，而在当地就需要花很大的功夫也找不到合适的解决途径。如租房、购房，当地就没有相应的市场、没有相应的中介服务公司，只能通过当地人与人之间的熟人关系，人托人去解决。笔者熟悉的一个公司，在东非的坦桑尼亚需要租生活兼办公用房，通过在国家机关工作的官员、生意合作伙伴的熟人，人托人，花费了半年多的时间才找到合适的地方。如果要在当地买房、购买建房土地，面临的是同样的问题。

**2. 维修服务**

目前，维修业在非洲能够形成市场的主要有工程机械设备、农业机械设备、家用电器、办公机具、发电机组、汽车等的维修服务。尤其是工程机械、汽车的维修市场非常大，维修费用也很高，效益很好。一般简单的保养，并不需要太大投资。但是，如果从事工程设备、汽车的维修，就要具备相当的规模和水平，能够更换部分零部件，就需要较大的投资。非洲经济虽然落后，但由于缺乏公共交通，城市汽车的保有量并不低。一般有正常收入的家庭都有小汽车，富裕一点的家庭还有吉普车，小康之家都有几部车。二手车保有量非常大，维修服务是一个庞大的市场。近年随着经济的发展，当地人新车购买量也越来越多；外国人、外国公司也是一个不小的新车消费群体，新车的保养维修市场也越来越大。目前，虽然也有一些当地人开的维修门市部，但缺乏应有的设备、技术。大部分车主都是个人维修，或自己找人维修。东非国家的机械设备拥有量近年也呈快速增长趋势。尤其是工程类机械保有量上升速度很快。维修是众多在当地从事建设、生产的外国公司十分头疼的事情。不少本来可以经过维修再使用的设备，由于维修技术、配件问题，不得不提前报废，直接加大了生产、经营成本。

**3. 旅游业**

旅游业是一个以人力资源投资为主的行业，也是一个特别的行业，有几万到几十万美元即可以跨地区、跨国家在世界各地运营。目前非洲的旅游业属于刚起步阶段，发展前景十分广阔。在非洲旅游资源比较丰富的地区或者城市，可以采取与国内旅游公司合作，或者与世界其他地方的旅游公司合作，在当地开办旅行社，利用全世界的资源开展旅行服务，应该会有很好的经济效益。

黑非洲的旅游业应首推东非地区，东非有世界上得天独厚的旅游资源。一是有世界最大的野生动物保护区，被称为世界七大自然景观之一。在坦桑尼亚和肯尼亚之间有若干个面积在数万平方公里以上的保护区，单个保护区最大的有6万多平方公里，总面积达40多万平方公里。内有世界上规模最大的野生动物种群，数千种野生动物。在大迁徙期间，荒原上有的野生动物一个种群达数万头、数十万头，漫山遍野，犹如冷兵器时代万马奔腾的战场，其场面之壮观，确实让人叹为观止。还有同处于一湖的众多河马、鳄鱼，风生水起时成千上万只火烈鸟腾空而起，遮天蔽空，景象蔚为壮观。还可以看到一些在世界其他地方已经绝迹的珍贵野生动物，如独角犀、白龟等。二是有面积居于世界第二位的维多利亚湖，湖内栖居着许多水陆两栖动物，如鳄鱼、河马等。三是位于肯尼亚、坦桑尼亚交界的乞力马扎罗山，虽然地处赤道之上，但终年积雪不化，神鬼莫测。

其次为西非，塞内加尔、加纳、科特迪瓦等国对外国旅游者有较大的吸引力。这些国家是欧洲人的主要旅游目的地之一。在沿海地区，有漫长的海岸线，蓝天、绿水、沙滩交相辉映，是度假休闲的圣地。如果加以进一步的开发，会有巨大的潜力。笔者曾到塞内加尔沿海几个旅游胜地考察过，旅游旺季（欧洲的夏季度假时间）所有宾馆爆满。

南非也是非洲地区的主要旅游目的地之一。南非有世界著名的好望角。在沿海的德班、伊丽莎白有很好的沙滩、风景区。地处赞比亚与津巴布韦交界处的赞比西河上有维多利亚大瀑布，瀑布近两公里宽，落差近100米，雨季来临时，翻江倒海、奔腾咆哮，百米之外，浪花飞溅，蔚为壮观，其流量仅次于美国、加拿大之间的尼亚加拉大瀑布。

此外，在非洲许多国家的偏远地区还生活着许多尚处于原始、半原始状态的部落，他们的生活习俗也很有趣味。如生活在坦桑尼亚野生动物保护区内的马赛人，据说早年男人成人礼是必须独自杀掉一头狮子。现在虽然不再允许他们宰杀野生动物，不得不以畜牧为生，但基本上还保留着原始的生活习性。如喝生牛血，吃活牛肉，住用牛粪抹墙、牛粪抹顶的平顶房。一个家族的住房围成一个圈，中间圈牛。未见其家，先闻其臭。男女老少都是赤脚、光头，身上用一块红布或白布围起来当衣服。女人个个戴大耳环，有的直径达10多厘米、20厘米，耳朵坠出几厘米大的窟窿等。

在非洲，如果从事服务于商业活动的旅游应是一个具有创新性的好项目。由于非洲经济社会发展的滞后，基础设施建设的落后，给初到非洲进行投资、贸易、市场考察的企业、个人带来巨大的不便。如果能把旅游服务扩大到商业活动，或者说建立以商业性活动为主的服务，不仅会大大方便到非洲发展的企业和个人，也一定会给旅游公司本身带来巨大的经济效益。

## 二、商业、贸易

非洲国家市场整体发育程度较低，商业贸易处于初级阶段，有很大的发展空间。

商业、贸易项目的特点是，投资额具有很大的灵活性，10万、8万美元可以起步，百万、千万美元的生意可以做，上亿美元的商业、贸易项目更好做。资本额较少的，可以先做一些小额贸易，开一个门店，逐步积累资本再扩大业务。也可以采用几个人合资、合作。可以先从生活用品做起，如中低档的服装、鞋帽，轻工产品、生活用品、低档电器等。自己的资本不够发一个集装箱，可以和别人拼装联发。资本额稍大一些的，可以扩大到普通机械设备、小型农机、家用电器、电子信息产品、纺织品等。如果有数百万美元的资金，在非洲即可投资中小型批发零售、中型超市、区域性商业连锁等商业性项目。批发零售项目可以依托于港口、商业中心，与国内结合，在当地建立贸易公司、直销商店，批发与零售兼营。

如果有较大的资金，非洲有许多大宗产品，适合于做进出口贸易。如木材、粮食、矿产品、农产品等。其中粮食关乎国计民生、关乎国家的稳定，一般都控制在政府手中。如果与一个国家或几个国家建立贸易关系，其利润非同小可。粮食之外，还有一大类是军火，而军火一般是国家之间的贸易，私人公司很难有机会。矿产品有铜矿、铁矿、铝土矿、磷酸盐、钾矿、铀矿以及黄金、宝石和各种有色金属等，当然，还有石油、天然气等。土特产品有咖啡、可可、橡胶、烟叶、香料等。木材也是非洲出口的大宗商品之一。但非洲的矿产品、木材，包括大宗的农产品基本都控制在跨国公司手中，当地人做的都是零星生意。常言道："不入虎穴，焉得虎子？"只要能够下功夫深入到非洲有关国家，和当地的跨国公司、重要商人建立关系，就会有重大的商业机遇。矿产品等大型贸易项目可以立足于非洲，在世界范围内运作。

如果考虑从非洲向我国国内甚至其他国家的市场出口非洲的产品，非洲可供出口的产品，一是工艺品。非洲的木雕，尤其是黑木雕在世界市场上享有盛名。黑木是一种非常珍贵的木材，异常坚硬、耐腐，比重远远大于普通的木头，生长期很长，直径在20厘米的黑木需要生长上百年。骨雕，非洲的骨雕品种很多，从受野生动物保护而禁止出售的象牙、犀牛角，到河马、鳄鱼、蟒蛇的骨制品无所不有。石雕、玉石、水胆、孔雀石等各类石头，光怪陆离，无奇不有。还有南非的钻石、坦桑尼亚的蓝宝石、赞比亚的铜版画等。还有具有非洲风情的各种男女饰品等。二是非洲土特产品。具有工业、民用等多种用途，种类繁多的农产品有剑麻、橡胶、咖啡、可可、没药、阿拉伯树胶、椰枣、腰果、各种香料等。

此外，在贸易方面还有一些比较大的机会是政府采购。由于非洲国家照搬欧洲模式，大部分国家对于政府购买的物资，必须依法公开招标，而且只要资金来源没有特定限制，必须面向世界所有国家的企业招标。国际组织、联合国的贷款、援助资金一般要求必须面向全球公开招标。当然，对参加投标的公司会有一定的资格限制（如在经验、经济实力、过去业绩等方面提出要求，新成立的公司没有经营业绩的，可以和符合条件的公司联合投标或借用他们的牌子）。但也有另外一种情况，采购资金来源于某一特定国家政府的捐款，在捐款的合同内已经明确，采购范围只能在某些国家。例如英国向东非坦桑尼亚捐赠了2 000万英镑，让其用来改善医院医疗设施，捐款合同中规定必须采购欧盟国家的产品，那么，坦桑尼亚在对外采购招标时，只能面向欧盟国家，而其他国家的公司或个人则不能投标。

商业项目，可以在中心城市、大城市做具有现代水平的大型超市，或做一个国家、几个国家区域性的商业连锁。如果开办超市，可以选择大城市，但最好不要在闹市区与当地人扎堆，而是选择在富人区、行政区为好。一是避免引起当地商人的忌恨，给自己带来不必要的麻烦；二是中高档商品面向的消费群体主要是富人，需要一个较好的购物环境，而闹市区购物环境很差，主要是平民消费市场；三是为安全着想，富人区、行政区安全条件远远好于闹市区。区域性连锁商店可以有多种模式，富人区、中产阶级区甚至平民区都可以经营，但关键是对自己经营业务面向的消费群体如何定位，如何把握市场空间的问题。如果经营方向选择的是中高档产品，选择店址就要以富人区、中产阶级区、行政区、旅游区市场为主。如果是面向平民的中低档产品，则平民区、闹市区应是主要市场。

在非洲从事商业活动，最好不要做低档生活用品市场。一是低档生活用品主要是面向当地老百姓的市场，利润低、效益差。二是当地低档生活用品市场控制在当地商人手里，容易和当地商人发生矛盾纠纷，弄不好会给自己带来意想不到的麻烦。三是经营环境差，有损于中国人的形象。即使自己资金不多，也是以选择经营与当地人没有冲突的商品为好。

不同区域分析如下：

**1. 东非**

城镇人口已达到相当规模。在埃塞俄比亚的首都亚的斯亚贝巴、坦桑尼亚的首都达累斯萨拉姆、肯尼亚的首都内罗毕等城市人口均已达300多万，乌干达的坎帕拉人口也达到150多万。各个国家在首都之外还有许多省会城市、旅游区、港口、机场等。有的地方人口也达到几万、几十万。实际在这些地区存在着各种档次的消费者，中高端消费群体在大城市已达到相当的规模，而商业的发展严重滞后。有个别近年刚刚进入的外资超市，但数量很少，许多城市还没有。在这些城市的富人区、中产阶级区，还有旅游区，包括宾馆、饭店等，完全有条件发展大型商场、连锁超市。如果发展面向平民的连锁超市，潜力更大。这些国家的城市平民区都十分庞大，中低档商品市场很可观。如果能以合适的形式，采取利用当地资源、统一管理、集中配货的方法，把当地已有的商店进行改造，纳入下线，成功的可能性很大。此外，东非经济共同体 5 国，尤其是坦桑尼亚、肯尼亚、乌干达 3 国经济发展水平相近，开放程度相近，从 2010 年开始统一关税、统一货币政策，在商业贸易项目方面可以作为一个区域统筹考虑。

**2. 西非**

西非国家过去的贸易对象主要是欧洲，尤其受原宗主国控制。从 20 世纪 90 年代后期，他们发现在东方的中国生产有更多更适用于他们消费的物美价廉的商品。他们过去从欧洲人甚至是阿拉伯人手中购得的许多商品，要么是高档商品本国老百姓消费不起，要么是欧洲人甚至是阿拉伯人消费过的二手产品，质次价高。而且有越来越多由中国人生产的产品，经欧洲人、阿拉伯人再转手卖给他们，价格上涨了几倍。于是，西非的商人开始把贸易的橄榄枝伸向中国。从 20 世纪 90 年代末开始，中国和西非的贸易迅速发展起来。目前在西非经营贸易项目的中国人也越来越多，但是除尼日利亚外，在西非经营贸易的中国人还远远少于东非、东南非。

西非的经济发展整体水平有的国家甚至比东非一些国家发展水平还要高。但是，商业的发展水平却低于东非国家。许多国家没有像样的市场，甚至几百万人的首都，没有一个具有现代规模和水平的购物中心、商业街道，都是一个个拥挤不堪、脏乱不堪的小门面。在这些国家发展商业贸易有很大的潜力。其中西非货币联盟 8 国有较好的条件，在商业贸易领域可以作为一个整体统一考虑。同时，由于这些国家实行统一货币、统一关税及其大体相同的经济、社会发展政策，商业贸易项目，可以以某一个国家为中心建立总部，用批发的方式向其他国家辐射，也可以开连锁店直销或建立大型超市、百货商场。其中科特迪瓦地处西非心脏地带，是西部非洲贸易中心之一，年对外贸易额居于西非货币联盟 8 国之首，与南非、尼日利亚合称非洲三大贸易支柱。如果选择在西非共同体做商业贸易，科特迪瓦是比较理想的首选之地。

**3. 中非**

中非国家的商业贸易是非洲更为落后的地区。21 世纪以前，中国与中非国家的贸易主要是通过南非、西非转口。进入 21 世纪以来，中非商人也开始直接从中国进货；部分中国商人从西非、南非进入中非，从事各种商业、贸易甚至投资活动，在中非的中国人逐渐增多。中非国家商业的发展水平与非洲其他地方相比存在一定差距，现代商业发展更为缓慢，民风更为淳朴，居民的需求受到较大压抑。实际上中非国家中心城市的消费水平、人口规模、市场发育水平和非洲其他地区差不多，有的国家经济条件甚至超过其他地区。应该说，在中非国家发展商业贸易潜力更大。另外，中非货币联盟是中非地区做商业贸易项目应该重点考虑的地区。

**4. 南非**

南非国家的商业贸易状况与非洲其他区域不同。由于一些国家经济相对比较发达，商业条件、市场发育程度、商业氛围均比非洲其他地方要好，在东南非不少国家早已有比较现代化的购物中心。如在赞比亚首都卢萨卡这个远离沿海的高原内陆城市，早在 2003 年就已经有了现代化的大型购物中心。此外，南非是这一区域的商业、贸易中心，大部分货物都是由南非转口到其他国家。同时南非也是南非地区商业、贸易最发达的国家，在各个城市，都有相当数量的华人，市场趋于饱和。但离南非较远的其他国家和非洲其他地区却没有太大差别，市场机遇较多。

到非洲从事商业贸易要注意以下问题：一是在偏远落后的地方，商业交易方式上，主要是现钱交易、物物交易。现代结算票据、商业信用、银行信用均处于不发育状态。二是商业信誉度差。除了个别国际品牌的大型机械电子类产品，由厂家在当地中心城市设有售后服务外，当地商品几乎不存在售后服务。

## 三、旅栈宾馆、餐饮、娱乐业

### 1. 旅栈宾馆业

非洲的旅栈宾馆大体分三个档次：一是低档旅栈业，主要是面向当地普通人的饭店，各方面条件都很差，不适宜外国人经营。二是中档宾馆，类似于国内二星到三星级宾馆，日收费在200美元左右，主要是面向到非洲旅游、商务考察的普通外国人、当地商人等。三是高档宾馆，主要指四星、五星级宾馆，二人标准间每天收费在300～500美元，主要消费对象为有一定地位、身份的外国商人、旅游者、达官贵人等。经济发展较好的大城市、中心城市对高档宾馆的需求量日益增长，处于供不应求状态。一些热点地区提前预订也不一定有房间。有的一个国家没有一个五星级宾馆，到当地投资考察的外商对此经常抱怨。

在非洲投资于中高档宾馆，选择不同地方投资，需要的资金额会有很大差距。在市区内投资相对成本较高，尤其是富人区、行政区，土地价格高。但如果选择在市区内的空地上投资，土地成本就会大大下降。非洲的城市建设有些类似发达国家的城市，分割成一个一个的生活小区，在各个生活区之间往往还留有大面积的空地。但这些地方可能没有水电、道路等基础设施。如果选择在郊区、风景区投资，较少的投资仍然可以建设高档宾馆、饭店。由于土地成本很低，客房可以采用别墅、异域风景式的平房、小二层楼形式。同时充分利用当地出产的木材、竹子等原料。除了水电、交通等基础设施外，并不需要大的投资，成本会大大降低。笔者在非洲的不少国家住过和参观过这类饭店，收费水平不低，效益不错。

近年，有些中国人在一些城市开了一些主要面向到当地考察、临时出差、做项目前期工作的普通中国人的旅馆，档次介于当地中档和低档之间。房子、院子采用租用方式，馆内硬件设施大大简化，装修简单，以实用方便为主。多则20、30个房间，少则10个、8个。有的包吃包住，有的只包早饭，午饭、晚饭另计。这类旅馆往往兼对外餐饮营业，实际投资较少，刚起步者有100万美元左右，甚至几十万美元即可开张。此类旅馆往往生意很火爆。原因有三，一是住房价格比市面上中档宾馆便宜实惠。这类旅馆一般每天收费不到100美元，甚至再低一些。二是生活习惯，饮食方便，有什么要求和开店的老板、服务人员很容易沟通，一天三顿都可以吃上可口的中餐。三是工作方便。刚到异国他乡往往人地两生，希望有人能帮助介绍一些当地的情况，帮助联系一些需要接触的当地人，帮助提供交通服务（当然需要付费）等。这些问题中餐馆都可以满足，而市面上的宾馆不可能提供类似的服务。此类旅馆，因消费对象是华人，应以中心城市（首都）、商业城市、港口城市、旅游胜地等中国人较多的地方为首选。

**2. 餐饮业**

这是从古到今中国人走出国门、发家致富、闯荡世界的保留项目。非洲人很喜欢吃中餐。欧美人有自己丰富的饮食文化，有自己特有的饮食习惯，西餐是完全可以与中餐媲美的饮食系统。欧美人吃中餐，仅是把其当做调剂，多数人并不喜欢。而非洲人没有自己的传统饮食文化，西餐是欧洲殖民时代欧洲人留下的东西，对于一般的非洲人来讲，也谈不上习惯。据笔者长时间和非洲人接触了解，许多非洲人是由衷地喜欢吃中餐。只要他们的经济条件允许，他们会把中餐作为他们的首选饮食。据笔者所知，有不少在非洲国家工作的中国公司，自己带有厨师的，经常在驻地或中餐馆宴请当地的高官富人。在人际关系熟悉之后，他们还经常不请自来，甚至带着老婆、孩子来就餐。甚至有个别当地的官员让家人学做中餐，以便能天天吃上中餐。对普通非洲人而言，能吃上中餐也是很有荣誉感的事。

投资中餐馆，低档的，10 万、8 万美元能够起步，甚至 3 万、5 万美元也可以开张。档次稍好一些的，投资 20 万、30 万美元也可以。一般而言，投资 30 万 ~ 100 万美元，在非洲国家即可以开一个相当档次的中餐馆。如果一个人资本金没有那么多，可以向亲友借贷或者几个人合资、合伙。在非洲开餐馆首先要考虑的问题同在国内开餐馆一样，是餐馆选址问题。非洲大部分国家的大城市就是首都，首都之外的城市一般都比较小，经济条件也差。但是也有部分国家沿海有比较大的港口城市，如尼日利亚的拉各斯（原来的首都），人口 1 000 多万，是尼日利亚最繁华的城市，远远超过首都阿布贾。还有一些旅游城市、宗教圣地等，虽然常住人口不多，但有较高的消费水平。如坦桑尼亚的阿鲁沙、塞内加尔的土巴、肯尼亚的蒙巴萨，这样的城市都有较高的消费水平。但这类城市可能已有中国人进入餐饮行业，不过机会还是很多，在市内还存在很多的空白区域和空白点。如坦桑尼亚和肯尼亚之间40多万平方公里的野生动物保护区，是世界级的风景名胜区，每年有数百万、上千万的游客，除了阿鲁沙市区有中餐馆外，笔者多次去参观，在保护区内的其他地方还没有发现中餐馆，如果开上几家中餐馆一定有很好的生意。一个百万人口以上的城市，开上十家八家中餐馆互相之间没有太大影响。在笔者所熟悉的赞比亚首都卢萨卡，一个富人区内并排开了3家中餐馆，生意都很好，都是常常客满，不事先预定，临时去，雅间还找不到位置。在大城市之外的中等城市，相对而言，居民消费水平与首都、港口城市相比有比较大的差距，但可能当地还没有中餐馆，在那里开中餐馆是独门生意，效益也会不错。此外，值得注意的是非洲有许多矿区，虽然城市不大，却有较高的消费水平。那里往往外国人较多，就是本地人，由于在矿上打工，也有较高的消费能力。

非洲的城市，在富人区还是在穷人区、中产阶级区、闹市区、行政区选址，对开中餐馆而言，不同位置可能会有很大差异。从安全、效益等因素考虑，外国人一般不在穷人区、闹市区做生意。据笔者所知，中餐馆一般都开在富人区、中产阶级区、使馆区、行政区。这些地方消费层次高，交通方便，社会治安好，供电、供水比较正常。还有的选址在现有宾馆内。也有少数在郊区、风景区单独选址，但一般都是投资较大、档次较高，吃、住甚至包括娱乐一条龙的项目。单独选址需要考虑的问题，一是基础设施，水、电、交通都必须自己解决；二是安全保卫必须自己解决；三是自己投资建设。

关于开饭店、旅馆做饭的原料，当地市场可以购买到的东西主要是米和面。当地的大米大多是从东南亚，甚至是从中国南方进口的，基本是籼米，口感不一定很好。小麦面主要是从美国、加拿大或者欧洲其他发达国家进口的，主要是生产面包用面。当地市场可以买到的蔬菜主要是西红柿、土豆。其他东西，除了蔬菜外，需要从国内进口。进口的方式是和在当地做生意的其他中国人一起配货，或单独用集装箱发运。对于蔬菜，可以自己种，也可以和在当地种蔬菜的中国人签订协议，由对方定期送货上门。个别的东西可以到市场购买，但价格往往很贵。

开饭店的雇员。规模较小的饭店，一般都是老板自己兼采买人、厨师，老板娘兼收银员、前厅经理，从当地雇用一两名小姑娘做服务员即可。较大的饭店，一般还需要从国内聘用厨师，聘用前厅经理，其他服务人员在当地聘用。当地也有一些素质较高的人员，有一定教育背景，经过一段时间考验后，也可以让其参与管理。技术、管理岗位以聘用国内人员为主，服务、体力劳动人员可以全部从当地聘用。

**3. 娱乐业**

非洲娱乐业大体可分为：

（1）酒吧。

当地酒吧很多，遍及城镇大街小巷，有各类档次。高档次的一般都开在高档宾馆、高档饭店内或者在风景区内，主要是面向外国人，当地富人、有社会地位的人，但多是酒店、饭店兼营的业务，也有少数单独经营的。街头巷内都是面向普通居民的普通酒吧，不少是半露天形式。黑非洲男人、女人对酒都有特别的嗜好（以啤酒为主），老百姓手头经济条件可以的，节假日常常通宵达旦，个个酩酊大醉。中低档酒吧投资较少，一般有 3 万 ~5 万美元就可以开张，只要有场地即可。中高档酒吧投资较大，以经营洋酒（葡萄酒）为主，即使中档的投资可能也需要上百万美元。

（2）歌舞厅。

能歌善舞是非洲人的一大特点。和酒吧一样，从富人区到穷人区的大街小巷，到处都可以看到歌舞厅。一般来讲，去歌舞厅的以当地年轻人为主，外国人很少。在少数高档宾馆内有歌舞表演节目。中国人在当地单独开办歌舞厅的，笔者还没有发现。但有不少的中餐馆在晚上餐馆打烊后开办舞厅，是饭店的兼营业务。如果餐馆兼营歌舞厅，几乎不需要再投资。如果单独开办歌舞厅，算上房租和装修费用，一个普通的歌舞厅估计投资 20 万美元即可。

（3）娱乐设施。

在非洲，大型、高档次的公共娱乐设施大部分国家都是空白，90% 以上的黑非洲国家没有像样的娱乐中心。富人、高官为了让老婆孩子能享受一下类似于发达国家普通居民的娱乐形式，只能在休假时带他们出国。相对于宾馆来讲，投资于高档公共娱乐设施可能有更好的市场，能产生更好的经济效益。但是投资娱乐设施，要根据城市的消费水平来决定规模和档次，不能盲目追求高水平、大规模。

(4)博彩业。

非洲的博彩业不太兴隆，有不少国家从法律上禁止博彩业。但在少数高档宾馆内也有针对外国人的赌场，生意往往并不好，笔者见到的，大多是冷冷清清。类似中国、日本市面上的电子游戏之类，非洲大部分国家刚刚起步，市场前景应该不错。小规模的，投资额有几十万美元就可以开张。

## 四、医疗、卫生

缺医少药在非洲是普遍现象。除了大城市，外国人集中的矿区有一些医院、医疗卫生设施外，非洲的中小型城市、广大农村几乎都没有医院，甚至没有医疗门诊。老百姓有病几乎是等死，这是非洲平均寿命远远低于世界水平、婴幼儿死亡率居世界前列的主要原因之一。近些年来，有一些中国人，实际主要是中国援助非洲的医疗队到期后留下来或回国后又返回的医疗队队员，在一些城市开办了一些医疗门诊部或小型医院。这与当地对医疗的广泛需求来讲可以忽略不计。笔者曾和一些中国医疗队的人员有过多次接触，他们介绍，中国医疗队在当地也只能保证具有一定社会地位的人的医疗保健(一般是司局级以上的官员)，许多当地人得病后大多是活活等死。医院本身也是缺医少药，缺乏医疗设备，床位严重不足。他们所在的地方都是中心城市，而且是当地权威性的医院，其他地方情况可想而知。笔者在东南非某个国家的首都，认识一位河南籍的原中国医疗队队员，工作到期后又辞职返回在当地开办了医疗门诊部。她的门诊部开在富人区，租赁了一套平房(大约100平方米)，雇用了一个当地有文化的黑人女孩做护士，每天来看病的人太多，自己累得受不了，把正在某省级医院上班的丈夫也请来了，但还是忙不过来。笔者问她一年大概能挣多少钱，她说，二三十万美元吧。

非洲医疗卫生项目的市场，某种意义上讲，比做其他项目的潜力更大。如果投资一个门诊部，有一个医生、一个护士，甚至就一个医生兼做护士，备一些常用药，在当地租用一间到几间房，总投资不到10万美元即可开张。如果投资一个小型医院，根据开设科室，一般有3~5名医生，配上若干名护士，租上一栋面积在200~300平方米的房子，备上一些必需的药品、医疗器械、医疗设施，可能需要投资200万美元左右。笔者有一次在坦桑尼亚首都达累斯萨拉姆拉肚子，到一家江苏人开的小型医院就诊。该医院在郊外一个比较偏僻的地方，一栋十分简易的二层楼（租用），每层有7~8个房间，建筑面积200多平方米。四面坑洼不平的墙壁用涂料刷白，病房内的设施也十分简单，除了几张病床之外，几乎什么也没有，如同中国20世纪70年代偏远地方人民公社的卫生院。有三四个医生和几名国内来的护士，几名在当地招聘的护士。笔者询问一个知情者得知，办这个医院，几个合伙人投资了100多万美元。在当地经商、投资、做项目的中国人有了自己处理不了的疾病、外伤都要到这个医院看医生。而能到这个医院看病的当地人，都是有一定收入和地位的人。

在非洲经济条件较好的大城市投资医院应该是很好的项目。随着非洲经济社会的发展，人们对医疗服务的渴求越来越强烈。缺医少药的局面已经是非洲人的切肤之痛，迫切需要改变。尤其是近年随着经济的发展，当地居民经济条件的改善，对医疗卫生条件的要求在快速提高。应该说，非洲一些国家的医疗卫生市场正在成熟，在部分大城市投资于大中型医院项目的条件已经具备。

在非洲国家投资医院，如果能充分利用各方面条件，投资额会大大节约。在当地投资医院，一定会得到当地政府的大力支持。一是可以争取进口的医疗器械、医疗设备，包括生活物资全额免税；二是争取能利用旧建筑进行改造。在非洲国家的一些城市，由于各种原因，有一些闲置或者废弃的属于公产的建筑，经过做工作，可能不需要花太多的钱就可以购买下来，这样会节约大笔投资。此外，与国内相比，非洲医院标准不是太高。如果采用新建，可以争取建筑材料、装饰材料的进口免税。目前，还没有发现中国人在非洲国家投资开办正规医院的项目，实际投资医院会有非常好的经济效益。非洲许多国家虽然贫穷，但在大城市，富人和公务员阶层还是有相当的经济能力和消费能力的。大部分国家的首都，人口都在百万以上，非常需要有一定医疗水平的医院。

## 五、教育

非洲的落后，某种意义上讲与教育的落后密切相关。从中小学校的基础教育，到职业技术教育、普通大学教育全方位严重滞后。据联合国2008年《全民教育全球检测报告》讲，非洲的小学结业率为63%，初中能够毕业的不到30%，其他就更不用讲了。如果目前有能投资于非洲的教育项目，自然是在非洲的教育产业中抢占先机。在非洲一些经济发展较快的国家中，教育产业也已经到了需要起步的时间，尤其是职业技术教育、普通大学教育，甚至包括中小学教育都有巨大的市场。在黑非洲50多个国家和地区中，人均GDP达到4 000美元以上的有8个国家，达到1 000~4 000美元的有10个国家。尤其是尼日利亚、科特迪瓦、加纳、喀麦隆、安哥拉、坦桑尼亚、埃塞俄比亚、肯尼亚等国，有较大的人口基数，教育产业快速发展的时代已经到来。但由于教育本身和其他产业较大的差异性，在当地商人和世界商人看到非洲资源开发等发展商机且趋之若鹜的时候，他们往往忽视了教育这个具有巨大发展潜力，而且也可能会产生巨大经济效益和社会效益的产业。当然，投资于教育可能比投资其他产业需要付出更多的时间和精力，属于长线项目，这也可能是许多商人不愿意投资的原因。

非洲目前的教育模式基本是照搬欧洲的教育模式。在非洲发展教育，要入乡随俗，也应直接采用欧美教育方式。非洲当地政府和老百姓对外国人到当地办教育非常欢迎，他们还会提供许多相应的优惠政策。

## 六、组装、加工、制造业

组装、加工 、制造业细分有上千个行业，笔者在这里根据非洲市场成熟情况、产业关联度情况，对部分具备投资条件的主要行业加以介绍。

非洲工业基础最好的国家是南非，欧洲不少国家和日本及中国台湾的商人在南非的生产领域都有大量的投资，从机械、电子到食品、建材、化工、能源、纺织、服装、轻工等门类比较齐全。在黄金、宝石开采加工方面与发达国家水平接近。其他国家即使有少量在当地生产的产品，要么质量、性能不堪使用，要么可以使用的又供不应求，价格猛涨。如非洲近年需求量很大的产品——水泥、钢筋等建筑材料，当地市场售价甚至比从国外进口价格还高。一吨525标号的水泥，在东非、西非许多国家市场售价都在300美元左右，甚至比从中国、欧洲国家进口的到岸价还高（可能有读者会问，既然如此，就从国外进口好了。问题在于水泥这种产品不同于其他产品，特别怕潮湿，一潮质量就会出现问题，轻者降低标号，重者失效。而进口水泥运输途径只能走海上，质量难以保证）。据笔者所知，能满足当地市场需求的产品主要是当地人吃的普通食品，如面包、啤酒之类的东西。还有一个就是矿泉水，一般都是欧洲人在当地找一个水质较好的地方打一口深水井，投资一套净化设备，再投资一条瓶装生产线，源源不断地向当地人卖水。其他在当地规模化生产、能满足需求的产品不多。非洲国家对于外商投资于制造业都有浓厚的兴趣，大部分国家都制定有吸引外资的优惠政策。

目前，在当地市场需求较大的产品及行业如下：

**1. 食品、饮料及其他农产品加工业**

虽然目前食品、饮料生产是非洲制造业中规模最大的行业，但其水平、生产能力远远不能适应经济和社会发展的需要。有数百万美元投资于食品、饮料行业将会有很好的经济效益。食品行业从糖果、饼干、罐头、糕点到各类方便食品市场潜力都很大。近年随着经济的发展，生活水平的提高，非洲人对食品的质量、口感、花色要求大幅度提高，在城市市场进口食品消费需求不断扩大。当地原有的小作坊生产的食品主要是面向农村市场和城市贫民市场，欧洲进口食品充斥中高档食品市场。但进口食品的价格很贵，如果可以在当地生产和进口食品质量、包装接近的食品，在价格上稍做下降，一定大受欢迎，同时能取得很好的经济效益。饮料生产虽然是非洲现有行业中较发达的行业，但是品种单一，主要是矿泉水、可口可乐和啤酒三大类，其他类饮料很少。而非洲有着十分丰富的热带、亚热带水果资源，如果用这些水果做原料生产各类富有营养的果汁、饮料，不仅可以供应非洲当地市场，而且可以出口国际市场，同时带动当地农业生产的发展，一定会受到当地政府和老百姓的欢迎。

在非洲投资农产品加工项目有非常好的条件。可以利用非洲丰富的植物资源，发展农产品加工，如利用木薯生产酒精，利用葡萄生产葡萄酒，利用各类香料生产化妆品、食品添加剂，利用烟叶生产卷烟，利用棉花生产布匹，利用花生、芝麻生产食用油等，前景十分广阔。

**2. 纺织及服装**

有100多万美元，在非洲就可以投资一个中等规模的服装厂，有500万到1 000万美元就可以办一个小型纺织厂。除了管理人员和技术人员外，其他岗位都可以充分利用非洲廉价的劳动力资源，从而创造在世界市场上的竞争优势。纺织品、服装产品在面向非洲本地市场的同时，可以把重点放在发达国家市场。在20世纪80~90年代，欧美市场对纺织品进口采用配额管理的时期，香港、台湾的商人利用欧美市场对非洲一些国家没有配额限制的优势，在非洲的毛里求斯、莱索托、斯威士兰等国设立了大量的服装厂、纺织厂（笔者所知，仅毛里求斯服装厂、纺织厂从中国招收的女工保有量就达2万多人，多时达4万多人），从而获取了大量的超额利润。目前虽然欧美纺织品（包括服装市场）名义上已经放开，但还经常有非关税壁垒的贸易保护措施对来自中国及亚洲其他国家的纺织品进行进口限制。如果在非洲国家投资生产纺织品、服装，类似问题就可以避免。在非洲投资办厂，可能比较担心的其中一个问题是劳动力的素质。虽然从总体上非洲劳动力素质不高，但在城市，已有大量可供使用的一般劳动力资源。非洲女性的就业相对男性来讲更艰难，可供选择的余地更大。

**3. 鞋帽**

因非洲大部分地区天气炎热，鞋帽市场有其特殊性。非洲人以穿凉鞋、拖鞋为主，几乎男女老少不分，四季不分。只有富人及有地位、有身份的人在上班、正规场合才穿皮鞋。穿皮鞋、旅游鞋等往往是身份、地位的象征。如在学校，有钱人家的小孩都穿旅游鞋，以显示身份。但是，凉鞋、拖鞋也是千差万别，档次及价格差别同样悬殊。高档的凉鞋、拖鞋一双售价数百美元，低档的可能只要一两美元。帽子的情况有点类似鞋类，市场同样很广阔。

**4. 玩具**

非洲的玩具市场是一个大市场，现有的产品档次低、质量差。稍好一些的，基本都是从中国或其他国家进口的。非洲人来中国出差、做生意，除给家人大量购买衣服、布料外，就是给孩子购买玩具。他们非常欣赏中国的玩具。如果在非洲投资玩具生产应该也是很好的项目，投资额不大，可以利用非洲廉价的劳动力，一方面供应当地市场，另一方面面向欧洲及中东市场，应该有巨大的发展潜力。

**5. 家用电器、办公机具等电子产品的生产、组装**

家用电器、办公机具涉及人们生活、工作的各个方面，是一个弹性很大的行业。非洲的家用电器是一个全方位、多层次、高落差、需求量很大的市场。高、中、低档市场长期并存，以中低档为主。广大的农民、城市贫民家电消费主要是低档的收音机、录放机、老式电视机。非洲人能歌善舞，在他们闲暇的时间，男女老少都喜欢听着收音机、录放机里的歌曲边歌边舞。即使是街上要饭的，手里也要提个破收音机或录放机。经济条件好一点的有电视机、空调、冰箱、CD、DVD、洗衣机、微波炉等，富人、高官家庭是各类高档电器，甚至家庭影院，应有尽有。根据所选择的产品，投资可以是几十万到数百万美元，也可以是几千万美元。电子计算机及复印机、打字机等现代办公机具市场，移动电话、固定电话等现代通信工具市场也都在快速成长。目前仍然是以中低档组装机为主，中高档品牌机市场容量相对较小，主要面向富人和外国人。

但由于非洲家用电器及办公机具生产处于起步阶段，缺乏零部件生产所需要的基本的技术环境和市场环境，比较现实的是进口散件组装。过去，一些公司、个人在当地举办组装项目，实质上只能算是拼装。所有的部件在国内组装成半成品，到非洲后只需租几间房、去几个技术人员往一起一安装就是成品，主要目的是为了逃避当地的进口关税。但不少国家对进口的组装部件已经做了明细规定，并对投资项目雇用当地人员也提出了明确要求，再用原来的办法在一些国家已经不适应。笔者曾熟悉一位在南非从事电子产品组装的台湾商人，他的组装厂组装的产品从电视机、收录机、收音机到微波炉、电烤箱等各类家用电器，到固定电话、移动电话、电脑等各种各样。主要方法就是从中国的香港、台湾、大陆进口各种散件，组装后批发到南非各国，经济效益很好。

非洲电子产品市场在快速发展，市场前景十分广阔。在非洲投资电子产品生产的条件基本成熟，可以选择经济相对发展较好，政治、社会稳定，基本具备交通运输条件的区域性政治、经济中心投资建厂，如南非的南非、赞比亚、马拉维，东非的坦桑尼亚、肯尼亚、乌干达，西非的尼日利亚、塞内加尔、加纳、科特迪瓦，中非的喀麦隆、加蓬等国。

**6. 电子通信网络**

非洲的通信网络，近年随非洲经济的发展正在快速成长，包括最落后的国家和地区也都开始建立通信网络。过去在非洲搞通信网络的主要是欧洲、美国商人，近年我国的华为、中兴两大公司也在非洲市场大展身手。其发展的空间很大，如果能及早进入，立足长远，创造自己的品牌，开拓自己的市场，会有良好的经济效益。在个别国家的一些城市甚至没有固定电话，全部依靠互联网、移动通信工具与外界联系，进行信息交流。许多非洲国家的电视系统只能收到两三个台，而且信号很差。如果在有条件的城市发展有线电视网络将是很好的项目。非洲的计算机软件行业市场前景同样看好，但由于当地经济、社会、文化等各方面的局限性，严重缺乏高智能人才，如果投资于这个领域，并从国内引进人才，会很快占领当地市场的制高点，从而获得超额经济效益。

**7. 医药**

目前，非洲的医药生产正处于起步阶段，大部分国家现在还是空白。现在在非洲投资药品生产必然能抢占市场先机，但需要远大的目光。前期的投入可能比其他项目付出得要更多一些，但机遇也更大一些。近几年刚刚有少数投资者进入非洲国家的药品生产领域，主要在疟疾防治、肠胃病治疗等领域。如果利用我国现有成熟的技术，选择合适的常规医药品种，投入一定量的资金在当地建厂生产，发展潜力巨大。需要考虑到的问题是，环境保护事先也需要做出安排，要对所在国有关环保的法律文件进行认真研究。还有销售渠道的问题也应该考虑，过去非洲药品的销售主要控制在欧洲跨国公司手中，他们与当地主管医药卫生的部门有很深的利益关系。中国公司在当地投资设厂，直接损害到他们的利益，应该事先采取应对措施，争取主动。

**8. 机械设备加工制造业**

(1)农业机械。

非洲农业正进入快速发展时期，农业开发的黄金时代不久就会到来。非洲具有丰富的土地资源，与我国不同的是，农业项目一旦起步，即可以建设现代化的农场、种植园。因此农业机械在非洲有巨大的市场潜力，投资于农业机械生产将有良好的发展前景。最好的方法是分步实施，第一步先搞组装，从国内进口零配件，在当地进行整机组装。搞小型农机组装，有200万~300万美元即可以起步。一边开拓市场，一边扩大生产，一边培育熟练的技术工人，逐步发展到在当地生产部分部件、组织整机生产。在非洲投资农业机械，包括其他机械类产品的生产、经营，如果立足于长远，必须在三个方面下功夫。一是必须保证产品质量的稳定性，保证投放市场的每一台机械设备都是合格产品，不搞短期行为，不搞假冒伪劣，自觉树立质量意识、品牌意识，把质量看作企业的生命。二是营销网络的建设。要有市场意识，自觉培育自己的产品市场，建立自己的营销网络。可以先从一个地区、一个国家开始，然后随着生产的发展逐步扩大到邻近国家。只有建立了自己的营销网络，才算建立了自己的稳定市场。三是售后服务。在产品进入市场的同时，就要把售后服务同销售网络一起建立起来，把其作为巩固市场、提高效益的重要手段。实际许多跨国公司普通机械类产品不是靠卖产品赚钱，而是靠售后服务赚钱。缺乏售后服务，是许多中国企业的致命伤，也是早期进入世界市场的部分企业“身败名裂”，退出国际市场的主要因素。改革开放以来，中国机械设备类产品进入世界市场，包括非洲市场，出现的问题主要表现在以上三个方面。这正是许多企业在进入国外市场初战告捷，最后一个个兵败“滑铁卢”，偃旗息鼓，收兵回营的症结所在。今天，再进入非洲市场的企业，一定要吸取前车之鉴，不要再重蹈覆辙。

(2)通用机械设备及各类专业机械。

机械设备制造行业无疑是非洲产业结构中短项中的短项，目前只是成长中的市场，但从长远看，市场前景同样看好。随着非洲经济的发展，需求量正越来越大，部分机械设备的市场已经基本成熟，如办公机具，维修、加工用的各类车床、刨床、铣床、锻压设备,小型印刷机械、造纸机械、成型机械、模具、起重机械、建筑机械,包括各类工具等。尤其是在经济快速发展的一些国家,市场已经基本成熟。

(3)交通工具。

中低档自行车、摩托车,大、中、小型公共汽车,包括小汽车组装项目,在非洲都有广阔的市场。近年已有部分中国和其他国家的公司、个人在部分非洲国家投资摩托车、小汽车、自行车组装厂,但还有不少国家存在空白。公共汽车还没有发现有外国公司进入生产组装领域。

**9. 造纸**

非洲的造纸业也是很好的项目。在非洲的许多国家有丰富的造纸原料。如在中非国家,目前主要是东南亚的商人在当地圈占了大面积的森林,每年砍伐原木,选择其中珍贵的树种、优质的木材卖往东南亚以及日本、韩国、中国等地。而对一些材质差、卖不了好价钱的木材,任其在当地烂掉。由于没有陆路运输条件,大部分原木都利用就近的河流,让其顺流而下,冲进大海。有部分没有及时收拢的原木,任其在大西洋中漂泊。笔者在中非一些国家考察期间,看到在大西洋沿岸的海滩上,到处都是成堆、成片的木头,有的已经腐烂,有的正在腐烂,还有许多是刚漂来不久的新木材。农民每年还用放火烧荒的形式毁掉无数的林木,资源严重浪费。还有大批广袤无垠、宜林的荒芜土地,可以用来种植适宜造纸的速生树林。非洲的纸业市场无疑潜力很大,但选择什么地方、哪个国家,生产哪一类纸进行投资合适,需做认真考察。现在,当地政府也在鼓励外来投资者在当地从事林业加工。

在非洲一些国家投资造纸厂具有得天独厚的条件。非洲可以利用的广阔森林资源和土地资源,是世界其他国家可望而不可即的。非洲自身就是一个快速发展的纸业市场,随着经济条件的改善,对各类纸张的需求量越来越大,档次也越来越高;同时还可以面向世界市场。目前,非洲不少国家进口纸张每年消耗掉许多外汇(大部分非洲国家都存在国际收支的逆差问题)。非洲许多国家都有对投资造纸厂的需求,我们可以选择合适的国家和地方进行投资。据笔者了解,在非洲投资造纸项目有非常好的经济效益。笔者一个朋友介绍，他的一个亲戚，前些年花了300多万元人民币在国内收购了一套淘汰的旧造纸设备，在东非某国办了一个小型造纸厂，第二年就回收了投资。

10. **建筑装饰材料**

建筑装饰材料是非洲各国一个需求巨大的行业，目前也是非洲现有工业中发展最快、效益最好的行业之一。包括水泥、钢材、木材、石材、铝材，以及各种金属、塑料管材等。投资于水泥行业，较小的项目资金需求量也在1 000万美元以上。同时还要考虑能源、原料的供应等问题，但是确实有很好的效益。有部分欧洲人已投资的水泥厂，他们从国外进口水泥熟料，仅在当地进行粉碎、搅拌、烘干的方式，避开了前面所有的工序，大大降低了对能源的需求。笔者了解，在西非某国，有唯一一家法国人投资的水泥熟料加工厂，年产量为30万吨，市场供不应求现象严重，提前3个月打预付款还提不到货。据业内人士估算，这个水泥厂年利润最少在5 000万美元以上。投资于建筑用钢材、铝材及塑料管材的加工性生产，有几百万美元即可，主要是进口材料加工，或者利用当地的废旧材料再加工。木材、石材等可以使用当地原材料生产的产品，投资额会更小一些。

11 . **化工类产品**

化工是一个特殊行业，相对其他产品来讲，在技术、生产条件、生产环境方面都有一些特定的要求。尤其是生产化工类产品需要的原料、辅料，以及排放问题、环境保护问题等比较复杂。所以到目前为止，除了日用化工类产品有小规模生产外，没有发现其他产品的规模生产。实际非洲不少地方各类化工原料都很丰富，如作为无机化工原料的“三酸”、“两碱”、食用盐等，作为现代化工原料的石油、煤炭、天然气等都有丰富的资源。就是老百姓生活必需的化工产品也急需进入工业化生产，提高产品的质量、档次，替代进口。可以说，投资于化工行业前景无限。

(1)日用化工及其他。

在非洲投资类似香皂、肥皂、洗涤用品等日用化工项目，产品拥有广泛的市场。非洲现有日用化工的中高端产品，几乎全部由欧洲进口，价格不菲，主要是面向中产阶级以上的富人、外国人消费市场；低端产品有非洲当地人采用手工小作坊生产，价格比较便宜，主要面向普通老百姓市场，其空间市场很大。投资于中档日用化工产品项目，以面向富人和中产阶级及普通居民中有一定收入者，应该会有很好的经济效益。日用化工的另一大类产品是日常生活用塑料制品，如各种家用塑料桶、盆、碗及塑料袋、编织袋、包装袋、塑料家具等，投资额不需要很大，具有广阔的市场前景。

(2)农用化工。

化肥、农药、农用塑料是农用化工几大类主要产品，目前非洲几乎空白。其中化肥、农用塑料的生产原料都和石油化工有关，近年，石油化工在非洲的部分产油国已经开始发展，但也可以从世界市场进口原料生产(中国改革开放之前，包括改革开放的前十多年，大部分化工原料都是从发达国家进口的，直到20世纪90年代末，这种局面才得以改观)。从非洲目前农用化工产品市场的发育程度来讲，在部分经济发展较好的国家、部分农业基础较好的地区已经成熟。如尼日利亚、肯尼亚、坦桑尼亚、赞比亚、莫桑比克、津巴布韦、科特迪瓦、加纳等国。他们急需通过使用化肥、农用塑料、农药改变农业现状，提高农产品的产量、质量，解决本国居民的粮食问题和农村的发展问题。中小型资本额适合投资于小型复合型化肥厂，通过从国外进口化肥，然后根据当地土壤情况，复合新的化肥品种后出售，有几百万美元的投资即可以组织生产。如果从事普通化肥生产则需要较大的投资，对市场需要做深入的调研。

(3)石油化工、煤化工。

这是黑非洲包括尼日利亚、加蓬等产油国在内的许多国家的空白行业，也是他们梦寐以求发展的行业。石油、天然气的生产国家越来越多，在非洲国家投资石油化工已经具备条件，但投资额太大，一些国家政局的长期稳定性难以保证，这大概也是西方跨国公司一直却步不前的重要原因。但利益总是和风险成比例的，高风险往往存在高利润，这是需要投资者慎重考虑的问题。如果在非洲投资煤化工，目前还是一个冷门。由于多种原因，非洲国家的煤炭资源还没有得到有效的开发利用，也就是说，要在非洲搞煤化工还得从煤炭的开采做起。这可能正是机遇所在，可以把煤炭资源的开采与煤化工项目统筹考虑，可能会为自己争取到更优惠的长期发展条件。从非洲国家的历史上看，有部分国家的政局是长期稳定的，整体投资环境比较好，可以经过认真考察后再做决定。

（4）基础化工。

在非洲投资"三酸"、"两碱"、盐等基础化工，目前正是时机。发达国家早已把此类产品作为高污染、高耗能产业转移到了亚洲等发展中国家。东亚、东南亚国家，包括中国等国，随着经济的发展、环境治理成本的提高，也已经到了向外转移的时机。非洲地域广阔，原料丰富，有的国家为促进经济的发展，对环保的要求还不是很高。尤其在靠近撒哈拉沙漠边沿的地方，同时也是基础化工原料资源比较丰富的地方，地广人稀，经济、社会发展缓慢，往往对项目标准要求不高，应该是投资此类项目比较合适的地方。

## 七、运输业

### 1. 物流运输

由于非洲大部分国家的经济发展水平较低，基础设施较差，搞物流项目一般又是跨区域、跨国经营项目，与国内和其他地区相比，相对运营成本较高，管理难度较大。但是，又因非洲自身经济的落后性，对有关设施、设备要求水平不高，同类项目的相对投资小于国内，而经济效益却比国内高。

目前在非洲基本具备做物流项目条件的地区，一个是东非围绕维多利亚湖的5国，即正在建设中的东非经济共同体，是非洲经济最有活力的地区之一。其中坦桑尼亚、乌干达、肯尼亚3国是共同体的核心成员，从20世纪90年代以来，经济一直保持稳定增长速度。包括北非、南非部分国家在内的东南非共同市场建设，近年也已提上议程。这一地区，现在的大型机械设备主要是由南非的商人通过运输公司经德班港运来的。在东非几乎没有像样的运输公司、物流公司。一些当地个人成立的小型清关公司、运输公司，设备破旧不堪，管理水平低下，信誉度很差，根本不能满足当地经济发展的需要。笔者熟悉一家在坦桑尼亚的中国公司，曾经委托当地一个清关公司帮助办理工程机械设备的清关。工地十万火急，而设备发出后4个月没有信息，经追查，设备到港已经两个多月，清关公司职员收到货运清单后放丢了。就是一些南非的公司，也存在设备陈旧、管理水平不高等问题，这是目前在东非从事建设、投资、贸易一个亟待解决的问题，如果在这些地方发展此类项目，则会很有前景。可以在东非经济共同体5国的基础上，向北辐射东非其他国家和北非的苏丹、埃及，向南辐射南非各国，向西还可以进入中非地区。当然，现在在东非做物流项目的条件还不太理想，表现在硬件设施上，陆路交通方面，部分地区公路路面状况不好；软环境上，国与国之间有的地方可能还不是很通畅。但从非洲现阶段发展水平的整体情况看，这一地区和南非应该是现阶段非洲做物流业务较好的地区。物流项目的海洋运输方面，在这一地区存在的另一个问题是港口吞吐能力和管理能力有限。近年达累斯萨拉姆港正在进行改造，条件近期有望得到改善。空中运输方面，坦桑尼亚、肯尼亚空港条件基本可用，这些国家国内还有许多小型机场和可供随时租用的小型民用飞机。笔者2003~2006年在坦桑尼亚、肯尼亚工作时，为节约时间，曾多次租用当地的小型飞机往返于各地。租飞机的费用不是很贵，一架可以乘坐8~10人的小型飞机往返400公里，需要2 000多美元。

另一个是南非经济共同体，以南非为中心的南非地区有比较好的经济和交通条件。南非本身就是地区的航运中心、海运中心、陆运中心，以南非为依托发展物流具有成熟的条件，可以一直辐射到东非和中非的部分国家。还有西非地区，虽然在陆地交通方面没有东非维多利亚湖周围和南部非洲经济共同体的现有条件，但改善区域交通条件已经被列入西非经济共同体发展计划，尤其是西非货币联盟近年行动在加快。同时，这些国家大部分是沿海国家，具有便利的海上交通和区域性空中交通运输条件。可以采用陆地、海上、空中相结合的三维经营办法解决交通问题。

**2. 客流运输**

非洲大部分地方现有的客流运输都非常落后，主要是一些个体和私人小公司在经营，运输车辆破旧不堪，许多已看不到车的原始面貌，无空调、无车窗玻璃，排气管冒黑烟，声音如同中国农村的手扶拖拉机。而且经常严重超载，一个

10座的旧面包车乘坐20多人很正常，1小时能跑20公里可能也就不错了。目前乘坐这类破车的人都是穷苦老百姓，当地有条件的都是自备车出行；没有自备车，但经济条件稍好一些的是租车出行，当地用来出租的车也没有很像样子的。笔者在2006年到中非一个国家的省会城市考察项目，因国内有急事需当天返回该国首都，第二天乘国际航班回国，但误了当日返回首都的航班，在当地租赁了一个车况最好的7座面包车。没想到路上爆了2次胎，4次因发动机温度太高不得不停下降温，400公里的路程用了11小时。到达目的地时，车上的人从头到脚灰尘足足有半厘米厚，大家都成了"白毛女"。客观地讲，这些地方还没有现代意义上的客流运输。实际上在一些国家的大中城市之间，交通条件较好的国与国之间，客流运输有较大的市场，潜在的市场需求很大。

**3. 其他运输**

在非洲投资其他类运输项目也有很好的市场。目前非洲的运输市场正在快速发展，尤其是在中心城市和矿区。许多在当地投资、做项目的外国公司很难找到合适的运输公司，把相关货物运输、土方运输项目分包出去。当地有一些小型的运输公司，虽然设备破旧，但业务供不应求，经济效益很好。据笔者了解，有一家在坦桑尼亚做工程项目的中国公司，在坦桑尼亚全国都没有找到做工程土方运输的公司，最后到乌干达才找到，可能在东非维多利亚湖周边国家也只有这么一家这样的公司。费用自然不低，但中国公司也很愿意，因为远远低于购买运输车辆的费用。

## 八、建筑业

建筑业是非洲相对比较成熟的一个行业。以前垄断非洲建筑市场的主要是欧洲国家的公司，进入21世纪以来，欧洲国家的公司已逐步退出非洲市场。目前活跃在非洲建筑市场的主要是中国公司，还有少量的印度、南非公司及其他国家的公司。大部分国家当地人开办的公司规模都很小，管理水平、技术水平比较低，也缺乏经济实力和管理能力，很难单独承接工程，一般都是分包外国公司的部分土建工程。他们都很难与中国公司竞争。

小型建筑企业进入非洲市场比较便利的途径，是与目前正在非洲进行建设的中国大公司合作，自己从国内组织一支小型的、精干的施工队伍，分包它们在非洲的部分工程项目。经过若干个项目的历练，取得一定经验后，逐步扩大业务，直到自己积累一定的资质和资本，可以在当地工程市场单独投标、单独承揽工程。如果经营管理得当，小额资本投资建筑业应是实现资本快速积累、事业快速成长的有效途径之一。但是，在国外做建筑项目要解决两个问题，一是人才问题。必须培养具有独立涉外能力的人才，既要有一定的外语水平，又要能够熟悉业务、熟悉国际建筑市场规则，能够单独与业主、咨询公司打交道的人才。二是信誉问题。非洲经济虽然落后，但是对企业的信誉非常看重。一个公司过去的业绩就是这个公司的资质，积累信誉即积累资质，积累自己成长的资本。国际建筑市场非常忌讳“打一枪，换一个地方”的游击战术。只有具备良好信誉的公司才能在非洲市场成长为大公司，才有可能有源源不断的项目。

大中型建筑企业可以直接进入非洲市场，但一般要求具有在非洲从事项目建设的经验。中国公司过去进入非洲主要是先从承包中国对非洲援外项目开始，也有不少是通过与在非洲有建设经验的公司合作进入非洲建筑市场。近年，非洲的大型建筑项目越来越多，投资额高达几亿、几十亿美元，甚至上百亿美元的项目比比皆是。如从公路、铁路、桥梁、港口、机场到大型水电站、核电站，矿山开采、建设项目，大型运输管道、石油、天然气项目，城市改造项目等。承接大型建设项目有很好的经济效益，甚至比投资于其他行业有更好的回报，并且周期短、见效快。

非洲建设项目，一般来讲，承包商对项目的前期投资大约是项目总投资的1/3，主要是用来购买工程机械、交通运输设备，以及营地建设、人员动员等费用。有的项目前期费用可能需要不了这么多，有的项目可能还要多一些。一般来讲，道路交通项目前期投资较大，工业、民用建筑项目前期投资要小，市政项目前期投资居中。还有许多特殊行业有自己特殊的情况，如电力项目、石油天然气项目等。在非洲还没有形成类似发达国家或中国目前的建筑机械、运输设备和建筑材料销售、租赁市场，生产需要的各种物资都需要建筑商自己在中国或者世界市场购买并运输到建设工地。正常情况下，在工程项目合同签订之后，项目业主一般给建筑商项目合同价的15%作为前期动员费用。有的国家或有的业主可能会给的多一些，这一般在发标的标书内和签订的合同中都已经有明确规定。项目开工以后，业主基本是按合同规定，每月根据工程进度拨付工程款，正常情况下建筑商不需要再垫付资金。

非洲国家建设项目市场通行的管理规范是国际FDC条款，从项目前期准备、进场、预付款拨付到项目竣工验收、维修期管理，均使用国际通行管理办法。工程设计、施工标准一般是采用法国、英国标准，也有用美国标准的，这主要由项目设计单位决定。近年，随着中国公司大批进入非洲市场，中国政府对非洲的援助、贷款项目增多，由中国设计单位设计的项目也在大量增加，中国标准正在非洲悄然兴起。非洲国家的工程项目，只要是政府项目，不论大小，必须经过严格的招标程序。国际金融组织的贷款、援助款，联合国及其他国际组织的援款、赠款项目一般均向世界公开招标，任何一个国家符合招标条件的公司（标书对参加投标单位都会有一定的资格要求）都可以投标。对于过去在国际上没有经营业绩，经济实力达不到标书要求的公司，可以采取和符合条件的公司联合投标，建立单独注册的项目联合体，借用他们的品牌等方法来解决投标资格问题。但也有一些由某个国家单独给予的贷款、援款、赠款，在协议中明确项目必须由该国或某范围内的国家的公司设施，招标只能在这些国家的公司内进行（如中国为了推动中国公司走向国际市场，对非洲国家的援助或优惠贷款项目均有此类要求）。如果想实施这类项目，就只能和这些国家的公司合作。

中国政府对非洲的援款、优惠贷款项目的建设，目前是采用在中国国内招标，在国外实施的方式。要求参加投标的企业要具有国内相应的资质和业绩，并对不同资质的企业参加投标的项目设立了等级、类别、规模标准。具体操作过程由商务部组织实施。

由于非洲各个区域基本建设都严重滞后，市政建设、道路交通都是世界上最落后的地区，也是制约经济社会发展的主要瓶颈因素。近年国际社会、当地政府都把改善非洲国家的市政、交通状况作为改变当地经济社会落后状态的首选手段。从几大区域建筑市场看，都在如火如荼地快速发展，如东非的坦桑尼亚、肯尼亚、乌干达、埃塞俄比亚等国，本身具有一定的经济基础，也是争得国际支持、援助最多的国家。犹如中国的20世纪80年代中后期，从道路、桥梁、市政建设到供水、排水、电网、电站、输电线路等项目，从城市到乡村，从一国到邻国，都在建设中。西非的尼日利亚、科特迪瓦、加纳、塞内加尔等国，中非的喀麦隆、加蓬、刚果等国建筑市场都非常红火。

南非地区的建筑市场，与其他地区有所不同。南非是黑非洲建筑业比较发达的国家，在南非，甚至非洲其他地方经常都能看到南非建筑公司在活动。有不少欧洲公司或个人和南非当地企业合作、合资开办的建筑公司，也有南非人自己开办的公司。笔者所知，在东非、中非、南非许多国家的建设项目的招投标中，和中国公司竞争的外国公司中，经常有南非的公司（但他们很少有胜出的机会）。南非本身的建筑市场，其国家一直采取保护政策，中国公司很难进入。近年，南非地区大部分国家经济都在快速发展，每年有大量的资金投入到地面交通等基础设施建设中来，有大批的工程项目需要建设。据笔者了解，南非地区建筑市场还是有较大发展空间的，而且大部分国家的运作比较规范，只要管理到位，项目还是有可观的效益的。但各国的差异也比较大，莱索托、斯威士兰、毛里求斯等小国的市场很狭小，安哥拉、莫桑比克、津巴布韦、赞比亚等国市场有较大的发展潜力。

### 九、房地产业

房地产项目是非洲大部分国家都看好的项目。非洲几乎所有国家居民的住房条件都很差，即使是一些富人，虽然大部分都有自己修建的别墅，但设计水平、施工水平、装修水平也都不高。可能花了不少的钱，甚至从国外进口了一些高档装饰材料，可以说，许多钱是浪费掉了。宾馆、商场、医院、影剧院、体育馆、学校、写字楼等公共设施建设刚刚开始。不少当地政府自己的办公条件也十分简陋，破旧不堪，狭隘窄小，需要改造、重建。商业区狭小、拥挤不堪，亟待改造。据笔者所知，在各国国家的中心城市，房地产市场都很火爆，供不应求。如尼日利亚的拉各斯、塞内加尔的达喀尔高档别墅每平方米售价达到2 000 ~3 000美元。但许多国家都存在当地人没有从事房地产开发的能力，外国房地产商又很少进入的情况。

近年随着经济的发展，改善居住条件成为当地居民的强烈要求，自然也是当地政府普遍关心、支持的项目。非洲民用住宅市场，目前面向的消费群体主要是中产阶级、商人、政府官员。一般来讲主要集中在首都和港口、商业性城市，而且基本都是在原居民区外的新开发区域，类似于中国的城市改造在非洲很少具备条件（富人区不需要改造，穷人区没办法改造，一是高度密集，二是他们付不起买房的基本费用。市中心的商业区房产都是私人所有，店铺也是高度密集，改造难度较大）。居民住宅开发，由于非洲居民习惯根据收入水平分区居住，房地产也要求根据不同阶层的需求连片区域开发。有时有部分国家的政府为了笼络民心、争取某一个阶层的政治支持，有一些由国家出资，或者类似于中国的“安居工程”，由政府在土地使用、税收方面给予政策，由开发商承包建设的居民区。如2006年，加蓬共和国为了表示对教育的重视，国家曾提出改善全国教师居住条件的“教师住房工程”，仅面向首都教师的一期工程就是3 000套小别墅。条件是政府无偿提供土地，政府财政担保，教师首付25%，其余部分采用分期付款、10年付清的方式。

非洲房地产与国内相比有几个不同特点：其一，当地的居民喜欢独家单院，不喜欢类似于我国多层、高层的居民楼。客观上，当地有足够的土地供应，而当地的电力供应严重不足，自来水供应也有较大问题，多层、高层住宅都会面临类似问题。实际上平房建设成本是最低的，在土地成本较低时，房地产商最有利可图。在20世纪90年代末，在莫桑比克的首都马普托，笔者曾见到中国安徽省一家公司在当地开发的房地产项目，基本是按中国20世纪80年代甚至是70年代的款式设计的多层住宅楼。至笔者到现场考察时，已经闲置了六七年，无人问津，现在只能出租给一些去当地经商的中国人居住或做仓库。这是早期中国公司走出去“食古不化”交的学费。实际上，当地住房奇缺，房价很高，房地产市场很大。笔者曾和一个在当地做投资咨询的英国籍印度后裔聊过多次，他讲，他本人就非常需要买房子，当地根本无房可买（当然，当地居民需求的不是我国安徽公司开发的那类房子）。其二，除了沙子、石子、木材在当地采购或生产成本较低外，其他的建筑材料可能都是进口的。尤其是装饰材料基本全部需要从国外进口。其三，在住房的销售市场方面，当地很少有销售中介公司，主要靠自己销售。而且一般都是现房、现款交易。按揭是一个风险很大的方式，在目前非洲的许多地方条件还不成熟。其四，与住宅配套的设施投资要比国内多。水、电、路一切与建筑有关的基础设施建设都需要开发商自己考虑，不能要求当地政府给予提供。其五，高档次的别墅，要求占地面积很大，要有花园、健身场所、游泳池等，类似于欧美国家的别墅。在20世纪90年代末，有一四川省的开发商到非洲房地产市场考察后，感到有利可图，就投资在西非几内亚开发了一个小区。但因没有做深入的市场调查，简单地比照中国国内的情况，建了一栋一栋户户连体的成排平房，富人看不上，穷人买不起，最后，一栋也没有卖出去，血本无归。其六，利润可操作空间大。在国内一般建筑的成本大体是相同的，而在非洲，差别很大。主要是原材料的来源地、施工人员的技术水平、项目的管理水平等都有很大的弹性。

非洲居民住房建筑标准相对较低，一般设计标准要求不高；一、二层别墅式建筑，不需要地基；对建筑、装饰材料也没有统一标准，建筑商灵活性很大。甚至一些现代的简易活动式板房在当地就是比较好的房子。笔者曾考察过加蓬首都利伯维尔的房地产市场，当时（2007年）当地只有一家从中国上海去的公司在搞房地产，在城市近郊用很廉价的方式得到大面积的土地，除了就地取材的木材、沙子、石子等东西外，其他所有建筑、装饰材料都是从国内进口的。房屋使用最多的材料是木材（当地海滩上有成堆成堆的从海上漂来的无主的东西，即使购买也十分便宜），墙壁使用水泥空心砖砌成，屋面瓦是从国内运来的马口铁折成的（一块1平方米多一点）。5～6个建筑工人，2个星期可以造一栋平房式小别墅，面积150～200平方米不等。1平方米售价在700～1 000美元。按当地建筑成本核算，1平方米在400美元左右。非洲房价总体上较高，即使非常普通的民用住宅，每平方米的售价也在500美元以上，条件稍好一些的每平方米房价都在上千美元。但是房地产开发成本差距很大。如果所有的建筑、装饰材料都在本地购买，正常情况下，成本可能要占到房价的60%～70%；如果除了本地产出的原材料，其他所有建筑、装饰材料均从中国购买，成本会成倍降低。

在非洲国家投资大型房地产项目，需要对市场做认真调查。一般国家的市场消费水平有限，适合中型房地产项目。部分国家的首都，如内罗毕、达累斯萨拉姆、喀土穆、达喀尔、金沙萨、罗安达、阿比让、阿克拉、亚的斯亚贝巴等都是一国富人、达官贵人聚集的地方，城市人口高度密集，消费能力很强，类似于尼日利亚拉各斯的消费水平，甚至不亚于我国的大城市，具有开发大型房地产项目的条件。

## 十、矿产资源开发

非洲大部分地区的矿产资源开发还处于起步阶段，一些国家甚至还没有完整系统的国家矿产资源调查资料，能提供的资料还是殖民地时期的东西。对国家进行详细资源情况的普查，既没有技术条件，也没有资金条件。但大部分国家矿产资源开发的大门都是敞开的，它们急需通过矿产资源的开发带动国家摆脱贫困，增加国民收入，改善民生。虽然有部分国家的部分矿产资源正在开发，甚至从殖民地时期就已经开始了，但相对于非洲丰富的资源来讲，只不过是九牛一毛。应该说，现在投资于非洲的矿产资源开发正是黄金时期。从现有的资料看，除石油、天然气外的其他矿产资源，最有开采价值的有黄金、宝石、钻石、铜、铝、铁、铀、磷酸盐、盐、煤炭等。黄金、宝石在非洲有非常广泛的分布，从南非到北非，从东非到西非约 3 000 多万平方公里的土地上，星罗棋布。已探明有较丰富黄金储藏的国家有 30 多个，但从品位、储藏量等经济指标看，以南非、科特迪瓦、刚果（金）、加纳、坦桑尼亚、中非、马里等国为好。有宝石储藏的国家也有 20 多个，以南非、坦桑尼亚、刚果（金）、加纳、纳米比亚、博茨瓦纳、斯威士兰、利比里亚等国为好。铜矿主要储藏在中非和东南非，以赞比亚、刚果（金）、南非储藏量最大，也最有开采价值。铝土矿主要分布在西非的几内亚及周边的利比里亚、塞内加尔、马里等国家。铁矿主要分布在利比里亚、毛里塔尼亚、几内亚、塞拉利昂等国。高品位的铀矿主要分布在乍得、尼日尔、中非等国。煤炭主要分布在莫桑比克、坦桑尼亚、马拉维、尼日利亚等国。磷酸盐、钾盐等资源主要分布在塞内加尔、尼日尔、马里等撒哈拉沙漠边沿地区。

在非洲大规模地进行矿产开发，要考虑的主要问题是能源、交通及水资源的供应。目前一些国家正在对基本建设进行大规模投资，以期通过改善交通、能源条件吸引外来投资，促进经济发展。也有的地方跨国公司为了加快对已拿到手的矿产资源的开发，联合对基础设施投资。这些都是可以利用的条件，如果能够尽早参与进去，争取主动，就可以实现利益共享。也可以于所在国家对矿藏资源的普查、勘探开始介入，花一部分前期费用，为以后的资源开发争取优惠的政策。

到非洲投资矿产资源的开采，可选的项目很多。但非洲基础设施差，矿产资源大部分又在偏远地方或者山区，而解决基础设施需要大量投资。有些地方基础设施需要的投资甚至超过矿山投资，不是一般投资者可以承受的。对于资本额较小的投资者，一般应以选择投资少、见效快，便于运输、便于把握的项目为主。如金矿等贵金属矿和宝石矿等，这些矿藏开采规模和投资规模均可大可小，对电力及其他设施要求不高，自己解决不存在太多困难，开采条件方面受外界条件制约较少，且产品价值额大、体积小，不受交通运输条件限制，可以通过多种途径运输，甚至随身携带，通过空中交通就可以解决。当然，也有部分地区基础设施较好，投资大型矿山资源开采项目具备条件，可以进行大规模投资。

## 十一、交通

在非洲有选择地投资于公路、铁路、机场、港口码头、远洋运输等交通项目，前景看好。非洲人近年从中国及其他发展较快国家的发展中学到了一条基本的经验，就是“要想富，先修路”，意识到交通是制约经济社会发展、制约外商投资的瓶颈问题之一。各个国家纷纷采用各种方式加快基础设施的建设，各类交通项目都在如火如荼地开展。但由于资金条件的限制，几乎所有国家都在对外融资。有不少国家采取类似于中国20世纪80～90年代的做法（一些国家本身就是直接从中国学习的），千方百计吸引外商投资于道路、桥梁、港口、机场等基本建设项目，在建设方式上也比较灵活，有BT、BOT、BOO等各种形式。其中有部分项目远景效益很好。如不少国家沿海的主要港口，是整个国家所有货物进出口的大门，其战略位置和经济位置的重要性不言而喻。还有的港口主要是用来服务于矿产品的进出口，为在该国开发矿藏的跨国公司服务，其投资回收应该有充分的保障。还有重要城市之间的道路，矿山到港口之间、国家之间的交通运输要道、桥梁等项目的投资都会有很好的回报。例如塞内加尔首都达喀尔（在一个狭窄的半岛上）到卢菲斯科市20多公里的道路，是该市唯一的出城要道，每天通车在100万辆以上，计划修一条高速公路，曾在2007年以BOT形式向世界招商，应该说这是一个很好的项目。再如坦桑尼亚首都达累斯萨拉姆计划在老城和准备开发的新区之间的河道上建设大桥，招商的形式采取国家财政担保的BT或BOT，这类项目应该说没有什么风险。还有机场建设，不少国家只有首都一个机场，当然唯一的也不一定盈利，可以采取其他的补偿方式，或者以有固定收入来源的项目做担保。实际还有更好的思路，就是采用以资源换项目的方式，通过项目投资，让该国用好的矿产资源作为补偿，可能比直接投资于矿产资源项目更受欢迎。

## 十二、农业

非洲各国政府对发展农业都十分重视，不少国家把发展农业作为利用外资的首选项目，对投资于农业项目都制定有优惠政策。笔者曾多次接触非洲国家的领导人，他们向笔者表达的一个共同关心的问题，就是如何发展农业问题。可以说，农业项目是非洲多数国家最为迫切的发展项目。有一个国家的总理曾用了一个晚上时间和笔者促膝长谈，探讨该国的农业发展问题，他们愿意用全方位开放的办法引进农业投资者，包括设置由外国人自己建设和管理的农业特区，让外国人成批移民，举家迁徙定居，给予各方面优惠政策等。在非洲投资农业项目大有可为。

### 1.适合非洲的农业类型

（1）种植业。

可以利用非洲丰富的土地资源、良好的气候条件、廉价的农业劳动力，进行大规模的农业开发，建立农场、种植园。也可以采用连片开发，分别经营，合同种植、合同收购，农业贸易一体化、农工贸一体化、公司加农户式的经营模式。靠近北部撒哈拉沙漠的边沿地区，既可以发展旱地植物，也可以利用尼罗河、塞内加尔河、尼日尔河、乍得湖等水力资源和一些地区丰富的地下水，种植适宜日照时间长、耐干旱、昼夜温差大的农作物。如芝麻、棉花、花生及阿拉伯树胶、没药、椰枣、葡萄等。东非、西非、中非，靠近赤道地区终年气候炎热、雨量充沛，适宜大面积种植橡胶、咖啡、可可、腰果、剑麻等经济作物。东南非地区的高原地带，全年气候温凉，适宜大面积种植烟叶、茶叶等经济作物。还有香蕉、木瓜、芒果、榴莲、柑橘等热带、亚热带、高原水果，玉米、小麦、水稻、大豆、木薯等粮食作物都比较适合规模种植、规模经营。

如果自己资金额不够大，可以从投资中小型农场做起。利用非洲廉价的土地资源，租用或购买若干公顷土地，从事蔬菜、花卉种植，有 10 万、8 万美元即可以开张。如果能采用几人合伙、合作的方式，就可以把项目做得更大一些。还可以直接投资于经济作物、粮食作物的种植。如果是种植蔬菜、花卉，项目最好是选在大城市的郊区、矿区，面向城市、矿区或者国外市场。如果是选择经济作物、粮食作物的种植，可以考虑选择距离城市远一些的地区，土地成本会更低，甚至不需要花费多少钱。农田基础设施及交通、电力供应是在非洲投资农业项目首先要考虑的问题。一般来讲，小型农业项目，只要能够购买一组小型发电机、一台柴油机，再加一些农机具就够用了。如果有足够的资金，可以直接投资于现代化的大农场、大种植园，搞区域性统筹规划，连片开发。

对农场的投资主要是农田基础设施和农业机械。如果选择江河湖泊可以灌溉的地方、地下水资源丰富的地方，进行种植项目开发，投资将会减少。此外，如果能利用殖民地时期废弃的农场、种植园，甚至 20 世纪 80～90 年代中国及其他国家援建的农场，则会大大节约投资。投资农场要考虑的因素，一是交通、电力、水利，包括生活设施等有关基础设施均需要自己解决。二是管理人员和农业劳动力。当地居民只能做一些简单的体力劳动，管理人员、技术人员需要从国内聘请。三是农业生产资料几乎全部需要进口。四是市场。如果是粮食作物，在当地供不应求，但可能也有价格问题。不少非洲国家为了维护社会的稳定，对主要食品如大米、面粉实行保护价，在前期考察时就要和当地政府把有关问题谈清楚并且写进合同。

（2）养殖业。

大部分非洲人对肉类有特别的嗜好，有一定消费能力的城市肉类产品市场有巨大的发展潜力。在非洲开办养殖场不需要太多投资。如小型养鸡场、养鸭场、养猪场、养牛场等，有几十万美元即可解决问题。如果发展大型养殖场可能需要上千万美元。如果在非洲发展水上养殖业也具备条件，许多地方有丰富的水力资源可以利用。无论是海水养殖还是淡水养殖，大部分国家都有丰富的水利资源。从市场情况来看，即使是沿海的国家，水产品的供应也存在很大的缺陷。外国的渔业公司捕捞的产品不供应当地市场，而是都直接出口到了国际市场。当地人的渔业捕捞基本都是个人小舢板式作业，产量很低，只是早饭时在海边有一个早市，一个多小时之后就关市了，当地很难吃到鲜活的水产品，同时，价格也并不便宜。在当地搞水上养殖要解决的问题是防止海鸟的侵害，据说非洲的海鸟比较凶恶。据笔者所知，20 世纪 90 年代末，法国人出资 1 000 万美元在距离西非的几内亚首都科达克里 70 公里左右一个叫科巴的地方的海边，建了一个具有现代化水平的水产品养殖场，建成后交给当地人运营了两年即荒废了。据说主要原因是因为海鸟侵袭，养的鱼虾还没有长大，就让海鸟吃完了。这样的结果可能有一些夸张，实际问题还是当地人不具备对水产养殖的管理能力。但也从侧面说明非洲海鸟对水产品养殖危害的严重性，在开始生产之前就要采取措施防范，未雨绸缪。

非洲除了沿海或有丰富水域的地区的鱼类外，其他的肉类价格都很贵。如 1 斤猪肉可以卖到 20 多美元，1 斤牛肉、羊肉也卖到十几美元。投资养殖业，如果善于经营管理，应该会有好的效益。养殖产品的消费市场主要是城市居民，厂址选择以在大城市郊区为宜。在当地做养殖项目面临的主要问题是饲料来源问题。当地没有成规模的饲料厂，可能需要自己投资办饲料厂。做饲料的部分原料当地还是能够大量提供的，如玉米的秸秆（当地人都在收获后放火烧掉）、香蕉的叶茎、木薯的根茎等，包括木薯、香蕉都是很廉价的饲料。

（3）渔业。

可以利用非洲广阔的海岸线、丰富的渔业资源投资渔业，尤其是大西洋沿岸渔业资源特别丰富。在大西洋沿岸的部分国家已经有部分外国的渔业捕捞公司注册，从事渔业活动，据说效益都不错。据笔者所知，在1996~2006年，由于国家关系的改变，中国企业没有从塞内加尔撤离的公司只有两家，其中一家就是大连国际公司的塞内加尔渔业捕捞公司，从一个侧面说明了非洲国家渔业捕捞的良好经济效益。

(4)畜牧业。

在非洲大面积的热带草原气候地区和靠南部的亚热带地区，都适宜发展畜牧业。可以利用现有一家一户的自然牧业，经过改造提升，纳入标准化、规模化经营范围。也可以直接选择合适的地方建立现代牧场，进行规模化经营。

**2. 非洲农业不同区域的分析**

(1)东非。

东非光照条件充足，大部分地区雨水充沛、有较好的地上地下水资源，种植业具有得天独厚的条件，农产品一年可以有两熟或三熟，几乎世界各类农产品在东非都可以找到适宜生长的地方。还有大量在世界上享有商誉具有非洲特色的农产品，如剑麻、可可、咖啡、烟叶等，都是具有较高经济价值的农产品。但当地农民种植规模很小，存在着品种老化、产量低、加工粗糙、“牛肉卖不了豆腐价”的诸多问题。如世界咖啡的原产地埃塞俄比亚(据说，是欧洲人进入埃塞俄比亚后发现这个地方的土人把一种植物果实捣碎冲水喝，能提神，就把这种植物引到南美洲的种植园种植，这就是咖啡的起源)，对咖啡加工十分粗糙，包装更原始，几乎不可能进入国际市场。另外这些地方还有丰富高产的热带水果和其他农产品，如芒果、香蕉、木瓜、木薯、香芋等。埃塞俄比亚高原还生长有一种只有当地才有的农产品——苔芙。这些国家如果能够引进现代农业技术，改良品种，实现规模种植、规模经营，同时在当地适当进行加工，除了当地消费外，出口到世界市场，其前景是相当可观的。还有蔬菜，当地市场品种很少，一年四季主要是西红柿、土豆、洋白菜几个品种，其他蔬菜当地人几乎不种植。近些年，外国人越来越多，东非的每个大城市的华人少说也在万人以上，对蔬菜需求量也越来越大。据笔者前些年在东非许多国家实地考察，在市场上，1美元只能买到几根小葱、几根韭菜。现在有条件的中国人几乎都是自己种菜解决需求。也有不少中国人把在当地种菜作为资本原始积累的方式之一。

水果、蔬菜等农产品，除了东非当地市场外，还有很好的国际市场。和东非隔红海相望的阿拉伯半岛的海湾国家都是位于沙漠之中的不毛之地，而且大部分国家又都是“富得流油”的石油输出国。在当地农产品种植成本很高，据笔者在当地市场考察，西红柿 1 斤要卖 2 美元。在阿联酋的大城市迪拜，市政部门在马路两边养的树，1 棵一年需要 1 000 多美元的浇灌成本。当地淡水严重不足，主要靠淡化海水提取淡水，用来种粮、种菜都很不合算，需要大量进口农产品。红海最窄处的曼德海峡不到 50 公里，最宽处也不过几百公里，运输成本不会太高。就是坦桑尼亚、肯尼亚等国，通过印度洋、波斯湾进入海湾国家运输距离也不是太远。东非国家中离阿拉伯半岛最近的是厄立特里亚、吉布提、埃塞俄比亚、索马里等国。

在东非发展畜牧业、养殖业也有非常优越的条件。东非大部分地方是热带草原气候，尤其在东非大裂谷内，水源丰富，常年百草丰茂，羊肥牛壮，有很好的天然牧场。其他地方有广阔的荒芜土地，只要适当开垦，就是很好的牧场。

(2)西非。

靠几内亚湾、大西洋的国家，发展农业的条件更为优越。不仅光照条件充足，而且雨水充沛、土质肥沃，适宜各种热带、亚热带农作物生长。西非农产品的国际市场主要是西欧，西非沿海国家到欧洲的航程都不是太远。欧洲对农产品的消费量巨大，尤其是在非洲从事劳动密集型的农产品生产，对欧洲市场有巨大优势，如蔬菜、花卉等。据笔者了解，有一个台湾人 20 世纪 90 年代在冈比亚投资上百万美元建了一个生产各类新鲜蔬菜的农场，生产的所有蔬菜都出口到欧洲市场，据在当地的一些华人估计，目前这个台湾人已是亿万富翁。

在西非投资从事经济作物生产前景同样看好，有许多发达国家的公司在利比里亚投资橡胶园。笔者曾因工作关系顺便考察了美国一家公司在利比里亚的橡胶园，方圆有 50 公里左右，现在已是郁郁葱葱，成为非洲最大的天然橡胶园之一。即使在利比里亚内战期间，也俨然是国中之国，交战双方没有人敢到橡胶园捣乱，橡胶园仍然正常生产。目前在西非的一些国家，还有不少原殖民时代抛弃的种植园。看到这些因当地人不懂经营、不懂管理而任其荒芜的香蕉园、腰果园、芒果园，深深为之惋惜。现在有少数当地对种植业感兴趣的富人，开始办农场，笔者看到他们主要是种植水稻。但遗憾的是，他们的农场办得都不理想。

（3）中非。

除乍得外，各国都有丰富的热带植物资源，许多农产品可以一年三熟，种植业具有得天独厚的条件。沿赤道两侧是世界上少有的咖啡、可可、橡胶等热带经济作物的高产地区。芒果、香蕉、木瓜、木薯等俯拾皆是，有取之不完、用之不竭的天然资源。那里整年炎热，只要一件可以遮羞的东西就可以度日，当地居民可以不耕而食，不织而衣，某种意义上，又使当地居民没有发展农业的迫切性、积极性，就是到了现代，对于广大农村的普通老百姓而言仍是如此。加之，与东非、西非相比，中非又远离欧洲、亚洲等农产品的国际市场，使得现代农业的发展缺乏原动力，致使丰富而宝贵的土地资源荒芜浪费了。如果利用当地的条件，进行农产品种植、农业开发、农产品加工，前景非常广阔。现在，当地政府也在鼓励外来投资者在当地从事农业种植、林果业加工，但效果并不明显。此外，在中非地区发展渔业、畜牧业、养殖业均有很好的条件，沿海地区有丰富的渔业资源，内地有天然的牧场和丰富的河网。

（4）南非。

从南到北跨多个气候带，除卡拉哈迪沙漠及周边地区外，大部分地方土地肥沃、雨量充沛、光照充足，热带、亚热带植物资源丰富，是种植、养殖、畜牧的理想地方。津巴布韦、赞比亚、莫桑比克在欧洲殖民时代就是非洲知名的粮仓，白人殖民者在当地建了大量的农场、种植园。安哥拉是非洲殖民时代重要的橡胶园。部分国家的农业在非洲创造过辉煌的历史，对非洲的农产品供应，甚至为宗主国的经济做出过重要贡献。在殖民时代结束之后，独立后的一些国家政权对原来的白人农场主采用了过激的手段，使大量白人经营者撤离了，而落于当地黑人之手的农场、种植园由于管理不善，不久即被搁荒。最为典型的是津巴布韦，殖民时期，曾是非洲的粮仓，每年大量出口粮食，国家把白人的农场没收分配给黑人经营后，现在每年还需要从世界市场大量进口粮食，粮食成为国家的沉重负担。笔者在津巴布韦、莫桑比克、赞比亚都看到了一望无际被抛荒的农田，十分可惜。现在包括南非自身在内，农业早已辉煌不再。同非洲其他地方一样，许多南非国家每年需要大批进口粮食。

赞比西河流域内的赞比亚、莫桑比克、津巴布韦，有非常丰富的水力资源，肥沃的土地，加之得天独厚的气候，非常适宜发展种植业。上述3国还是世界上与南美巴西、中国云南齐名的世界优质烟叶产地。据悉，北京有一家中国农垦公司花费了很少的资金，在赞比亚购买了1万多公顷的土地。笔者曾在2006年10月中非合作峰会上和该公司的一位领导聊过天，他们在非洲其他国家也购买有大面积的土地，想搞烟叶种植。但是，组织开发是一个很大的难题，中央级的国有企业，没人愿意吃那个苦去非洲搞开发。

## 十三、林业

非洲现有的森林资源主要集中在中非的刚果（金）、刚果（布）、加蓬、赤道几内亚、喀麦隆、中非，南非地区的安哥拉，东非的尼罗河上游、东非大裂谷等地方，尤其是刚果河流域有巨大的优质木材储藏。目前，非洲的森林资源主要是马来西亚人在开发。实际上，开采的成本很低，经济效益非常可观。我国每年从马来西亚商人手中进口大量的木材，其中相当一部分都直接来自非洲。而我国是木材资源严重短缺的国家，如果在非洲投资于森林资源的开发，应该是很好的项目。笔者有一个尼日利亚的朋友，他告诉笔者，他花费了很少的钱（可能有几十万美元）在刚果（金）购买了几百平方公里的原始森林，里面有许多珍贵的木材品种，够开采几十年，但一直没有找到合适的合作伙伴进行开发。

从长远看，在开发非洲现有森林资源的同时，还可以种植、培育新的森林资源。非洲有大面积荒芜的土地，有大量的初级农业劳动力，如果有一定量的投资再加以组织，完全可以有效地利用起来。围绕林业的发展，还可以发展一系列相关的项目和产业，会产生很好的经济效益。

## 十四、白手起家搞创业

对于手头没有现成的创业资金，想白手起家的创业者，非洲也是比较理想的地方。

**1. 有一定专业技术特长者**

可以采取为在非洲的单位、个人打工，或者与想到非洲发展，本身缺乏相关技术的单位、个人合作，用技术入股的办法进行合作，解决创业起步资金问题。非洲的经济、社会发展需要各种技术人才，目前在非洲发展的中国公司、其他国家的公司都很多，还有无数私人、个体创业者，包括近年非洲当地发展起来的公司他们都在向世界各地招聘人才。在非洲的中国公司、中国创业者一般都在国内招聘人才。人才需求比较大的行业有：

（1）建筑业。

建筑业目前是非洲发展最快的行业，从基础设施到工业、民用、市政都在快速发展，大量需要各类相关人才。从高端、中端的各类设计师、建筑师、工程师，到泥工、瓦工、电工、管工、钢筋工等各类技术工人及各类工程机械操作手都是热门。据本人所知，不少公司数千数百地在全国各地招聘技术、管理人员或技术工人。还有新加坡甚至日本、韩国的建筑公司，在非洲或其他地方的施工项目，也在中国招聘相关技术、管理人员或技术工人，而且往往很难足额招到能满足需要的技术人员。笔者2006年和2007年在尼日利亚考察时，和尼日利亚当地的设计、建筑、房地产单位都有接触，他们均向笔者提出希望从中国招聘部分技术、管理人员，因为当地市场相关人才严重缺乏。笔者所认识的尼日利亚拉各斯一家在当地有一定影响的设计公司，业务主要靠一个从美国留学回国的女职员，女职员怀孕后累得流产，精神失常，该公司老板曾亲自到中国的北京等地招聘相关人才。

（2）餐饮、客栈、商业、贸易、维修、美容、美发等服务业。

可能与建筑业相比，服务业门类繁多，行业分散，单个单位用人规模小，但需求广泛，行业庞大，是目前非洲发展很快，用人总量甚至多于建筑业的产业，如厨师、理发师、美容师、翻译、技师、业务推销员、管理人员等。如非洲的美容、美发行业在城市发展很快，高档美容、美发店相当火爆。笔者认识南非的一个台湾籍的老板，他的妹妹就是一个在约翰内斯堡开高档美容店的，年收入上百万美元。

（3）医疗卫生业。

非洲的医疗卫生事业刚进入发展的起步期，对相关人才的需求刚刚开始，只要在这方面有一技之长，都会有用武之地。笔者在2006年去中非考察项目的一个偶然的机会，经加蓬驻中国大使馆商务参赞介绍，和两个要到加蓬开诊所的医务人员同行。笔者询问了一下他们的情况，1名护士、1名医生，他们自己没有什么资本，通过亲戚朋友凑了几十万元，购买了部分常用药品和医疗器械，作为随身行李携带着就出发了。

（4）制造业、加工业。

这是一个门类广阔的行业，虽然部分行业目前在非洲还不是发展的热门行业，但也在快速发展中，对各类人才的需求与日俱增。如建材、食品、医药、塑料、日用化工、机械电子等生产、加工领域。与生产、组装、维护、修理相关的技术、管理人才，包括普通的技术工人、熟练工人需求量都很大。

（5）采掘业。

采掘业是目前非洲发展的热门行业，与地质勘探、各类矿业开发相关的技术、管理人才，矿山机械操作人员、坑道作业人员等，石油、天然气行业及与其相关联的勘探、开发、运输、加工人才等，需求量很大。

（6）交通运输业。

是目前非洲对相关技术人才、熟练工人需求量非常大的行业之一，尤其是各类大型运输机械、装载设备、起重设备的操作人员，包括组织管理人员、技术人员等。

（7）农业、林业、渔业、畜牧业，养殖业。

这属于非洲迫切需要发展的行业，对相关技术、管理人才，熟练工人等各方面人才都有十分广泛的需求。

（8）教育。

非洲从小学到各类技术学校、大中专院校师资力量都严重不足。

上述行业是目前非洲对人才需求量大或者需求比较迫切的行业，其他行业不再一一列举。

上面讲到的行业，对于有一定技术水平和管理能力的人才，既可以采用受聘打工的方式进行原始的资本积累，也可以采用用技术、管理、合作、入股的形式与人共同创业。如，自己是一个有相当水平的厨师，就可以与有意到非洲开办饭店的创业者洽谈以技术入股问题；自己是一个医生，就可以与有意向到非洲开办门诊部、医院的投资者洽谈以技术入股问题；自己具有做某类建筑项目经理的能力，就可以和有意聘用自己到非洲做建筑项目的老板洽谈以管理入股或要求相关待遇问题等。

**2. 无专业技术特长者**

如果没有专业特长，相对来讲，创业的机遇就要少一些，资本的前期积累就比较慢。在非洲能为一般体力劳动者提供的岗位主要有：渔工，有部分中国渔业公司、韩国渔业公司及其他国家渔业公司在非洲沿海国家从事渔业捕捞，只要身体健康即可；部分建设项目需要的力工、学徒工、工地看守、仓库保管人员等；部分种植业、养殖业、畜牧业项目的一线生产不需要技术含量的操作人员等。

对于还没有一定专业特长的人员，也可以采取先参加职业技术培训，待自己掌握了一定技能后再出国创业的方式，这将有利于自己的就业和缩短自己的资本积累过程。

# 第五章

# 立足长远谈“人和”——关注民生，关注社会

历史进入新的千年，企业的社会责任日益受到广泛关注。企业作为社会的经济细胞，成长、发展与社会息息相关。没有宽松和谐的社会环境，企业很难生存、发展；然而在现代社会，一个地区、一个国家没有企业的成长，没有企业作为经济、社会发展的支柱，一个地方、一个国家的经济、社会的发展也就成了无本之木、无源之水。现代企业与现代社会二者之间的关系是须臾不能分离的鱼水关系。

无论是企业或者个人到哪里投资发展，和所在地政府、社会、老百姓和谐相处、共生共长都十分重要。现在，中国企业和个人到非洲创业投资的宏观环境，即天时、地利已经具备，国家之间大的人文环境也已经具备，但具体到某一企业、某一个人具体的人文发展环境，还需要自己去精心打造。我们的祖先有一句名言：“水之积也不厚，则其负大舟也无力。”要建造高楼大厦必须首先打造坚实的地基。要想在一个地方把事业做强、做大，必须为自己创造良好的人文环境，把自己的事业深深地植根于当地的社会、植根于当地的民生之中。

这一章着重分析在非洲创业投资的人文环境。

## 一、中非传统友谊和传统互信是有利的宏观人文基础

中非政府间长期的良好合作关系和政治互信，是今天中国企业和个人走进非洲发展的坚强基石。中国和许多非洲国家是全天候朋友。从非洲国家 20 世纪 50 年代开始的国家独立、民族解放运动，到独立后的经济、社会建设，历经半个多世纪的雨雪风霜，无论国际风云如何变幻，中国都一如既往地给予了非洲国

家力所能及的最大支持。

和西方许多国家的做法截然不同的是中国政府一直言必信，行必果，高效务实。改革开放前，中国在自己十分困难的情况下，全国人民勒紧裤腰带节衣缩食，对非洲许多国家给予了无私援助，甚至停下我国自己准备建设的项目，而支援非洲国家的建设。例如坦赞铁路，据说当时就是用准备建设青藏铁路的物资而支援了非洲。坦赞铁路长 1 860 公里，中国有 5 万工程技术人员参加建设，有 64 人献出生命，至今作为中非友谊的标志铭刻在坦桑尼亚和赞比亚两国人民的心中。而中国青藏铁路的建设为此整整推后了 30 年。非洲国家最关心农业的发展、农业的技术进步，中国就派去大量的农业专家、农业技术人员建立示范农场，手把手教当地农民如何使用劳动工具、农业机械，如何播种、耕地、插秧、收获。从 20 世纪 60 年代到现在从未间断，中国派往非洲国家的农业专家及技术人员累计有上万人之多，至今许多中国农业专家、技术人员还工作在非洲国家的农场。非洲缺医少药，中国从 20 世纪 50 年代开始，一直未间断地向非洲几十个国家派遣医疗队，到 2008 年年底，共向 43 个国家派出医务人员 1.6 万多人次。非洲国家关心人民的穿衣问题，中国就在许多国家援建纺织厂，至今，非洲大部分国家正在运营的纺织厂都是中国援建的。中国还为许多非洲国家培养了大量的政治人才、管理人才、军事人才。50 多年来，中国向非洲国家支持了 900 个基础设施项目，其中投资 33 亿美元建设的 19 个水电站项目，可以为撒哈拉沙漠以南地区新增 6 000 兆瓦电力供应，使该地区电力供应提高 30%。中国正在为非洲改建铁路 1 350 公里，新建铁路 1 600 公里，使该地区铁路里程提高近 90%，运输能力将大大提高。

1963 年，在周恩来总理提出的《中国政府对外经济技术援助的八项原则》中规定：中国政府对外援助，严格尊重受援国主权，不附加任何条件，不要求任何特权；中国政府提供的无息、低息贷款经济援助，在需要延长还款期时，尽量减少受援国的负担；中国政府对外援助的目的，不是造成受援国对中国的依赖，而是帮助受援国走上自力更生、经济独立发展的道路；中国政府对外提供任何一种技术的时候，保证做到使受援国人员充分掌握这种技术；中国政府提供自己所能生产的、质量最好的产品；中国援助专家和受援国专家享受同样的物质待遇，不允许有任何特殊要求。这些都促使中国在非洲树立了良好的形象，得到非洲国家的信任。今天走进非洲，60 岁以上的老人还记忆犹新，提起毛泽东、周恩来无不伸大拇指，对中国怀有深深的感情和敬意。应该说，这是老一代国家领导人为我们在非洲留下的宝贵财富，是今天中非友好合作的基石，我们今天走进非洲的每一个中国人、中国企业都应该好好珍惜。

同时，当年非洲国家在自己力所能及的范围内，也给了中国相应的支持。当然，非洲国家能给中国的主要是政治和道义上的支持。在许多重大国际问题上，许多非洲国家都和中国保持了一致。如 1972 年，中国恢复在联合国的合法席位，用当时毛泽东、周恩来的话说，“是非洲和其他国家的穷朋友把中国抬进联合国去的”。此外，在冷战时代，西方国家在所有技术上对中国严密封锁，不少非洲国家及其他发展中国家一旦得到西方发达国家的有关技术，都千方百计无偿转让给中国。这份深情厚谊不是今天用什么商业价值能够衡量的。

## 二、改革开放以来中非政府、企业、民间合作关系得到快速发展

### 1. 政府间合作的发展

改革开放以来，为了适应新的国际形势和非洲经济、社会发展的需要，中国在对非洲国家的援助、合作方面，经过总结经验，在方式、方法上做了较大调整。从进出口贸易、基础设施建设、国计民生、管理能力、技术能力、社会发展等各个领域，政府、企业、民间全方位展开合作，重在提高非洲国家自身的造血功能和自我成长能力。以新的世纪为开端，自 2000 年中非合作论坛成立以来，中非合作关系每三年跨上一个新台阶。2006 年中非合作论坛、中非首脑峰会确定的 8 项政策和对非洲援助的各项措施，到 2009 年已全部得到落实。2008 年中非贸易额达 1 068 亿美元，是 2000 年的 10 倍，提前两年实现了中非贸易额超千亿美元的目标。中国对非投资 78 亿美元，经商务部正式批准登记在非设立的中资企业 1 600家，分布在农业、电信、能源、加工制造等领域。到 2009 年年底，中国与 22 个非洲国家签署了优惠贷款协议，涉及 33 个投资项目。2009 年年底，33 亿美元的优惠贷款已落实 20 亿。2007 年以来，对已完成换文协议的 26 个最不发达国

家256个税目商品进口免税，总量已达500个，受惠免税商品已达8.7亿美元。承诺的在非洲承建的30所医院、30所疟疾防治中心2009年年底已完成；承诺的免除32个国家的150笔到期债务100多亿人民币也全部到位。承诺的农业合作，已派出专家到33个国家进行农业技术指导。3年完成700期对非洲行政、管理、技术人员的培训，非洲各国接受培训人员13 750多名。

在教育领域，中国援建了非洲国家96所农村学校，开设了23所孔子学院，并在2009年把给非洲学生的奖学金名额增加到了4 000名。承诺在非洲建立的经济贸易合作区，已经挂牌的有：赞比亚—中国经济贸易合作区、毛里求斯天利经贸合作区、尼日利亚莱基自由贸易区、埃塞俄比亚东方工业园、埃及比亚东方工业园等，总投资已达10亿美元。到2008年年底，中国在非承包工程的合同额已累计达1 263亿美元，完成营业额681亿美元。

中非又于2009年12月在埃及的首都开罗召开了新一届合作论坛和首脑峰会，推动双方进一步扩大合作研究。2009年，在埃及旅游名城沙姆沙伊赫举行的中非合作论坛第四届部长级会议上，中国总理温家宝又宣布了新8条对非合作措施，包括农业、环保、投资、减免债务、扩大市场准入、应对气候变化、医疗、教育等，重在改善非洲民生，加强非洲基础设施建设，提高非洲国家的自我发展能力。中国政府为支持中非合作各项政策的落实，成立了专门的机构，设立了专项经费，不断扩大和增强中非之间的合作，在政府的层面上早已形成共识。除了中国财政拿出的100亿美元专项政策性资金主要用于补贴、贴息、部分项目资本金贷款之外，还有大量的国家政策性银行的信贷资金，如中国进出口银行、中国开发银行低息信贷资金。双方政府为双方企业界、民间的合作搭建了广阔的平台，奠定了坚实的基础。

**2. 企业、民间合作的发展**

改革开放以来，特别是20世纪90年代以来，中国与非洲的合作进入一个全新的时代。在扩大政府间合作的同时，企业、民间经济技术合作发展很快，从贸易到投资，从城市到农村，从生产领域到服务领域，涉及医疗卫生、教育、能源、矿产、交通、建筑工程等方方面面。2008年，在非洲经商、投资项目、合作开发、承建当地项目的中国各类大小企业已有上万家(中国商务部统计的数字远远小于这个数字。据笔者了解，大部分私人企业、私人投资都没有进入商务部门的统计)，在非洲的中国人已有近百万之多。从北非的地中海之滨到非洲最南端的好望角，从西非的几内亚湾到东非的乞力马扎罗山脚下，可以说遍布非洲的山山水水，到处都是中国人紧张忙碌的身影，到处有中国人开办的工地、工厂、商店、农场，中国人的企业里雇用了无数当地的职员。

中国人在建设非洲，中国人在为自己创造财富的同时，也在为非洲创造财富。中国人在手把手教非洲人经商办企业，教非洲人管理和技术。中国人为非洲带来了繁荣，让非洲充满了活力。如中国公司 20 世纪 90 年代开始参与苏丹的能源开发。截至 2003 年年底，中国石油公司在苏丹投入 27 亿美元，修建了 1 506公里的输油管道，建成了一家 250 万吨的原油加工厂和若干个加油站，使苏丹在非洲石油生产国中第一个由成品油进口国变成了成品油生产国，而且第一个拥有了集勘探、生产、炼制、运输、销售于一体的完整的石油工业体系。中国在苏丹的部分项目，聘用当地员工的比例已达 90% 以上。到 2006 年年底，中石油已投入 3 287 万美元帮助苏丹建学校、医院等生活设施，发展当地的社会公共事业，受益者 150 多万人。近 10 年来，苏丹在石油经济的强大引擎的带动下，经济快速发展，每年保持 8% ~12% 的增长速度，居非洲国家前列。人均国民生产总值由 20 世纪 90 年代的人均 280 美元提高到 2008 年的人均 1 563 美元，通货膨胀由 135% 下降到 5%，外汇储备由赤字转变为正数。饱经 27 年战乱的安哥拉，近年在中国政府和企业、民间的大力经济合作推动下，国家经济实现了复苏，人民生活得到改善，年经济增长甚至达到 20% 以上，人均 GDP 达到了 3 000 多美元。

## 三、关注中非合作关系中出现的不和谐音符

近年，西方国家，包括一些别有用心的发展中国家，不怀好意地大肆攻击中国为新殖民主义者，已经引起不少非洲国家的警觉，更应该引起中国人的高度警惕。

随着到非洲投资贸易、创业发展的中国企业、个人越来越多，中非合作关系

开始出现一些不和谐音符。其中有别有用心的发达国家及受发达国家支持的当地社会舆论对中国企业、个人在当地出现的一些问题有意渲染和夸大其词,包括恶意攻击;同时也有当地不法之徒的兴风作浪,有在当地投资、贸易的中国企业、个人与当地政府、老百姓之间交往难免存在的磕碰及利益冲突。但也确实存在个别中国人、中国企业素质低下、目光短浅的现象,不尊重当地的风俗习惯,不尊重当地员工,经营质量低劣的产品,搞无序竞争,抢当地人的饭碗,甚至“窝里斗”、互相拆台、互相倾轧、自相残杀等问题,这些害群之马让当地人嗤之以鼻。如非洲人一般不吃狗肉,认为狗是人类的朋友。但一些在非洲工作或经商的中国人就不尊重当地人的习惯,为吃狗肉,经常偷偷打死当地人养的狗,当地人知道情况后很难过。在坦桑尼亚,有一次,一个中国企业的职工偷吃狗肉,当地职工知道后集体罢工抗议。有一个在喀麦隆工作的《非洲》杂志的记者说:“中国产品的质量问题的确让人担忧,我有一些亲身体会。我在喀麦隆西北大区住在临时租的房子里,厨房的水龙头坏了,便到省城买了一个‘中国制造’,可没出两个星期就坏了,不得不又买了一个‘中国制造’,因为在这里买不到别国制造的。换上后,不久又坏了。就这样,在5个月里换了4个‘中国制造’的水龙头。”还有一种现象,有的中国人做生意可能有一些违规违法行为,向当地政府举报的往往不是当地的黑人,而是同行的中国人。据笔者所知,一些中国公司,包括到当地创业的中国人体罚、打骂当地雇员及克扣工资等现象时有出现。这些都严重损害了中国公司、中国人的形象。

近年非洲出现了多起针对中国人的武装抢劫、绑架甚至凶杀案件,如中石化中原石油勘探局埃塞俄比亚公司受到的武装袭击,苏丹南部出现的针对中国公司的武装袭击,多名中国石油公司职工在尼日利亚被武装分子绑架,在南非、尼日利亚等国做生意的个别中国人遭遇抢劫、暗杀,一个在刚果(金)采金矿的中国私人公司数名员工在和抢劫的歹徒搏斗中遭枪击身亡等。尤其是与当地民众的各种法律纠纷、劳动纠纷、利益纠纷日益增多。

类似现象,在20世纪中非关系几十年交往的历史上几乎从来没有出现过。这与新世纪以来,中非合作规模日益扩大,合作内容、合作方式日益复杂,到非洲投资创业的中国人人数剧增有关系。还有一个主要因素，就是近年去非洲的中国人的素质出现了大的变化，可以说是鱼龙混杂、泥沙俱下。有一些素质低下的人员也乘中非合作的东风到了非洲，做了一些有损国格、人格的事情，不仅给自己带来了灾难，也给中国人、中国企业抹了黑。

非洲曾经经历了数百年的痛苦殖民历史；独立后，半个世纪仍然是宗主国政治经济压迫、资源掠夺的对象，是一块伤痕累累的土地。黑人对“压迫”“掠夺”等字眼都特别敏感。有这么一则故事，曾经有一户欧洲人被黑人入室抢劫，抢劫的黑人温文尔雅地拿枪指着主人，不打也不骂，让他自己乖乖把所有值钱的东西拿出来，然后让主人坐下来“对他进行教训”：“你们跑到我们的国家来，吃我们的粮食，占用我们的资源，却又漏税逃税不仁不义，偷你们抢你们都是应该的……”这一则故事告诉我们，我们到非洲投资创业、经商贸易，应该设身处地地顾及非洲民众的感受。中国古代圣人孔子有句名言：“己所不欲，勿施于人。”回想一下，在新中国成立前，西方列强和日本人在我国土地上横行霸道时，我们作为中国人的感受是什么样子？今天，我们到非洲国家，如果我们不能给予当地人应有的尊重，以平等的身份与当地人民和谐共处，做一些对当地民众有益的事情，尽一些对当地社会应尽的义务，也像昔日列强对待我们一样的话，自然会引起人家同样的愤恨。

历史上，不仅中国政府、中国企业在非洲做得很成功，很受非洲人欢迎，就是一些港澳台的老一代华侨同样做得非常成功，他们在非洲经营几十年很少有不测之灾。一方面是他们非常团结，遇事互相帮助，不搞窝里斗；另一方面是他们小心谨慎，洁身自好，不授人以柄。还有最关键的一条，就是宽以待人，对黑人非常厚道。这是今天到非洲，包括到世界各地寻求发展的国人应该铭记于心的经商之道，为人处世之道，立于不败之地之道。

## 四、做当代儒商，关注民生，回报社会

一个优秀的民族必须站在世界其他优秀民族的肩背上才可能创造自己新的辉煌；一个企业、个人的发展同样是如此，必须学习借鉴其他成功企业、成功个人的经验才有可能创造属于自己的新成就。今天，中国人要创造属于自己的业绩，

不可能步西方企业、个人的老路,但他们的经验教训对我们却是十分宝贵的,值得我们汲取。中国人刚刚富起来,走向世界仅仅是开始,今后的路程还很长。我们向来以“礼仪之邦”“仁义之邦”标榜自己,今天中国人要走向世界,一方面必须审时度势,借鉴发达国家企业走过的历程,汲取他们的“人生精华”;另一方面,应该认真总结我们自己的经验教训,发扬光大我们自己民族的优秀文化和传统美德。

今天,我们到非洲发展,必须要有长远的目光。中国古语讲得好:“不谋万世者,不足谋一时;不谋全局者,不足谋一域。”居安思危,人无远虑,必有近忧。不仅大企业、大公司必须把握全局,放眼未来,未雨绸缪,就是中小企业、个人也必须有全局观念、长远观念。从客观条件讲,中国企业、个人在非洲发展不仅是当地政府、当地老百姓关注的目标,也是全世界关注的目标。以美国为首的发达国家,还有类似印度等发展中国家都在看着中国人在非洲干什么、如何做。从主观条件讲,我们要想在非洲长远发展,就必须打好基础,与当地人、当地政府和谐相处,得到他们的认同和支持,与他们共富共荣。在开发当地资源、开拓当地市场的同时,必须关注当地的民生,关注当地的社会发展,在自己腰包鼓起来的同时,也要适当拿出一部分财富造福于当地的老百姓,回报当地社会。老子讲的“将欲夺之,必固予之”(大致意思是,“要想得到自己想要的东西,必须先有所付出”)也正是这个道理。

尼日利亚华商领袖胡介国在谈到自己领悟的在非洲发展的商业哲学时讲:要想在一个人种、语言、文化完全陌生的国家求生存,在一个政权更迭复杂的环境里谋发展,你必须学会奉献第一,赚钱第二。作为一个图谋长远发展、做大做强的企业,必须从企业的基因入手,真正融入当地社会。1999 年,胡介国到当地一所尼日利亚“有名的学校”,看到校舍是用破木头拼凑而成的,地板是坑坑洼洼的泥土地,三面矮墙,一面是门,成年人要弓着腰才能进去,没有桌椅,没有灯光,孩子们自带小木凳,把书本放在腿上学习,40℃的高温,教室里却连风扇都没有,他当即决定从自己在当地赚取的利润中拿出一部分捐资建学校,尼日利亚历史上最“豪华”的 4 所学校没多久就破土动工了。多层楼房,红砖白墙,校舍前是碧绿的草地，房间里是日光灯、电风扇，还有特别设计的木制的百叶窗，每所学校可以容纳3 000名学生。4所学校共耗资2 000多万美元，这是华商企业在尼日利亚历史上最大的慈善捐赠。2001年，因为对当地社会的无私奉献，胡介国被尼日利亚大酋长授予酋长爵位。这也是非洲历史上第一位华人酋长，通往尼日利亚上层的道路从此一路绿灯。胡介国不仅拥有了永久豁免权，而且随时可以面见总统及所有尼日利亚的高官，同时还拥有一支百人的私人武装卫队。这不仅是对他个人付出的回报，更是对中国华商品牌的成功塑造，展现了一个当代中国人的大智大勇。胡介国的付出不仅在政治上得到了应有的回报，而且在经济上得到了更丰厚的回报。在其他公司没有业务时，他的金门集团公司却满手的项目，公司发展如日中天。胡介国成了华商在尼日利亚的代表，也是华人在尼日利亚的最大富翁。

近年在安哥拉投资的青岛佑兴集团公司，立足长远，已在安哥拉开设了30多家店，雇用了200多名当地人，包括部分本土的管理人员；倡导中国员工要主动与安哥拉当地人交流、沟通，融入当地社会；每年还安排当地优秀员工来中国旅游，到青岛和中国同事互动。此外，佑兴集团还专门为在中国留学的安哥拉学生提供到安哥拉公司的实习岗位，以促进人才储备。时间久了，当地人都把他们当做好朋友。有付出就有回报，停水了，中国员工大清早会发现公寓门口放着一桶从远处打来的水；断电了，房东从其别墅里拖出电线给中国员工公寓接上；公司举行店庆，安哥拉员工穿着公司配制的服装，自发组织活动，表达忠于公司、希望一直在公司工作的心愿。

在2010年利比亚、埃及等国发生的动乱中，部分在当地投资或做项目的中国公司由于平时能够善待当地员工，注意处理和当地民众的关系，本地员工主动奋起保卫公司。如中国葛洲坝集团国际工程有限公司，在动乱中，利比亚当地员工主动要求留下来陪中方人员一起做联防。当劫匪冲进工地抢劫时，当地员工手持棍棒冒着大雨冲出去，把劫匪赶出了工地。当地一位有声望的长老还带来十几个人前来项目部相助，平息事态，并帮助追回部分被抢的水车、电脑、打印机等财物，同时组织当地人8人一组对营地及施工现场提供24小时保护。那位长老深情地对葛洲坝员工说:“中国的朋友们,你们平时为我们做了那么多好事,如今发生这样的事,我们感到很惭愧!不过请你们放心,我们会24小时坚守工区,保证你们的人身安全。”当地警察还送回了被劫匪抢走的1辆装载机和2辆工程皮卡。在人员沿途撤离途中,利比亚友人协调警车开道,由警察持枪护送,并协调各沿途路段安全哨卡的通行。在项目人员撤离时,当地员工还主动担当起了照管现场设备的重任。在埃及发生的动乱中,在埃及投资的部分中国企业,同样受到了当地员工和居民的保护。这些企业在危难之际之所以能得到当地员工和社会各方面的大力帮助,是他们在经营中长期遵循公平、诚信、合作共赢的理念,且积极融入当地社会、履行社会责任,在自身发展的同时,也造福当地的结果。

# 第六章

# 未雨绸缪防未然——凡事预则立，不预则废

中国古代有句名言："凡事预则立，不预则废。"中国与非洲远隔千山万水，其生活习惯和历史文化传统存在巨大的差异，社会发展形态迥异，到非洲创业发展将是一个全新的环境，必须有充分的准备，尽可能事先对可能遇到的问题做到心中有数，有备无患。而各种预案又只能建立在对非洲社会、政治、经济、文化、历史的充分了解之上。本篇主要从非洲社会的复杂性、在非洲经商办企业可能遇到的问题进行探讨，力求让读者通过阅读此篇，对非洲的商业投资环境、社会环境有一个比较真实、全面的了解。

## 一、政府作为模式的另一面

非洲大部分国家，形式上都是经过民选的合法政府，应是对民众负责、对国家负责，具有权威、具有公平正义的政府。在非洲许多国家，从形式上，似乎一切都很规范，很公正，法律的程序都很完备，政府的行为无可挑剔。而实际情况并非完全如此。当你要注册一个公司，申请材料递上去后，不进行私下打点，你可能永远等不到结果。去督促时，他们总是很忙，不是领导不在，就是办事人员休假、出差。各种政府项目、政府采购都是公开招标，但要进行运作。你要到当地政府机关办事，对领导的秘书、传达人员最好也能备一份小礼品，否则，他们都会不高兴，以后再去办事、去见领导可能就不太顺利了。但是，非洲国家与亚洲一些发展中国家相比，有一个好的特点，即给了钱就办事，一般不会食言（如果你到南亚、东南亚、西亚、东欧的一些发展中国家，甚至包括一些富国办事，食言而肥的官员、商人大有人在）。

非洲大部分国家的资源、大企业，不是在外国人（主要是欧美跨国公司，也有一部分其他国家的企业、个人）手中，就是在当地的富豪手中。有的政府手中也掌握有部分资源，但要使用这些资源，往往必须采取与当地政要合作的方式才能得到允许，否则就要付出巨额代价，摆平各方面的关系。据笔者了解，有一家美国的公司，到西非某个国家建立通信网络。通过运作，该国政府马上给他们颁发了许可证，这家美国公司就垄断了该国的移动通信行业，打到中国的国际长途一分钟要6美元，简直是一棵世界上不可多得的摇钱树！而另一家经营其他业务的美国公司，派来的职员主要是一些大学、研究机构的知识分子，不太懂在非洲的经营之道，采用的是独立自主的经营方式，干的是该国的重点项目，但一直进展缓慢，到处受到掣肘，花了许多冤枉钱，效果很差。非洲有部分国家整个国家经济控制在少数的几个家族手中，这些家族是过去的部落酋长或殖民时代欧洲宗主国的代理人。

反腐倡廉在非洲大部分国家的舆论上也是倡导的，尤其是实行政党轮替的国家，腐败是政党之间互相攻击的利器，但真正付诸实施的国家并不多。

## 二、流于形式的高额税率

非洲国家普遍实行高税率政策。大部分国家所得税都在35%左右，甚至高达40%。此外，还有一定的营业税或增值税（许多国家增殖税率为18%），进口关税也不低。表面看企业和民众的负担很重，实际情况是两码事。大部分非洲国家税收政策都是形同虚设，很少有企业或公民按正常税率纳税。在这些国家，大企业很少。大企业不是外资就是国有，或者是和国家上层有密切关系，也可能就是某个政要直接参股的企业。这些企业和政府都有千丝万缕的联系，要他们承担巨额税收是很困难的。但企业如果在非洲有长期经营的打算，不仅要维护自己在民众中的形象，同时也要让政府对老百姓有个交代，每年也要象征性地给政府交一些税。在这些地方，即使自己有可靠的关系、很硬的后台，也不要张扬，以收敛为好，尤其是作为外国人。无论现任的政府领导有多大的权威，他都会有政敌，处理不好，会给自己带来预想不到的麻烦。据笔者所知，在非洲有长期工作经历的公司，类似情况他们都遇到过。海关的关税，同样有大量融通的途径和办法。各地常见的，如自己发货自己接货，货值、品种如何报关，自己有很大的主动权；如果再对海关人员私下做些融通工作，事情就更好办了。此外，因非洲国家都有大量外援，不少国际组织和援助国在援助条款中都明确规定，对援助物资和援建项目物资，包括国际金融组织贷款项目的物资、机械设备都要给予免关税，有的还要求免增值税及其他税收。部分公司利用这些政策，在做免税项目的同时，还做一些其他生意，或做此项目的同时，让实施的其他不予免税的项目同时享受设备、材料进口方面的优惠政策。

目前非洲国家面临的困境之一就是，高额的税率，薄弱的税基，落后的经济，低效的管理，困难的财政。

## 三、防备法律的陷阱

在非洲，法律制度的周密和完善，与严重落后的社会形态几乎无法相衬。非洲国家独立时，许多国家不切实际地从殖民地宗主国移植了整套的法律制度。基本上，法属殖民地移植的是法国的法律制度，英属殖民地移植的是英国的法律制度。但由于社会的发育程度太低，存在着有法不依、执法不严、违法不究、执法不公的现象。一方面，法律制定得十分完备，社会、经济、政治、生活，包罗万象，让人动辄得咎、裹足不前，很容易被人利用作为陷害他人、整治他人的工具。另一方面，绝大部分的民众目不识丁，不要说学法、懂法，就连现代社会的基本常识都没有，更不要说让他们拿起法律的武器去维护自身的权益了，可能连他们自身的权益是什么都没人能说得清、道得明。

但是，在非洲的许多地方，也有许多研究法律、专以钻法律空子达到个人不可告人目的的当地人。2001 年，中国一个公司在非洲的坦桑尼亚北部地区中标了一条标价近 2 000 万美元的公路建设项目。当该公司把大批的机械设备从中国运到当地，派遣的工程技术人员到现场准备开工，采石设备安装完毕准备生产时，一个黑人拿着一份文件出现在该项目经理的面前，告诉项目经理，这一带的山都登记在他的名下，如果要开山碎石，必须和他合作，给他付费。该项目经理认为，标书内明确指出修路可以用两边山上的石头生产石子，所以就对那个当地的黑人置之不理。开工后，地方法院即向该项目经理发来传票，后经当地政府、该国工程部协调，还好没有影响该项目的正常建设。但直到该项目两年后竣工，官司不断，那个黑人一直把官司打到坦桑尼亚最高法院。在中国公司自认为不再有问题时，一天，该公司驻坦桑尼亚办事处接到坦桑尼亚最高法院判决书，判中国公司赔偿那个告状的黑人400多万美元。这个案子后来在多方斡旋下，甚至动用了中国驻坦桑尼亚大使、坦桑尼亚政府的最高层官员，最终才没有执行，但中国公司花去的费用也相当可观。经过调查了解，那个告状的黑人是坦桑尼亚一个政府部门的工程师，他得知国家计划在那里修公路，就提前到矿产资源部门登记了对那里的山进行勘探开发的许可证，目的是要诈骗一笔钱。如果当时中国公司能和他心平气和地谈谈，给他十来万美元可能问题也就解决了；或者，当时把问题反映到该国工程部，让工程部给予明确的书面答复，都不会有后来的问题。但因前期处理不慎，以至耗时3年，花了很多冤枉钱，还付出了大量的人力、物力，还差点被罚巨款。

## 四、关注社会福利制度

非洲国家虽然经济社会落后，但由于照搬的是欧洲的法律制度，社会福利制度却十分完备，对雇用当地劳动力每小时的最低工资、劳保福利制度、失业救济制度、医疗保险制度、养老保险制度等都有明确而详细的规定。另外，各个行业都组织有行业工会，负责监督这些制度的落实，同时协调劳资关系，为本行业的工人撑腰做主。可能有人会提出疑问，在如此落后，失业率高达40%、60%甚至70%的地方，老百姓吃饭、就业都是严重问题，还要规定如此复杂的劳保福利制度，有用吗？回答是，说没用就没用，说有用就十分有用。处理不好，会给在当地经营的外国公司带来致命打击，甚至有的公司会因此被逐出该国市场。

在莫桑比克，有一家中国的国家级公司，在当地中标了一个数千万美元的城市供水项目。该项目标价很好，开工初期进展顺利，后来发现当地雇用人员经常偷盗项目物资，在一次人赃俱获时，打伤了偷盗的人，那个小偷就把中国公司告到了当地法院，说中国公司虐待当地职工，违反劳动法，当地的工会也出面为那个职工辩护。中国公司认为这和虐待是完全不同的两码事。但当地法院判中国公司败诉，中国公司除给那个职工赔偿外，还对中国公司处以巨额罚款，并追究中国公司项目负责人的法律责任。中国公司被逼停工并提出上诉，上诉法院仍判中国公司败诉。其中当地法院偏向当地人是意料中的事，另一个重要原因，是法院不取信中国公司提供的证据，要求中国公司提供的证据必须有当地人出庭作证，中国人自己给自己作证无效。这件事情之后，在当地做项目的其他中国公司都从中吸取了教训，凡与当地人发生争执动手的事，都让当地人自己去做。有可能发生法律纠纷，需要有人到法庭作证，均提前做好安排，让当地人自己管自己。“以夷制夷”是我们祖先的千年古训，屡试不爽。

## 五、灵活应对外汇管制

非洲除少数资源型国家外（主要是石油输出国），大部分国家国际收支都是入不敷出，连年赤字，靠外援来弥补国际收支的缺口。所以许多国家都对外汇实行管制，如东非的埃塞俄比亚、厄立特里亚，东南非的赞比亚、津巴布韦、莫桑比克，西非的几内亚、塞内加尔、利比里亚，中非的喀麦隆、乍得等国。在这些国家贸易、投资，外汇如何汇出？如何把在当地赚到的当地货币换成外汇？是一个值得研究的问题。如果按所在国政策办理，一方面操作麻烦，另一方面要交很重的税或付很高的费，自己在经济上会有很大的损失，所以最好是采取变通的办法。这些国家几乎都存在外汇管理上的双轨制，既有国家规定在银行交易的官方牌价，也有在黑市交易的市场价。但黑市价往往与官方价差距很大，一般都有10%～30%的差额。个别国家的特殊时期甚至有成倍的差价。如津巴布韦，前些年，外汇买卖的黑市价和官方价差价超过1倍。当然，黑市交易是违法的。在当地经商、投资的外国人一般采取的措施是：自己手里有外汇而没有当地货币，需要换取当地货币时，如果对当地人不放心，可以找在当地做生意的中国商人换取；自己手里握有过多的当地货币时，最好尽快换成外汇。非洲当地货币贬值的速度是很快的。近年，一些国家由于经济状况的好转，通货膨胀率有所下降。

一般来讲，到当地投资、搞项目的单位，手里往往存的是外汇，但在当地购买生活用品或建设物资时，又需要大量的当地货币。而在当地做生意的，每天收到的又是大量的当地货币，需要换成外汇。一方需要当地货币，一方需要外汇，这是非常好的协作方式。但要注意这种私下交易是当地政府严格限制的，弄不好会给自己带来很大的麻烦，一定要谨慎行事。

此外，非洲国家还有一些欧洲的外资银行，现在个别国家也开始有中国银行的分支机构。有可能的话，把自己的账户开在外资银行或中国银行的分行，可能会给自己减少很多的麻烦。据笔者了解，一部分外国公司采取的是“体外循环”办法，即汇款、结算都在国外，从而绕过在当地的结汇、换汇环节，节约了大笔的费用，避免了巨额的损失。当然，这必须是大笔的业务，而且还要看业务的内容和性质；操作的技巧性也很强，弄不好，会给自己带来法律纠纷。

## 六、实施项目及当地银行融资

在非洲实施项目，对当地政府出资的项目一定要小心。有的非洲国家财政收入捉襟见肘，预算年年超支，经常寅吃卯粮，挪用是家常便饭，专项资金往往不能落实。在非洲实施过政府项目的单位都知道，有的政府自己出资的项目资金很难保证。有时，世界银行，非洲开发银行，包括其他国际组织、其他国家的贷款、援款项目，都要求所在国政府给一定的配套资金，一般在 20% 左右，但这部分钱也经常落实不了。曾出现过，项目实施到中间，由于当地政府资金不落实或被挪作他用而停工的现象。如某国修一条首都到机场的准高速公路，计划 1 年 9 个月完工，由于政府配套的 20% 的资金不落实，开工后，建设单位多次停工要求政府付款，最后修了 3 年，个别工段还留下烂尾，给该国的国际形象造成极大的负面影响。有的国家因配套资金问题影响了项目的建设，某国计划在一条重要的国际交通要道上修一座大桥，世界银行已同意贷 80% 的款，但需要所在国政府自筹 20% 的款，而所在国政府一直落实不了自己的 20% ，项目拖了 10 年多也无法实施。最后该国向中国求援，希望缺口部分的资金中国政府能以无偿援款的形式予以解决。中国政府提出一个条件，即项目要给中国公司实施，而世界银行的贷款项目又必须无条件面向世界招标。经过长时间的协调，中国政府最后做了让步（不过，该项目经过公开招标，中标的仍是中国公司）。有的公司在投标时干脆不把当地政府配套部分的资金计入标价，即用抬高标价的办法规避风险。

非洲国家的金融业有两大特点，一个是由于非洲国家经济的落后，银行业很不发达，一般规模较小，信用较差。就是非洲的一些国家银行，对外也没有良好的信用。不少国家政府的信誉很差，受其支持的国家银行自然也不会有好的信誉。据笔者所知，在西非某国有一家中国公司，自己数百万美元存在当地的国家银行，当他们要使用这笔钱，会计到银行转账时，银行业务人员告诉会计，账户上没有钱，该公司十分吃惊，询问原因，才知道因该国外汇储备告罄，总统紧急用汇，不得已临时拆借了外国公司账户上的外汇。但让中国公司不能理解的是为什么不事先打个招呼。可能是堂堂一个国家，穷到向外国公司临时拆借外汇太没面子了。当地的私人银行，外国公司更不敢打交道，也可能有一天早上，当你去取钱时，那个银行已经不存在了。

还有一个特点是，由于当地通货膨胀很严重，当地银行贷款的利率都很高。非洲当地银行的利率一般都在 15% 左右，有的高达 20% 以上。如此高的利率，一般外国公司都难以承受。此外，在这些当地银行借款，还有许多其他的附加条件，如抵押担保、开户监督等。但当地的大城市一般都有欧洲国家的银行，这些银行大部分都有数百年的经营历史，信誉较好，可以利用他们为自己的业务提供服务。在这些银行存款、汇款很方便。如果需要他们给自己的公司发展业务提供资金支持，也存在可能。关键是你的公司要取得他们的信任，具有良好的信誉，他们就愿意打交道。在当地的外国银行贷款的利率比当地银行要低得多，一般在 7% 左右。此外，这些银行的借款条件比我们中国银行要灵活得多，他们一般都是按国际惯例操作。只要你有好的项目，项目前景看好，今后还款有保证，经过评估，你就可以直接用项目担保借款，不需要类似咱们国内银行借款，一般的企业必须担保、抵押，否则，就是项目再好也没有用。好的项目，外国银行不怕资金量需求大，数亿、数十亿都没有问题。另外，外国银行也可以给予流动资金贷款授信，这种授信也不需要提供抵押、担保。经过评估后，他们会根据公司的经营需要和公司信誉情况逐步扩大授信额度。但自己公司要做的就是把收款账户开在该行，资金进出接受监督。

## 七、身体健康和疾病预防

因赤道从中部横穿非洲大陆，非洲绝大部分地区处于赤道两侧，在南北回归线以内，气候炎热，加之文明程度低，经济文化落后，环保意识差，民众没有讲卫生的习惯，又没有医疗卫生条件，所以非洲是一个疾病多发地区。疟疾，这是一个在撒哈拉沙漠以南地区普遍多发的疾病。在非洲没有感冒，只要出现类似中国的感冒的症状，如身体发困、乏力、发冷，即疟疾的前兆，要马上吃药，吃药不能解决问题时马上打针，切不可掉以轻心。非洲人疾病死亡率最高的疾病是疟疾。预防疟疾的办法就是平时防止蚊虫叮咬，保持良好的心情和健康的体魄，不要出现过度疲劳，一般只要身体状态很好，疟疾很少发生。据笔者所知，有不少曾在非洲工作10多年的中国人一直没有患过疟疾。笔者有一次问一个项目经理，他在非洲工作10多年未患疟疾的经验是什么，他笑了笑说："没啥，吃好、睡好、不想家，想老婆了用手摸（笔者注：自慰）。还有雨季，小心不要淋着了。"

非洲的其他常见疾病主要还有霍乱。当地人不讲卫生，吃饭用手抓，有的也不洗手；腐烂的臭鱼烂虾照吃不误；用过的餐具没洗干净，甚至不洗其他人接着再用；人和动物的粪便、垃圾不做处理乱堆乱放，是霍乱传染的主要原因。只要注意卫生就没问题，在非洲的中国人很少有人感染霍乱。

艾滋病，也是困扰非洲的一大疾病。据非洲许多国家公开发布的信息，感染率一般在20%左右，但据外界人员估测，有的国家高达40%，甚至更高。但艾滋病主要通过血液、母婴、性的渠道传染，只要自己洁身自好就不会有问题。据笔者所知，中国人在非洲感染艾滋病的极少，某公司在非洲从事工程项目建设20多年，本公司员工及聘用员工前后达数千人在非洲工作，感染艾滋病的只有1人，还是在10多年前，因他本人行为不检点所致。

此外，非洲具有传染性的疾病，还有黄热病、埃博拉等。黄热病一针疫苗可以管10年，10年打一次就解决了问题。埃博拉是一种十分严重的疾病，一旦感染浑身内出血而死亡，为世界卫生组织所关注，但发病区域很小，目前为止，几次都出现在乌干达某偏远的山区，如发现1例，该地区即全方位封闭。

健康是干事创业、享受生活最大的本钱，无论在哪里都需要健康的身体。在非洲保持健康的身体尤为重要。调整好心态，劳逸适度，坚持锻炼，提高身体对疾病的抵抗力是实现健康的基本条件。现在向非洲派出医务人员最多的国家是中国，几乎和中国有外交关系的国家都有医疗队在当地主要医院工作。个别地方也有西方国家殖民时代留下来的欧洲人开办的医院，他们的医疗技术水平还是很高的。尤其是遇到当地的疑难杂症，我国的医疗人员往往经验不足（中国医疗队员一般 2 年轮换 1 次），而长期在当地工作的白人医生，他们的经验就比较丰富。2007 年，有一个在西非几内亚工作的中国公司职工被不明毒虫叮咬后，流血不止，面临生命危险，最后到一家法国人办的小医院才被治好。中国人到非洲经商、投资，有经验的，一般都自备常用药，需要打针、输水治疗的到中国人在当地开办的诊所或到有中国医疗队的当地医院检查治疗。如果患有较严重的疾病，则要回国治疗。

## 八、人身安全和财产安全

有关安全形势，在非洲的 50 多个国家之间差别很大。应该说，多数国家的治安还是好的或比较好的。从目前情况看，如西非的塞内加尔、马里、冈比亚、加纳、贝宁，中非的加蓬、喀麦隆，东非的埃塞俄比亚、厄立特里亚、肯尼亚、乌干达、坦桑尼亚，东南非的博茨瓦纳、纳米比亚、毛里求斯、马拉维、津巴布韦等国，总体上没有太大问题。当然，这些国家也不是没有刑事案件，就是欧美发达国家刑事案件也在所难免。相对而言，除去正在发生战乱和战乱刚刚平息的国家，索马里、卢旺达、布隆迪、刚果（金）、中非、乍得、苏丹、尼日尔、几内亚、几内亚比绍等国外，还有社会治安形势较差的南非，抢劫、绑架、杀人越货的案件较多。此外还有南非、刚果（金）等国的跨国界犯罪集团，流窜到周边国家，如莱索托、斯威士兰、莫桑比克、安哥拉、赞比亚作案。还有一些国家是内争结束后，部分军队的零散人员遗留下来，成为危害社会的抢匪、绑匪，甚至发展成跨国犯罪集团。

另外一种情况是部分地区、个别城市社会治安形势不好，其他地方并没有太大的问题。如尼日利亚，社会治安形势最差的是拉各斯。笔者还考察了该国的其他许多城市，如首都阿布贾、第二大城市伊巴丹等，这些城市治安形势总体上都还比较好。

中国人在非洲包括在其他地方成为主要抢劫对象的原因，一是中国人有一个非常不好的习惯，即喜欢在身上带大量的现金、在住所存放大量的现金。另一个原因是有的中国人喜欢显摆自己的财富，而被犯罪分子盯上了。再者，也有个别人是由于做生意与人结了仇，被报复。过去，在中国人还没有走出国门之前，各国犯罪分子袭击的对象主要是日本人，现在变成了中国人。但有的中国公司和个人在非洲已待了几十年，只要处理得当，安全方面并没有出现过大的问题，关键要靠自己细心谨慎，沉着应对。据笔者所知，不少在非洲长期运行的中国公司都遭遇过被抢劫事件，但当地人一般谋财不害命，只要不反抗，不会伤人。

在赞比亚还发生过一个中国种菜妇女勇斗歹徒的故事。一天，一伙歹徒去抢劫在首都卢萨卡附近种菜的夫妇两个，男主人外出卖菜，家里只有女主人。女主人看到一伙持枪歹徒向他家走来，马上回家关上门，拿起丈夫的枪，隔着门缝向歹徒开火，竟然打伤了两个歹徒。歹徒以为遇到了“中国功夫”，吓得抬起受伤的伙伴仓皇逃走了。

此外，在非洲偷盗现象比较普遍。中国有句名言，“仓廪实而知礼节，衣食足而知荣辱”，“民贫生盗心”，由于贫穷，他们什么都偷，大到机器设备，小到你洗后搭在外面晾晒未干的内裤。防止被偷窃，防止财物丢失，是在非洲经商办企业必须要注意的一个问题。一般有一定规模的公司，包括个人生意，最好的办法是聘用当地信誉好的保安公司给予看护。与保安公司签订合同，出现问题由他们负责。当然，不少被雇用的当地保安人员存在监守自盗问题，要有相应的防范措施。另一个办法是买几条恶狗，晚上放出来看家护院。但用狗看家护院要防备一个问题，就是窃贼把毒药放在肉里把狗药死。

当地人也有很多品行好的人，他们对雇主很忠诚，但要留心去发现。

## 九、物价、市场与消费

虽然非洲经济很落后，老百姓很穷，但非洲的物价水平整体上却比较高。撒哈拉沙漠以南的大部分国家，基本上是消费性国家，从生活资料到生产资料大部分依靠进口。这也就决定了非洲的物价水平不可能低。再加上平均每年15%的通货膨胀率，物价更是年年看涨。在非洲的中国人中曾流传过一个真实的笑话，20世纪80年代，中国人刚刚走出国门，一个公司派到非洲工作的一个职员，走时忘了带牙刷，到非洲后上街买牙刷，去时向同事借了5美元，满以为一个牙刷几毛钱（当时，国内牙刷也就是人民币两三角钱一个），5 美元可以买回来一堆东西。他到商店一看，傻眼了，19 美元！差点吓晕过去。当他问售货员为什么这么贵时，售货员告诉他，这样的牙刷一年也卖不了几个，除了你们外国老板来买，当地人没人要（非洲的普通老百姓是不刷牙的，他们常年用来解决口腔卫生的办法，是用当地的一种树枝，一有空就捅口腔。中国人叫它刷牙棍，实际上这种树含有一种口腔保健元素）。

在非洲的市场上还会经常遇到在国内觉得不可思议的情况，当你在一个当地人开的商店买东西时，按照国内习惯，你可能希望通过多买一些让商店打个折、降些价，但商店的售货员马上会告诉你，买得多了要提高价格，如果你把一个品种的东西全买完价钱更贵。你可能感到这些人不可理喻。但他们也有他们的道理，进一次货很不容易，你一下买完了，商店就空了，别人再来就没东西卖了，会影响商店的声誉。

在非洲，如果你的机械设备出了问题，需要更换部件，自己又没有备件，所使用的设备厂家在当地又没有维修服务中心，那可就惨了，很可能需要长时间停工。如果急需，让人在国内购买后乘坐飞机送来是最快捷的途径；如果是大件，没法空运的，就只能走海运，别无选择。一般的杂牌机械设备在当地不可能有部件出售，即使你幸运地在当地找到了，价钱也会吓你一跳，可能是国内的数倍、十几倍甚至更贵。那个商家进口这个东西成年累月都不会有人问津，逮到一个客户绝不会轻易放过。另一种情况是人家卖的是成套的东西，你要一个零部件，整套设备就没用了，他卖给你一个零部件就要把整套设备的钱全收回来，价钱没办法便宜。过去很多初到非洲的中国公司都遇到过类似问题。

在非洲，市场严重两极分化。一极是面向当地普通老百姓的廉价生活必需品和当地老百姓自己生产自己消费的土产品。如当地生产的水果，芒果、香蕉以及木薯、芋头、西瓜等就十分便宜。面包、大米相对其他产品物价也不是太高。国家为了维护社会的稳定，每年都会拿出相当数量的外汇进口粮食，保证老百姓基本的生活需求。还有一些最低档次的生活用品，如化纤衣服、布料、塑料制品、低档次家用电器等。另一极是面向官员、富人、外国人的市场，即高端产品市场。

这一市场清一色全是进口产品，各种东西都很贵，价格比在发达国家消费还要高出许多。

从生产资料、投资类产品市场情况看，由于非洲经济条件非常落后，不存在相关产业群和供应链，当地没有可配套的任何东西，一般也没有相关原辅材料的市场。单个企业孤军深入，从设备到原材料都需要考虑从国际市场进口解决，各方面的成本是比较高的。如果要利用当地的原材料，可能就是矿产品、农产品、土特产品。当然，还要看不同的国家和地区有哪些品种。如农产品加工，可能你还要自己投资种植园，或者组织当地老百姓来种。如果是投资开矿、搞工业生产包括建设工程，机械设备必须全套从国外进口。当地也有一些二手设备市场，主要是工程机械类、交通运输车辆，这些东西都是其他公司从已完工项目上下来的旧设备，大部分都有大的毛病，状况好的不多。在非洲的经验是少花钱买旧的东西，不如多花钱买新的。旧的效率低，维修费用贵，结果会是钱没少出，效益很差。买新的，虽然一次性投资多，但效率高，维修费用少，最终效益好。

## 十、劳工、报酬与管理

非洲大部分国家的失业率在30%以上，应该说有丰富的劳动力资源。但是这些劳动力大部分没有受过教育，没有接受过职业技能培训，包括简单的体力劳动技能都没有。尤其是农村劳动力，比中国的初级劳动力还要初级。在非洲有过工作经历的中国公司都知道，就是挖土方这样的体力劳动，一些当地人的效率也同样很低，一个中国人可以顶2~3个当地人。当然，在一些行业，当地也有少量的有一定技能的劳动力。如，这些年来，非洲的工程建设发展很快，在建筑业已经培养出一批比较成熟的劳动力。比较多的有汽车司机、钢筋混凝土工、工程机械司机等。有一些初级技术管理岗位，如果嫌从国内去人成本太高，从当地劳动力市场又招聘不到合适的人员，也可以在临近的其他地区，甚至其他国家招人。

关于当地人员的报酬，不同的国家在劳动法里都明确规定了每小时最低工资标准，包括养老保险、医疗保险、失业救济等都有明确规定。如果雇用公司给雇员开出的工资低于最低标准，被雇用人员可以向工会、劳动行政部门反映，也可以向法院起诉。在招聘当地人员之前，对当地的劳动法一定要进行研究，依法办事。另外，还要和当地的行业工会保持良好的关系，以免与当地雇员发生纠纷时处于被动地位。但非洲不同国家对劳动法的执行情况有差异，甚至地区之间都有很大差异。一般在比较偏远的地方，法律观念比较淡薄，甚至没有工会组织和劳动行政部门。

此外，在非洲，不同水平的技术、管理人员收入水平差别很大。以2007年为例，在坦桑尼亚、肯尼亚、赞比亚、莫桑比克、几内亚、塞内加尔、利比里亚等国，大体上一个力工月工资是40～50美元，而一个技术水平过硬的汽车司机月工资是200～400美元，一个平地机、挖掘机司机的月工资是300～400美元，甚至500美元。

对当地劳动力的管理，最好还是由当地人员直接管理，一般有可能实行计件工资的岗位都实行计件工资。中方的技术人员、管理人员应主要负责组织协调、把质量关。如果遇到具体的劳动纠纷让当地的人员去处理，中方人员尽量避免把自己陷进与当地人的矛盾之中。

据笔者所知，有经验的外国公司管理当地人采用的方法是，根据管理幅度需要，在公司劳动管理部门聘用一到几个当地的职员，专门负责和当地政府有关部门及聘用的当地职工打交道，处理当地职工的有关工资、福利包括劳务纠纷等问题，效果较好。

## 十一、电力、能源供应

大部分非洲国家电力严重不足，几乎所有国家的经济建设、民众生活都普遍面临电力供应不足的制约。包括许多国家的首都地区，一样天天拉闸限电。不少国家的电力设施不仅是装机容量小，而且发电设施和供电设施都严重老化。殖民地时代，能源建设主要是满足殖民当局眼下的需要，他们根本不考虑殖民地的整体发展和长远建设问题。非洲国家独立后，大部分国家都一直在忙生存、忙吃饭，许多国家大部分时间还在忙政变、忙内战，很少有国家走出上述怪圈忙发展、忙建设。所以，非洲的电力供应一直是制约非洲发展的瓶颈因素之一。今天，到非洲发展，电力问题必须放在优先解决的议事日程上。要根据自己所做的项目，在国内购置动力设备和柴油发电机组，自己解决自己的能源需求。目前，在非洲经商办企业的外国人，大到开办工厂，小到开一个饭店、一个商店，都是自备发电机。虽然近年许多非洲国家已开始下功夫解决当地的电力问题，向世界金融组织和有关国家申请借款或合作建设电厂，有许多电力项目已在建设中，但彻底解决非洲电力供应问题，要走的路还很长。远水不解近渴，眼下的问题还必须自己想办法解决。

黑非洲虽然有丰富的石油、天然气资源，但除南非、苏丹等少数国家外，绝大部分国家成品油全部依赖进口。这些国家的柴油、汽油的价格都很高。大部分国家成品油供应商直接是欧美的大石油商，在非洲道路两旁的加油站，几乎清一色是美孚石油公司、壳牌石油公司等欧美跨国公司的直销店。个别也有和当地政府合作的加油站，正常供应一般没有问题。

## 十二、交通条件、交通工具与基础设施

非洲的交通条件正在改善，但要从根本上解决问题还需时日。目前，基本情况是，在偏远地区没有现代意义上的道路，交通靠的主要是红土路（非洲红土黏性较大，比一般土质坚固耐用）。旱季漫天尘土，雨季一洼泥浆。许多国家干道虽然基本上是或曾经是沥青路面，也就是说虽然有的地方铺过沥青路面，但是许多路段的沥青早已荡然无存，只剩下一个大坑接一个大坑的路基。包括不少非洲的城市，甚至个别国家的首都在内的市内道路，除了行政区、富人区外，其他地方的路面往往也很糟糕，底盘低的小汽车在雨天很难通行。非洲道路存在的问题一方面是建设的问题，非洲国家大部分自己没有钱投资建设道路，靠国际上的贷款、援助款建设，而国际上的资金又没有保证，弄到一笔建设一段，没有就停下来。造成非洲国家许多地区的道路断断续续，这一段还没建设好，原来建设的就坏了。甚至，一个国家没有几条像样的路，到处都是断头路。再一个问题是，非洲使用借款或援款修路，预算内都没有维护费用，一条路建好后，中间不维护，路面坏得很快。

还有一个客观因素，是非洲有雨季和旱季。到雨季，有的地方三四个月一直下雨，路面积水后，载重车辆一碾压路面很容易受到破坏，只要路面沥青剥落，马

上就会出现一个一个的坑，而且随着过往车辆的碾压越来越大。面对这种情况，在非洲工作的外国公司，包括非洲有条件的当地人，都同时备有轿车和吉普车。吉普车是非洲最受欢迎的交通工具，也是在非洲工作必不可少的交通工具。非洲的达官贵人，甚至包括总统、国防部长外出都是吉普车队。到非洲比较偏远的地方一定要用吉普车，甚至要用大马力的吉普车。类似“沙漠王子”“巡洋舰”比较受欢迎，不然一旦抛锚在路上，会带来很多意想不到的麻烦。

非洲的空中交通存在的主要问题，是交通工具破旧和地面设施落后。黑非洲除南非航空公司和南非的机场外，其他国家都相当落后，不少国家只有机场而没有航空公司，有的虽有航空公司，但只有国内航班而没有国际航班。有的航空公司虽然有几架跑国际航班的飞机，但都是发达国家的航空公司淘汰下来的破旧飞机，一些乘坐过这些航班的中国人把它叫作空中“公共汽车”，在空中忽闪忽闪乱晃，很吓人。乘坐过一次后，不愿意再坐第二次。有一些国内机场没有航站楼，登机、候机全是露天的，跑道是红土路。

基础设施方面，除了已经讲到的电力、交通外，还有水的供应也是一个要关注的问题。一方面是供水设施陈旧老化、供水能力严重不足；另一方面是经常停电，电一停水自然也就没有了。解决的办法一般有两种，一是在房顶上或院内修储水罐，有水时放满，停水时用；二是在生活区内自己打井，与自备的发电动力设备配套。如果是在城市郊区或农村就必须有自备的供水设施。此外，还有燃气问题。目前非洲虽然很少有天然气供应，但许多地方都有了灌装液化气，在当地的外国人一般都使用液化气作燃料。当地普通居民主要使用木柴或木炭。

### 十三、谨防上当受骗

非洲社会虽然落后，但也有其十分复杂的一面。非洲的老百姓从总体上说是朴实的。但毕竟从殖民时代开始，已有数百年和外界接触的历史，经历了无数的战争与苦难，他们也目睹了西方人和少数当地达官贵人们花天酒地、醉生梦死的生活，改变现状、追求富足的生活也同样是所有非洲人的热切期望。然而在这样的环境中，同样也造就了一些不择手段、寡廉鲜耻、为富不仁的罪犯、骗子、社会渣滓。

如果和非洲人有过交往，就会知道，热情好客是非洲朋友的共同特点，但非洲人也很喜欢吹牛，你问起他的家乡情况、他的祖国情况，他可能描绘得天花乱坠，你提出任何问题，他都会告诉你，“没问题”。言过其实、夸大其词可能是非洲朋友的另一个共同特点。一般来讲，比较狡猾和不诚实的人，以当地的商人为多，和商人打交道一定要小心。另外，非洲大城市无所事事、游手好闲、混吃混喝的人非常多，许多可能就是以诈骗为职业。在非洲的生意场上，当地的商人既不相信自己，也不相信他人，都是现钱现货交易。即使是有多年业务的客户，也不敢信任。在非洲经商的中国人基本上是家人在国内发货，自己在当地接货，然后通过批发或直销的方式出货，但都是一手交钱一手交货，概不赊账。

非洲的商人自己不使用信用证，也不接受他人的信用证。在非洲要开具、使用信用证，一般必须找发达国家的银行设在当地的分行，或有发达国家银行做保兑。

当然，在非洲也有不少很诚实的人，尤其是一些在欧美接受过良好教育、有正当职业并在一定职位工作的非洲人，他们的素质一点也不比其他地方的人差。非洲普通的老百姓绝大部分也很诚实，甚至诚实到任人摆布、任人宰割，不知道维护自己最基本权益的地步。有时发生意外事故，当地雇员失去了生命，家人并不知道索赔，抬回家一埋就不再说事。有的家人的要求仅仅是给死去的人立一块墓碑。据笔者所知，在非洲，也有一些外国公司的职员素质十分低下（包括一些中国公司），对当地雇员抬手就打，张口就骂，随意克扣当地雇员的工资，很多当地雇员都是忍气吞声。

## 十四、考察、邀请及通关

非洲50多个国家，各国情况差别很大，决定到非洲发展之前，应当对预选的国家制订周密的考察方案，进行详细而认真的考察。考察尽可能自带翻译，如果不能自带翻译，也一定要在出发前把翻译联系好。翻译如同自己的耳朵、眼睛，对在国外开展工作非常重要。如果自己不懂所考察国的语言，又没有合格的翻译，没办法进行交流，考察注定不会达到预想的目的。如果考察国没有可靠的朋友接待或帮助安排活动，也可以向大使馆、经商处联系，请求他们提供帮助。有的使馆、经商处本身就为国内去考察的人员提供食宿服务(当然不是免费的,但收费一般比较合理)。如果让旅行社安排,一定要找一个可靠的旅行社按自己的意图安排好自己在国外的行程和食宿。初次出访非洲国家,如果没有合适的渠道,非洲国家驻中国的大使馆也是非常重要的途径,他们也都有为本国招商引资的职能。只要你找到他们,他们都会热情地为你提供服务。到所在国考察的方法,除了自己亲自到现场、市场、政府部门调研外,尽可能找到中国驻所在国大使馆、经商处,和他们谈谈,听听他们的意见会有一定受益,他们毕竟是中国派在当地的中国政府的代表,他们有义务为每一个进入该国的中国公司、个人提供相应的咨询服务。

关于去考察的邀请,如果自己没有可靠的渠道,可以和中国驻所在国使馆、经商处联系,不少非洲国家对中国使馆、经商处的邀请都予以承认。当你拿到邀请函后,可以带上要出访人员的护照和签证表直接到访问目的国驻北京大使馆签证,但要收取一定数额的签证费(一般几百元不等)。护照、签证材料送进大使馆后,正常要等1周到2周时间签证才能出来,如果有熟人,当时也可能就会办妥。但需要提醒的是,一般来讲,外国使馆介绍本国的情况,往往只讲好的一面,而且常常夸大其词。而中国使馆介绍所在国情况大部分偏重介绍存在的问题,以为今后你到所在国投资创业可能出现的问题开脱责任;当然,也有不少使馆、经商处的工作人员很负责任,介绍情况比较全面客观。

你如果到非洲出差,无论是出海关还是入海关,都要准备一些小额面值的美元或欧元以备不时之需。海关各个环节的服务人员都会向您伸出“友谊之手”,“Money,Money(英语,钱)”,是你最常听到的最熟悉的海关非洲“朋友们”的声音。如果你没有当地政府、海关的熟人或中国驻当地大使馆的人员接送,你就只能靠金钱通关了。当然,如果你没有带什么违禁物品,身上又没带多少钱,问题也不大,会在折腾一阵子后把你放了。另外,到非洲出差,一定要买一个安全性能高的行李箱,能经得住折腾,以免在通关时行李箱被撬、东西被偷。

## 十五、住宿、租房及其他

非洲国家严重的两极分化体现在各个领域,住宿宾馆有比发达国家更好的五星级饭店，也有供一般人使用的非常简陋的普通饭店。中档宾馆较少，就是一些三星级的酒店可能也比较简陋，但一个晚上价格也在100美元以上，低于100美元的饭店在非洲都是当地普通人才住的饭店。那些低档饭店，安全性能也比较差，吃饭也很不方便，外国人一般不会去住。临时到非洲商务考察的人员，最好是到当地中国人开的宾馆或大使馆、经商处的招待所去住宿。一是价格比较便宜，一晚上一般不会超过100美元；二是吃饭比较方便，可以吃到可口的中餐；三是他们还可以帮助介绍一些当地的情况。如果自己不能解决交通工具，他们还可能提供相关服务。

如果决定在某个国家投资经商，前期可能需要租房。在非洲城市租房是一件费脑筋的事情，一般非洲富人区比较安全，环境好，房子也都比较宽敞，但房租都很贵。而穷人区，房租可能便宜，但环境差，安全性也差。商业区比较乱，一般环境也不好，房价也不低。当然还有一些处于富人区和穷人区之间的地方，这些要靠运气和自己下功夫去寻找。如果是在当地有长远的打算，寻求大的发展，在当地找合适的地方自己建房是比较划算的事情。建房，装修的材料从国内进口，施工可找在当地的中国建筑公司帮忙（当然也要有相应的报酬）。也可能你不到10年的房租就能建一栋像样的房子，当你想离开时，这栋房子卖掉还会赚一笔钱。

## 十六、重视吃饭就是重视健康

到非洲经商办企业首先必须解决好自己的吃饭问题。非洲人的生活习惯和我们差别大，他们吃的方式、吃的东西、吃的环境都不是我们能适应的。即使城市里的饭店，除了外国人开的外，到当地人开的饭店，我们几乎没办法下咽。据笔者所知，在非洲的中国公司离开常驻地到外地去出差时，有时路上要走一天，甚至几天，一般都是备足路上的干粮和水，尽可能不在路上吃饭。如果要在路上吃饭，就到像样的城市西餐馆（有中餐馆当然更好）去吃。当地人开的路边小店一般卫生条件都很差，东西没办法吃。到中餐馆就餐，价格往往很贵，短期考察可以，长时间会难以承受。在非洲长期做业务的中国公司几乎全部是自己做饭。职工多的，都从国内聘请了专业厨师，私人公司也可能是让家人来帮助做饭。职工少的，大家轮流做饭。做饭的原料一般是用集装箱从国内发去的。青菜可以采取自己种或与在当地专业种菜的中国人建立联系，由对方定期送来或自己去取。据笔者所知，也有少数初到非洲创业的中国公司的职员或个人，为节约或图省事，经常吃方便面、火腿肠等方便食品，时间长了，由于缺乏营养、缺乏维生素身体出现了问题而被逼回国疗养、治疗，给自己或单位造成预想不到的损失。

## 十七、汲取古人智慧，因地、因事、因人制宜

“不畏浮云遮望眼，只缘身在最高层”。到非洲创业投资、寻求发展者，笔者建议出去之前，除了需要熟悉自己将要投资、经营的项目情况及当地环境之外，一定要认真地读一读《孙子兵法》这部充满着中华民族伟大智慧的典籍。它不仅是一部兵家必读之书，也是当代商场竞争必读之书。从19世纪末到20世纪40年代，日本人当年用我们祖先的智慧——《孙子兵法》险些灭亡了我们的国家。战后，日本人又用《孙子兵法》在世界市场出奇制胜，虎虎生威，在20世纪80年代打得欧美国家的企业一败涂地。笔者曾看过一个资料，日本老一代的企业家讲他们的经营之道，是“一手拿着《论语》，一手拿着算盘”，实际上他们没有说，他们的怀里揣着的还有一本杀手锏——《孙子兵法》。用《论语》对职工（赢得职工之心），用算盘对企业（管理），用《孙子兵法》对市场（经营）。

现今，欧美国家也都在研究《孙子兵法》。笔者下面摘抄几段以飨读者：“知己知彼，百战不殆。”“攻其无备，出其不意。”“水因地而制流，兵因敌而制胜。”故“兵无常势，水无常形。能因敌变化而取胜者，谓之神。”“故善用兵者，屈人之兵而非战也，拔人之城而非攻也，毁人之国而非久也，必以全争于天下，故兵不顿而利可全，此谋攻之法也。”“夫知胜者有五：知可以战与不可以战者胜，识众寡之用者胜，上下同欲者胜，以虞待不虞者胜，将能而君不御者胜。此五者，知胜之道也。”字字脍炙人口，句句发人深思。何止用于战场？用于市场、官场都会无往而不胜！

有可能的话，再读一读《道德经》《论语》。《道德经》《论语》解决的是修身养性、为人处世的问题。无论到什么地方，做任何职业，做人都是第一位的，必须以德驭才，德能胜才，目光长远，事业才能做得长久，才能做成大事。当然，我们

祖先还有另一部大智慧之书,即《周易》。《周易》拥有人类最高的智慧,天地、人事、宇宙万物运行发展的规律尽在其中。但读《周易》需要功夫、需要慧眼,需要大德、大智、大勇,弄不好会误入歧途而陷进雕虫小技,不谋人事专谋神道,则走入人生事业的死胡同。“苟日新,日日新,又日新”(这是商朝国君盘庚刻在每天洗脸、洗手铜盆上的铭文,是说只要每天以新的姿态出现,天天以新的姿态出现,就会不断攀登上新的境界)。

# 附件一：

## 开拓非洲市场案例选编

笔者在《非洲》杂志上选了部分企业在非洲投资、开拓市场的案例，有的是《非洲》杂志的特约稿，有的是《非洲》杂志记者的稿件。需要声明的是，根据本书需要，一些篇章在形式和文字上作了一些改动，个别的更换了标题（内容基本忠实于原貌）。笔者认为这些案例对有意到非洲投资的单位、个人将会有一定的启发和借鉴意义。

### 案例一

#### 喀土穆中国人的菜篮子

——岳杰智在尼罗河畔种菜出了名

故事发生在非洲面积最大的国家苏丹共和国。尼罗河穿越10个非洲国家，很多人依仗尼罗河水生活。苏丹境内河道长3 000多公里，但这个国家粮食、蔬菜和水果依然依赖进口。本文的主人公是一个平凡的中国人，名字叫岳杰智。他因在尼罗河畔种菜成功而扬名。

北非"热都"喀土穆的一个极其平常的早晨，习惯于起早的穆斯林信徒还在梦乡里的时候，一个中国人开着吉普车急匆匆地奔驰在通往市郊尼罗河畔的公路上，车辆免提电话里传来农场技师焦急的声音："菜种子播下第10天了，今早总算出苗了，但死掉的有一半呀，这可是20亩呀……""别急，其实我们也有预料。重要的是总结经验。等我到了和大家合计合计。"开车的是中国大连人岳杰智，现年51岁，是苏丹喀土穆8个中国蔬菜农场主中的领军人物。

**喀土穆中国人的菜篮子**

岳杰智现在拥有3个农场共840亩菜地，其中600亩算是熟地，均有产量，这还不包括他在苏丹两个主力油田开设的合资农场那160亩地。

要说老岳是领军人物，一点也不夸张，他的菜园子可真能出东西。据统计在苏丹10月至翌年4月种植旺季期间，他的农场的蔬菜品种有32个，每天的输出量可达3 500 ~4 000千克，即便是淡季也能出到14个品种1 500 ~2 000千克。当然，产量这么高，人手也少不了，老岳聘请的农业技师有141名，本地雇员85人，加上后勤、司机和临时雇的帮手够得上一个连了。这么大规模的蔬菜农场自然影响力很大，可以说目前喀土穆大大小小的中国公司吃的蔬菜，有一半是老岳供给的，难怪中国驻苏丹大使馆经济参赞郝宏社，称他是“喀土穆中国人的菜篮子”。

**辞职下海经营韩国人的农场**

老岳算是在苏丹成功的中国农场主了，但说起他的非洲创业史，老岳委屈得都要哭，这可是他在非洲13年的辛酸史。

他不是地道的中国农民，而是一名中国石油基层干部。早在1997年，就随中国石油首批赴苏丹工程技术服务人员抵达喀土穆，然而，在喀土穆城里一天都没待，他一猛子就扎到苏丹中南部油田的一线，负责后勤行政管理工作。当时他发现自己学的英语根本用不上，当地人最熟悉的只是阿拉伯语，为此老岳苦学阿拉伯语，很快推动了工作。

由于成绩突出，2000年上级抽调他参与组建中国石油CNPC海外第一个加油站。在和同事们的艰苦努力下，充分利用了老岳阿拉伯语和沟通能力强的优势，2001年3月加油站终于剪彩并投入使用。接着，他们又筹建了更多的加油站，一时间CNPC的名号在喀土穆被叫响。然而，老岳在思索着闯荡自己的一片天空。

2005年2月在经过思想斗争后，他“下海”了。3个月后，老岳捏着老爷子赞助的40万元人民币和自己多年的积蓄在喀土穆开办了一家中国饭店，同时从韩国人手里买下一个菜园子，开始在苏丹筹建第一个由中国人经营的蔬菜农场。

**蹲在地头几个月寻育苗妙招**

老岳在光鲜亮丽的成绩背后付出了常人难以想象的艰辛。先别说经营的饭店，就这个韩国人留下的菜园子就够受的，原本老岳想得简单，从国内雇农业技师，领着苏丹兄弟干呗，这么肥沃的尼罗河畔，撒下种子就等着收成呗。然而，老岳接过农场后一年，地里连一个菜丁儿都没看到。刚刚从国内聘请来的技师习惯性地按照国内类似的土壤和气候条件播撒种子，结果连苗都出不来，即使稀稀拉拉可怜的苗苗出来，小心地伺候2～3个月，几十亩地板结了，秧苗再次遭遇洗劫。即使有些可怜巴巴地结出果来，但号称"大茄子"的蔬菜品种也只有核桃一般大小。老岳和技师几个大老爷们儿在地头痛哭了好几场。

冷静下来后，老岳他们并不气馁，而是通过网络向国内农业专家求助，同时在自家地里继续试验。为解决育苗问题，老岳和技师在地头一蹲就是几个月，当老岳被晒成苏丹人模样时，他们终于找到了育苗的妙招。

接下来的半年里，老岳的农场开始出彩了。为纪念这来之不易的幸福，老岳为自己的农场起了一个名字：Lucky（幸运）农场。老岳的幸运真的开始了，2006年，他应油田的邀请在苏丹中部巴利拉基地开办了一家蔬菜农场，虽然是合资经营，但主要技术和管理全仗老岳。这个菜园子可不简单，就连苏丹总统巴希尔都参观过。就是通过这次参观 使巴希尔有了在农业领域与中国进行合作的想法。

## 寻求在农业方面更广泛的合作

但正当事业开始起步时，2007年老的家族管理模式出了问题，瞬间老岳背负了沉重的经济债务。他无奈地退出餐饮，退租了四层别墅，就连农场租赁费都承担不起了。老岳遇到了前所未有的困难，事业一下子停滞了。老岳的意志开始动摇，但爱人郭丽华坚定地从幕后走到台前，主动帮助老岳联络朋友寻求帮助。终于，在筹措了6万美元后，老岳东山再起，不仅稳住了原来的农场，同时也收购了另外两家农场。

另外，老岳总结了管理方面的薄弱环节，他果断辞退了多个家属，同时把儿子送到加拿大读书。按照他在中国石油学到的管理经验和做法，老岳委托妻子负责市场和销售管理。通过培训，他们还开始使用现代管理手段对农场进行管理。现在老岳的农场每天出菜、蔬菜的销量都是自动化管理。以茄子为例，老岳每天、每月都可以随时掌握单个客户的需求量、总销量以及未来1个月的销售走势。

目前,老岳的工作重点不仅仅放在农场上,而且开始寻求更大、更广泛的合作了。他每天出入的是苏丹农业部、中国使馆以及相关单位,赶上了蓬勃开展的中苏农业合作的头班车,老岳在中苏棉花、粮食种植等领域或将有所作为。

在总结办农场的经验时,老岳特别嘱咐准备到非洲开展农业合作的中国人,在来之前,一定要备好课,对目的国的情况,特别是目的地的土壤、气候、水文以及当地的文化习俗进行充分的研究;另外,对目的国的相关农业、进出口、公司注册、劳动法也要研究透彻,对可能出现的危险和隐患要估计充足。总之,老岳劝告大家到非洲创业光有热情和资金远远不够。

(刊载于《非洲》2011－01期　原文作者:本刊特约撰稿人侯福斗)

## 案例二

### 用小灯泡树大形象

——脉博公司如何开发非洲市场

北京脉博互联科技有限公司董事长孙庆平的聊天工具MSN的留言最近换成了这样的话:正在招聘赴非干将,并肩作战,开疆拓土,同甘共苦,共筑梦想。字里行间流露出战斗的锐气与豪情。

孙庆平今年三十刚出头,2004年从中国政法大学毕业后,便一直寻求自主创业的机会。期间,他尝尽百般辛苦,生活困顿时,曾租住过地下室,还曾卖掉自己喜欢的手机换了350块钱做生活费。他在短短几年间创办了三个公司,从为别人做网站开始,到后来创办了互联网公司和广告公司。2008年他又创立了脉博国际公司,开始从事太阳能对外贸易,并在乌干达设立分公司,公司规模逐渐发展壮大。

#### 乐于与人交流创业经验

作为大学生创业的典型,孙庆平热衷于与别人分享他的创业经历及经验。"我以前经常去大学讲课,与一些大学生们聊创业话题,希望能给他们一些启示。"孙庆平最近入选为北京市昌平区青年联合会委员、创业者协会委员。"现在，我的空闲时间少了，便开始培养一些青年志愿者，让他们到社区或去校园做志愿工作，得到更多的磨炼。同时，我们也是通过观察他们的行动，想从中获取人才。”

除了与国内一些青年交流外，孙庆平还与国外同行交流，探讨合作意向。2010 年 12 月，津巴布韦国家青年部率青年企业家来华与中国青年创业者座谈。孙庆平向记者谈起了这次座谈的感受：“通过与同行交流，我感到了在中国创业的优越性。相比之下，因为受经济条件所限，津巴布韦一些创业者的眼光还不是很长远。他们到中国寻求合作，只是急切地询问从哪儿可以引进先进的生产线。不过，大家都是年轻人，交流气氛热烈，他们与中国企业合作的愿望也很强烈。”

孙庆平在座谈期间展出的新能源产品，吸引了津巴布韦企业家的眼球。“当时，他们好几个人围住我，探讨太阳能产品的功用并介绍他们国家引进新能源的优惠政策。他们邀请我到津巴布韦投资，我打算年初去做深入的考察。”

**想办法解决非洲照明问题**

2008 年，孙庆平去乌干达考察，寻找可行性项目。“当时，我看到马路两旁，一边是别墅，一边是棚户，感到了巨大的贫富差距。我走进乌干达首都坎帕拉周边的乡村，晚上看到村民家里没电，手电筒对当地人来说是奢侈品，因为他们买不起电池。”孙庆平当时就琢磨，怎样才能解决非洲人的照明问题？“柴油电机价格昂贵，只有一些小工厂和商店店主才会购买，客户基数很小。我们的实力又不足以建电厂，只能开发当地老百姓消费得起的合适的产品。”考察市场期间，孙庆平看到了太阳能产品的空缺，也看到了广阔的市场前景。他想将功率小、价格低的太阳能小供电系统推广到乌干达。“乌干达只有 5% 的农村家庭可以用得上电，另外 95% 是市场空白，所以需求很大。这样将高科技民用化，企业有了发展方向，也能为当地老百姓解决问题。”

刚开始开拓市场时，孙庆平通过与当地 NGO（非政府组织）联系，参加他们的活动，不断宣传理念，展示产品，市场逐渐打开了。孙庆平自豪地说：“在乌干达，NGO 非常重要，他们是带些官方背景的民间组织，力主做一些公益事业，很愿意帮助推广太阳能产品。与他们合作起点高，走高端市场，所以我们在当地小有名气。我们在中国是小企业，可在乌干达树立的是一个大企业形象。”

除参加各种高端宣传推介会外，脉博公司还在乌干达电视台和报纸上做广告。“之所以花钱做广告，就是想让当地人接受一种理念：太阳能是一种清洁能源，不污染环境，可循环利用。”慢慢地，一些渠道商主动找上门来，要求代理他们的产品。

据孙庆平介绍，一组太阳能小系统照明灯，在乌干达售价为人民币 300 元，相当于当地普通家庭半个月的收入，产品质保期为 5 年，当地人容易接受这类产品。

## 铺设稳定渠道，扩大经营规模

目前，脉博公司已经取得中国太阳能知名品牌尚德、英利等在乌干达的代理权。“我在乌干达考察时，发现当地有销售尚德的产品，但它们多数是欧洲商人带过去的。从中国到欧洲再到非洲，产品经过几层销售商的加价，乌干达普通民众根本消费不起。所以我决定直接将优质产品带到非洲，减少中间环节，价格自然要低很多。”

**《非洲》杂志记者：**你认为这些品牌选择你们公司的原因是什么？

**孙庆平：**我去与他们商谈合作时，创业时期，不但有一支激情澎湃的年轻团队，而且我们需要有战略眼光的供货商。他们很重视我们的渠道，也欣赏我们的工作态度。当然，这些公司给出样品后，我们很快就能出货，及时付款，维护公司的信誉。

孙庆平说很多公司忽略了农村的消费潜力，或者因为农村安全系数低，就不愿到农村去发展。而脉博的主要市场是在农村，乌干达很多镇都有其代理店，公司员工会一个月做一两次回访，与代理店总结销售与需求情况。

**《非洲》杂志记者：**作为一个年轻的企业，两年多来公司发展态势良好，你认为其中的关键因素是什么？

**孙庆平：**很多人好奇地问我，非洲市场好做吗？问话之中所带的怀疑成分不言而喻。我认为认真地考察，找到市场的空白点至关重要。我在考察乌干达之时，不断地与各个店铺老板聊天。当时在那儿住了近一个月，几乎走遍了坎帕拉的每一条街道。而且，我觉得最好是公司的决策者去实地考察，收效会更好。

**《非洲》杂志记者：**公司在非洲市场的规划如何？

**孙庆平：**目前，脉博主要推广太阳能光电相关产品，也销售太阳能热水器等产品。热水器的销量不大，不过我们正在有意识地培养客户，让他们认可新产品。公司还在与乌干达及周边国家卢旺达、坦桑尼亚等有关方面商谈做太阳能工程产品。如今，在非员工开始渗透周边国家，寻找合作伙伴及代理商，由赤道为中心逐步向其他国家扩散。

**招收赴非干将，共同开创事业**

尽管公司规模在不断发展扩大，但孙庆平谦虚地认为，现在离成功还远，目前也只能说是在健康发展。

**《非洲》杂志记者：**你在 MSN 签名中说要招收赴非干将，你眼中的干将需要什么条件？

**孙庆平：**首先，他们要有突出的商务能力。即语言要过关，要学会融入当地环境，而且要学会推销自己。另外，员工还要有大胸怀，即看事情更为宏观，能够做到站得高，看得远。同时，他们还要学会包容，这要求他们不仅要具备吃苦耐劳的品质，还要有克服困难的胸襟。

孙庆平讲到在乌干达的公司员工有很多感慨。“非洲国家的环境比较艰苦，如果没有好的心态是待不住的。但公司员工把在非洲工作当作一场战斗，一种乐趣。他们早上 6 点起床，先跑上 5 000 米，然后做 50 个俯卧撑。”说到这点，孙庆平特别高兴，“他们去乌干达之前还有些瘦弱，一年后回来，就有了一个健康的体魄。”他把乌干达员工拟订的员工守则给记者看，守则第八条是：若有解决不了的问题或犹豫不决时，一不许逃避，二不许掩饰，三不可蒙哄，必须正面应对。孙庆平骄傲地说：“我们的员工实行军事化管理，我为他们的战斗力感动。”

**《非洲》杂志记者：**能否谈一下几年来的创业感受？

**孙庆平：**创业不分区域国界，但需要有战略眼光。在菜市场摆摊也是创业，但那是“菜鸟级”创业，是为了生存的温饱型创业。但如果具备战略目光，以后能够种大棚，种生态蔬菜，那么创业就更有意义了。

这几年,我虽没有直接创造多少财富,但我的精神世界很丰富。我在公司既是老板,又是员工,是由大家支配的员工。毕竟,公司还在创业初期,我不仅得指挥,还需去执行。在公司起步阶段,老板需要付出更多。这不是我一个人在创业,我是与员工一起创业的。

孙庆平说他正在计划运营一个网站,域名叫做"Friendly Africa(友好的非洲)"。"做这个网站,一是为了公布公司的信息,让非洲代理商与非洲供货商都能获取相关信息。二是为了介绍非洲,让一些在非洲有生活及工作经历的人借助网站宣传非洲人民的友好,并从中找到商机。网站本身不赢利,只是构建一座沟通交流的桥梁。"

尽管工作很忙,但孙庆平却坚持每天早晨练半小时书法。"我专门拜师学书法,通过老师的讲述,能从书法之中学到一些做人方面的道理。而且一大早写字,能让我静下心来养心修身,对我一天的工作也很有帮助。"

(刊登于《非洲》2011－01期　原作者:本刊记者朱晓磊)

## 案例三

### 宝石缝纫机在非洲市场打造自己的品牌

宝石集团董事长阮小明有一个保持多年的习惯,那就是闲暇时便盯着世界地图看。他告诉《非洲》杂志记者:"越看越觉得非洲市场大。"

阮小明的非洲情缘始于中学期间。上学时,他经常在一些街头宣传栏的照片上看到许多非洲小孩光着身子,当时便想,这个地区肯定很需要衣服穿,穿衣服就要缝纫机。从那时起,他便把遥远的非洲当做自己的一个梦想。后来,27岁的阮小明靠借来的2 000元钱创建了宝石集团。在开拓国际市场时,他了解到苏丹、尼日利亚的棉花产量居世界前列,脑子里便形成了一条产业链:有棉花肯定有纺织厂,有纺织厂肯定需要缝纫机。经过十几年的努力,宝石缝纫机在非洲已从原先的"无名小辈"跃升为一些中国政府机构馈赠非洲国家的礼品。

## 从埃及市场实现飞跃

1998 年，宝石品牌开始进入非洲市场，第一站便是南非。南非素有“钻石王国”之称，宝石是南非人心中的骄傲。宝石牌缝纫机因名字的巧合获得了较好的印象分。而且宝石缝纫机质量好，适合人们的使用需要，因此很快受到南非客户的青睐，从而带动了产品向非洲其他国家出口。

但开拓非洲市场并非一帆风顺。埃及是北非重要的纺织工业基地，也是宝石集团的重要海外市场。阮小明多次穿过开罗的“死人城”，去往市中心一条拥挤不堪、看起来有些破败的小巷。这条不起眼的街道，即著名的缝纫机一条街，它对希望抢占北非市场的缝纫机厂家而言非同寻常。在小巷里，从日本的JUKI、BROTHER、MITUSU BISHI 到韩国的 SUNSTAR、UNICORN，几乎所有的世界品牌都汇集到这里，同台竞争。阮小明第一次走进这条街时，将中国制造的缝纫机带到了这里。一开始，没有经销商愿意代销宝石缝纫机，因为之前从来没有中国产品。阮小明告诉对方，可以免费提供 200 台机器，等产品销售后再收钱。阮小明的真诚打动了一位经销商，他犹豫不定地接收了宝石缝纫机。从此，在充斥着日本品牌与二手机器的埃及市场一角，有了“中国制造”的身影。

虽然挤进了埃及市场，但宝石缝纫机在最初几年并没有得到其应有的风光。很多宝石机器从亚历山大港进口后，一些阿拉伯商人把机器上的“宝石”商标用砂纸磨掉，换成了日本高档品牌的标志，因为卖日本牌子可以赚取几倍的利润。

2000 年，当阮小明再次走进缝纫机一条街时，他发现很多店铺里热销的日本机器实际上都是宝石的产品，没有经过“修饰”的宝石缝纫机却鲜有人问津。这让他陷入深深的思考之中：如何才能让宝石品牌真正在非洲扎根？如何才能让非洲人认可“中国制造”？于是，他严肃地告诉一同考察的销售人员：“要进一步加强品牌建设，打造宝石精品，不能再在日本产品光亮的旗号下黯然生存。”

经过宝石人一次次对经销商的频繁走访与交流，集团于 2001 ~ 2002 年期间在非洲 30 多个国家注册了宝石商标。为了加强市场销售与售后服务，公司在埃及各大城市设立了总代理商，还正式成立了宝石集团驻埃及代表处，监督和协调各代理商之间的关系，加强市场网络建设。之后，还成立了宝石驻埃及 4S 品牌经销店。

有一年，阮小明经开罗转机，执意到缝纫机一条街去看看“宝石”的老朋友们。看到穿着宝石工装的阮小明到来时，欣喜的经销商们奔走相告，大家把他围住，握手拍照，诉说喜悦：“Gemsy，China NO. 1（宝石，中国第一）。”经过努力，宝石缝纫机在埃及占据了主流，2010 年对埃及的出口额达到了 400 多万美元。

## 打造本土特色

如今，宝石集团已建立起覆盖全球的营销网络体系，在世界范围内设立了 29 家分公司和办事处，在 30 多个国家建立了“客户代理制”，其中在非洲的埃及、南非、阿尔及利亚、突尼斯、尼日利亚和摩洛哥等国和地区共设立了 10 多家办事处，形成了以埃及为中心的多个辐射区域。

随着非洲经济的复苏及全球一体化的深入发展，拥有丰富的资源和巨大市场潜力的非洲大陆开始受到各个大国的重视。宝石集团在非洲市场上也面临着强劲的对手。阮小明细致分析后说：“我们的竞争对手拥有语言、资金、技术、经验等各方面的优势。面对这种挑战，宝石应该积极应对，一要渗透宝石文化，二要实现人才本土化。”

截至 2005 年，宝石已在南非、埃及、尼日利亚、突尼斯等国设立了宝石服装技术培训学校，对当地人进行缝纫技术、操作及管理方面的免费培训，并免费提供缝纫设备与培训师。此外，宝石集团还邀请非洲在华留学生到公司总部交流与学习。多种形式的交流让当地人觉得宝石集团是在与他们共同成长，这让宝石公司逐渐在非洲扎下了根。

对于在非洲的代理店，宝石集团尽可能做到人才本地化，除派出少量管理人员外，其余员工大多雇用当地人。当地人通晓本地的语言与文化，熟悉本地的经济、法律和人际关系，对宝石开辟市场起到了沟通作用。

## 坚定不移地开拓非洲市场

**《非洲》杂志记者：**大部分人认为非洲经济比较落后，百姓购买力不足，你认为宝石在非洲市场前景如何？

**阮小明：**根据世界银行的统计数据，进入 21 世纪以来，非洲经济已经连续 5

年快速增长，年均 GDP 增幅达到 4.3%，处于自 20 世纪 70 年代以来最强劲的时期。而当前非洲的购买力尚未得到有效激活，这其实就代表着将来有强大的市场需求。

服装行业具有吸纳劳动力多、环境污染小以及进入门槛低等特点，能够很好地缓解就业压力。非洲很多国家的服装业都被列入鼓励性发展行业。非洲的经济相对较落后，大部分国家的劳动力价格也比较低廉，其服装业出口受到国际性保护，几乎没有贸易配额限制。与非洲服装业的巨大潜力形成鲜明对比的是其制造业基础非常薄弱，本土缝纫机生产能力严重不足，缝制设备主要依赖进口。而且他们的缝制机械产业还没有形成完整的产业链，零部件也依赖进口。宝石集团正是看中了非洲服装业的发展潜力和自身制造业的优势，逐步加快了进军非洲市场的步伐。

许多投资商对非洲服装市场较为乐观，纷纷落户当地。目前，宝石在非洲的主要客户是一些成衣加工公司。

**《非洲》杂志记者：**如何将“宝石”和其他品牌的产品进行比较？

**阮小明：**宝石品牌已经成为非洲地区的知名品牌，并被广大用户所认同。宝石集团以卓越的品质，不仅为当地的服装企业提供了坚实的设备保障，也给经销商们带去了财富和希望。

然而，现实中产品的竞争非常激烈。中国的缝制设备生产总量占全世界的 70%，是世界上最大的缝制设备生产与出口基地。但除了宝石等四五家规模型企业外，其他的都是一些中小型企业。这些企业生产的产品档次低，适合非洲一些贫困国家的需求，因此，这些企业在非洲也占有一定市场，不过有些企业的恶性价格竞争损害了整个中国缝制行业的利益。所以，宝石集团将坚持把自己的产品定位在中高端，走产品差异化道路，将不遗余力地积极提升宝石品牌及“中国制造”的影响力。

**《非洲》杂志记者：**如何避免企业间的无序竞争？

**阮小明：**很多中国企业经常是你卖什么，我就紧跟着卖什么，同质化、模仿性十分严重。在非洲，很多生活及生产用品稀缺，这便为中国企业走进非洲提供了巨大空间。但是,产品大量输出的同时,中国企业还需要注重品牌建设,要有长远眼光,树立自身形象,企业之间要有序竞争。

中国企业本身也面临着欧美等发达国家企业的竞争,为了健康生存及持续发展,中国企业的发展需要有一个良好的外部环境,企业之间要形成一个整体的"生态系统",互相合作,互相促进,优势互补,共同提高,从中获得更大利益,提高整体抗风险能力,将多品牌、多品种的产品共同推向国际市场。

**《非洲》杂志记者:**有一些企业因为非洲一些国家存在风险,就对是否走进非洲犹豫不定,作为一个"老非洲"你有什么建议?

**阮小明:**企业可以通过做好防范工作来规避一些风险。比如,在非洲建立销售网络时,一定要选择信誉好的代理商,寻找到一个优秀的、讲诚信的代理商是企业去非洲经营的最关键所在。另外,针对一些不稳定的国家,比如刚果(金)等国,不稳定因素太多,则应该建立保险机制,向有关保险公司投保,降低意外损失。

**《非洲》杂志记者:**你还担任着中非民间商会的副会长,会利用一些时机向其他中国企业家介绍非洲吗?

**阮小明:**作为中非民间商会的企业家副会长,我也经常和一些进军非洲市场的企业家交流非洲市场的发展形势。同时,我觉得通过商会、行业协会加强行业内部的自律,协调民营企业对外投资和对外经济合作事宜,可以有效地解决经营秩序中出现的不正当竞争问题,并维护国家和民营企业自身的利益。

## 创新与坚持是企业制胜的关键

"创业路上我曾经吃过自来水兑面包,遭受过别人的冷眼相待,之后在开拓非洲市场时,也曾在苏丹碰上内战,在尼日利亚被人用枪指着要小费……有人曾把我比作《阿甘正传》中的阿甘,我也乐意做阿甘,虽历经辛苦,却仍愿痴心追求。"阮小明总结十几年来在非洲的创业经历时,语气显得很平淡。

当问及阮小明成功的经验时,他回答道:"现在没有成功,而且也没有绝对的成功。虽然不知道以后的路具体是什么样的,但坚持与创新是必须的。只有做到这两项,企业品牌才能不断被认可,才能在引领创新中得到用户的信赖。"

阮小明坦言，接触非洲，也带动了宝石集团的技术改进。刚开始，宝石员工以为中国人用什么缝纫机，非洲人也自然接受，后来发现这种先入为主的思想不可取。非洲部族很多，他们有的喜欢穿一些绣花服装，有的则是长袍，甚至是皮毛服装，所以我们改进了工艺与加工设备，一些绣花机、花样机、特种机等产品在非洲很受欢迎。这就是互动的成果，了解了非洲人的生活状况，从而改进了设备，使得产品的市场份额不断增大。

虽然企业的规模越来越大，但阮小明还是保持年轻时的拼命三郎的劲头，现在还是自己主抓国际市场业务，而且他出国考察时也经常穿着宝石集团的工装，从个人做起宣传宝石品牌。每到春节，阮小明还和工人们一起吃年夜饭，与他们拼酒，用他的话说，就是：要与工人零距离，只有工人认可企业领头人，才会认同企业。

（刊载于《非洲》2011－05 期　原作者：本刊记者朱晓磊）

## 案例四

## “青岛先生”让坦桑尼亚人高看青岛

——“雪山”矿泉水供不应求，“金羚羊”啤酒慢慢走俏

“Hello, Mr. Qingdao.（你好，青岛先生。）”坦桑尼亚人见到青岛中坦贸易有限公司董事长管洪忠经常这样打招呼，熟络中带着亲切。管洪忠自己也说：“我在坦桑尼亚是张熟脸孔。”

管洪忠早在 1988 年便与坦桑尼亚结缘，当时他作为国内派出的电气专家负责坦赞铁路的维修。他带着调侃的语气说：“那时虽然条件艰苦，但是也有很多国内人羡慕我们能有出国的机会。因为我们挣的是美元，半年就可以买回一大件（电器），当时就有口头禅说‘出国两年四大件’”。管洪忠自知机会来之不易，他利用在坦桑尼亚工作的两年时间，对坦赞铁路的供需及其他市场的发展情况做了摸底调查。

两年工作结束后，管洪忠从坦桑尼亚返回青岛。他对坦桑尼亚广阔的市场

一直念念不忘,也积极向所在单位建言。1994 年,他受单位委托重返坦桑尼亚,经营一个冰淇淋加工厂。“坦桑尼亚终年湿热,达累斯萨拉姆却没有销售雪糕或冰淇淋的店,我想这个冰淇淋加工厂肯定会在当地火起来。”当时,他带着工人大早上便扛着冰箱将大批的冰淇淋批发给当地小商人,晚上又走访各处酒吧。

首战告捷后,管洪忠又瞄向了他所熟知的坦赞铁路。1997 年,他离开了原单位,下海单干,并成立了青岛中坦贸易有限公司,主要为坦赞铁路提供配件、模具等物资。如今,他的公司已成为坦赞铁路最大的供货商之一。“坦赞铁路常年失修,很多机车配件都需要大量购买补充,因为我曾为坦赞铁路服务过,铁路局的人也信任我,所以我们合作起来非常愉快。”

1998 年,他又在达累斯萨拉姆开办了雪山矿泉水厂。“当地水质差,所以严格过滤后的矿泉水受到了热捧。当产品推出半年后,挨家挨户的推销模式便改为了客户主动到工厂批发。”据管洪忠介绍说,目前“雪山”矿泉水厂只生产 20 升容量的桶装水,售价合人民币 14 元,在很大程度上解决了当地人民的饮水卫生问题。“雪山”牌饮用水已在达累斯萨拉姆建立 20 多个连锁经销点,每天可供水 18 000 升,可满足 3 000 户的饮水需求,已经成为当地的知名品牌。他对记者说,今后还要扩大矿泉水厂的规模,让水质再上一个台阶。

管洪忠再接再厉,并于 2003 年在达累斯萨拉姆成立了啤酒公司,生产青岛口味儿的啤酒。他特别钟情于自己公司生产的“金羚羊”原浆啤酒,用他的话来说就是“够味儿”。他曾在欧洲、加拿大、美国考察各国啤酒,之后决定生产原浆啤酒。管洪忠向记者解释说:一般的啤酒在经过一系列的过滤、高温等处理后,损失了大部分的营养成分,啤酒的原汁原味已不复存在。而原浆啤酒是未经过滤处理直接从发酵罐中分装的啤酒原液,泡沫极其丰富,香气浓郁。他说,因为考虑到坦桑尼亚资源比较匮乏,所以在青岛也设立了啤酒厂,“这样如果坦桑尼亚的工厂遇到了技术问题,在青岛的专家可以在工厂里进行故障模拟,从而及时准确地解决问题”。他直言道,啤酒的主要客户是华人,当地人则大多喜欢当地产的有咸味的啤酒,他们不像中国人那样喜好狂饮,而是一小口一小口地喝。尤其刚开始,当地啤酒厂主曾警告酒吧不要买我的酒,所以起初买“金羚羊”的人寥寥无几。不过随着当地人的偶尔尝鲜，啤酒慢慢地走俏起来。

2010年8月青岛举行第20届啤酒节时，“金羚羊”啤酒加盟，非洲元素更是引发了啤酒节的火爆。管洪忠别出心裁，带着几位当地黑人在非洲风情体验馆里表演歌舞，气氛十分活跃。当时，NBA前球星、NBA全球慈善大使穆大叔（穆托姆博）也参加了啤酒节。穆大叔一看到馆内的非洲兄弟便立刻与他们来了个大大的拥抱，连声说“找到亲人了”。热烈的气氛也使“金羚羊”品牌得到了推广。

这些年来，管洪忠尝试过多个行业，他告诉《非洲》杂志记者：“闯非洲应是一个战略认识。现在很多人以为非洲落后而把那里想成是一片空白，我认为这种看法是粗浅的。我认为中国企业投资非洲是一条非常正确的路线。做一个不恰当的比喻，新中国的胜利是因为农村包围城市。同样，非洲相对于欧美来说就像农村，只有在农村扎根了才能走进城市。再做一个比喻，大学生毕业去美国只能刷盘子洗碗，而在非洲却可以当上高管，不一样的起点，对个人的塑造及成长速度也会产生不同的影响。如今，有些精明的企业家能够认识到非洲的重要性，我也希望更多企业家投资坦桑尼亚，那儿是我的第二个家，我愿意尽力为企业牵线搭桥。”

（刊载于《非洲》2010－03期　原作者：本刊记者朱晓磊、朱海淼）

## 案例五

## 青岛佑兴集团创“安哥拉经营模式”

平均起来，每位安哥拉人有两双佑兴旗下品牌的鞋子，佑兴代理的发电机占到安哥拉市场的70%，钢管厂预计今年就要在当地上线……这是青岛的一家民营企业——佑兴集团有限公司在安哥拉的不俗业绩。

“我们觉得停战后的安哥拉物资紧缺，百废待兴，是一个新兴的市场，所以我们就选择民生作为切入点。现在公司的贸易领域主要集中在发电机、商用空调、家电系列、摩托车、家居、钢材、鞋子等十几个品种。”佑兴集团公司副总裁黄萍对《非洲》杂志记者讲起公司进入安哥拉的初衷。

佑兴集团成立于1993年。在2002年安哥拉刚结束内战之时,集团总裁陈松便去安哥拉考察。那一次考察,当地警察莫名其妙地把他抓入了移民局。黄萍对于那次意外很有感触,她说:"安哥拉原是葡萄牙殖民地,法律看似健全,但因一些部门的腐败,往往使法律失去效力。"最后,他们交了2 000美元罚款,算是上了一堂课。

创业也充满了艰辛,在安哥拉"安营扎寨"后,佑兴集团也因环境不稳定遭受了一些损失。2004年,公司在安哥拉的仓库由于线路老旧受到雷击而引发火灾,几百万人民币的货物付之一炬。去年,有一员工遇到打劫并受了枪伤。"面对高风险,企业当然不能打退堂鼓。"黄萍看出了记者的疑问,索性自己提了出来,"我们不仅不打算退出,而且今年就会把安哥拉基地建起来。我们认为在当地有了投入才算有了根基,才能得到当地政府和客户及民众的认可。在安哥拉的基地建设预算达1 000万美元,其中一期投入500万美元。整个基地包括商场、售后中心、物流中心和厂房。"

记者到公司采访之时,陈松正在安哥拉,提起陈松,黄萍娓娓道来:"刚开始创业时,陈松都亲力亲为,他也很能吃苦。"2008年年底,陈松带人考察刚果(金)市场,晚上休息时,他将床让给了员工,自己睡地板。结果早上醒来时,陈松发现房东家的狗正有滋有味儿地舔着他的脸。正是这种求实进取的工作方式和态度,使全体员工能坚定地认可公司,并随公司共进退。黄萍也信心十足地说:"非洲是个大市场,只要用心做,一定有机会。"

佑兴的坚持得到了回报,在安哥拉经营的8年多时间里,佑兴旗下品牌的鞋子成为当地数一数二的名牌。黄萍强调说:"在这方面的市场潜力依旧很大,首都罗安达人非常时髦,他们每个人都拥有十几双、几十双鞋,流行风尚跟着巴黎走。女孩子每天换衣服时必须换鞋来搭配不同的颜色和风格。安哥拉境内矿产资源丰富,因此民间流通的资金很多,罗安达连续几年被评为全球消费最高的城市之一。安哥拉可开拓的市场很广阔。"

此外,佑兴集团制定了明确的品牌战略,公司经营的产品,除了和力帆、开普等公司是代理合作的形式之外，其余品类的商品都拥有自主品牌。公司有自己的研发、质检及设计队伍，在安哥拉名气越来越响。佑兴公司的售后服务网络完善，是安哥拉第一家提出发电机售后服务理念的公司。同时佑兴公司也积极通过广告宣传、展会等手段推广佑兴品牌，公司产品的质量、声誉、服务为很多人熟知，成为安哥拉当地的名牌。曾有一次，几位中国人被骗到罗安达打工，结果去了没人接待。但在机场外，他们看到了佑兴的广告牌，便拨通了电话。佑兴集团的人安排他们入住并帮助联系了大使馆。

佑兴集团并不满足仅在商贸领域发展。“我认为做生意不应只是掘几桶金，而是要树立长远的目标，创出名牌。我们深深感到中国人在当地虽有赚钱的能力，但地位却比不上葡萄牙人、巴西人，原因之一就在于中国在当地的文化根基浅，在文化理念、生活习俗等方面都需要互相理解、接受。我们计划办一座类似于孔子学院的学校，请中国的老师到安哥拉讲学，使中国文化渗透到当地社会里，从而加深双方的交流。”据黄萍讲，当地高层人物对中国文化感兴趣，却在当地找不到学习的场所。

目前，佑兴已在安哥拉开设了30多家店，雇用200多名当地人。公司有意培养当地人进管理层，并已经雇用了本土的HR经理等管理人员，实现本土化是公司明确的目标。公司每年安排当地优秀员工来中国旅游，到青岛和中国同事互动交流。此外，佑兴还专门为在中国留学的安哥拉学生提供回安哥拉公司实习的机会，以促进人才、文化的互动和储备。

佑兴集团的管理层倡导中国员工要主动多与安哥拉当地人交流、沟通，时间久了，当地人把他们当做好朋友，付出也换来了回报：停水了，中国员工一早会发现公寓门口放着一桶从远处打来的水；断电了，房东从其别墅里拖出电线给中国员工公寓接上；公司举行店庆，安哥拉员工穿着公司配制的工装，自发地组织活动表达忠于公司、希望一直在公司工作的心愿。

黄萍对员工队伍的稳定性非常满意，她介绍说稳定性除了来自员工对公司的认可，公司对员工不间断的培训也是留住人才的一个办法，例如公司每周抽出四个中午的时间聘请外籍语言教师为员工讲授葡萄牙语。黄萍说：“大家都乐于在一个求实进取的环境里工作。每年公司都为管理层投入很大的财力和精力，提供到名校脱产学习培训的机会。”

（刊载于《非洲》2010－03期　原作者：本刊记者朱晓磊、朱海淼）

## 案例六

### 青岛“凤凰”蜡染代表高质量

——专注品牌创新　尽显非洲风情

黄色的豹纹、黑白相间的斑马纹、似海洋般的湛蓝色条纹……这些是在青岛凤凰印染有限公司生产的蜡染布上看到的“非洲缩影”，布上所印条纹似螺旋、似圆圈状排列，颜色靓丽，风格变幻多样。“凤凰”蜡染粗犷的设计风格、明快的色彩与非洲的民族服饰文化、自然风光浑然一体，受到了非洲消费者的喜爱，成为一种持久的流行时尚。

采访时，凤凰印染有限公司总经理吴晓飞首先给《非洲》杂志记者讲起了蜡染布的历史。早在2 000多年前，中国的西南少数民族便发明了蜡染，中国的蜡染技术在国内外享有极高的知名度和美誉度。吴晓飞说：“非洲人非常喜欢蜡染布，最早是由荷兰和葡萄牙商人把蜡染花布从东南亚殖民地带入非洲大陆的。一些部族的人直接将蜡染布稍微一裁便包在身上，浓艳的颜色与非洲人的肤色和热带的自然环境互相映照。目前凤凰印染每月向非洲发货约200个集装箱，大约一年对非洲的销售额为2.5亿多美元，产品主要销往西非、中非和东部非洲等地区。”

凤凰印染于1998年开始完善蜡染印染技术，慢慢地提升品牌，在手工蜡染的基础上，运用机械设备，采用松香作防染介质，这样不仅环保而且印制起来正反面色泽一致，色彩丰富。吴晓飞说：“凤凰印染产品于1998年正式进入非洲，可以称得上中国纺织蜡染行业走出去的先锋。十年如一日，在非洲，‘凤凰品牌’代表着高质量、高标准。为了让蜡染花布受非洲人喜爱，我们公司聘请了非洲设计师，也让国内的技术人员去非洲考察，熟悉当地的动物、花草及文化环境，以便能提取到最自然、最地道的非洲元素，使蜡染布的花色、条纹与非洲人的生活相融合。”据了解，公司每年都会有十几个创新项目，力求在技术上精益求精，引领时尚潮流。

不同于其他公司的生产销售一体化，凤凰印染注重产业分工，生产、销售、开发各司其职，在深圳、香港建有销售公司，而在非洲的零售则依赖于当地人。吴晓飞说：“我们非常注重产业链，公司只负责产品生产、研发与创新。经常有非洲商人直接来到公司，在样品室看到蜡染布，不由得欣喜若狂，大呼：终于找到了。虽然他们辛苦奔波，但公司还是按规矩办事，不采取零售，而是带领他们参观工厂后，让他们直接去总代理商那儿批发购买。”将非洲的零售业务交由当地商人去做，能从很大程度上为所在国创造就业岗位，改善当地人的生活。据吴晓飞讲，当地销售商甚至将品牌委托书供放起来，天天祈祷凤凰印染能得到长足发展。他们深知只有企业发展好了，他们的生活才能有所保障。如果有假冒产品出现，这些销售商就非常气愤，自发地充当“打假斗士”，并非常及时地向公司汇报，采取行动告诉当地人怎样分辨真假。

作为一家国有企业，凤凰印染在非洲同样也承担了社会责任。去年，公司花了5万多美元，在多哥为当地学生修建了一所学校。虽然是一所小小的学校，但出乎意料地产生了巨大的影响。2010年11月学校竣工典礼之时，当地人奔走相告，欢天喜地，载歌载舞。当地各大媒体也作了详尽的报道，纷纷称赞中国公司为孩子们所做的善举。

吴晓飞走访过一些非洲国家，感触颇深。据他讲，不少地方经济十分落后，特别是学校只是在野外简易搭建的茅草屋，条件十分艰苦。“那些小孩子睁着渴求的大眼睛，显示出他们对生活的渴望与热情，所以再看一下他们的学习环境，我们应该给非洲人民提供一些力所能及的帮助。”吴晓飞还告诉记者，“公司已经制定出完整的规划，以后每年凤凰公司与合作伙伴都会为一个非洲国家捐助一所学校，以回馈当地消费者。”

（刊载于《非洲》2010－03期　原作者：本刊记者朱晓磊、朱海森）

## 案例七

### 情理法兼顾，在非洲打了场漂亮官司

#### 刚一上任就当被告

2003年夏天，我刚到贝宁科托努，任国内某纺织品进出口公司驻当地分公司经理，就意外接到一纸法庭传票，通知我于10天后出庭，原因则是一名离职的黑人雇员一张状纸，将公司告到了法庭。

原来就在我报到前不久，分公司仓库发生了一次深夜被劫案，损失惨重。前任经理认定，经常负责从仓库往门市部发货、运货的某黑人雇员有重大嫌疑，追赃心切的他未与总公司商量，就自作主张地花钱走关系，让当地警察将这名雇员拘捕了。后来知悉，警察为了取供，对他使用了私刑，但几天下来却一无所获。不久后，有其他线索证明，案犯是一个境外团伙。吃了不少苦头的黑人雇员被放出来后，发现在他被抓期间，妻子刚生下的女儿夭折了。

这位雇员心灰意冷之余，就在我上任的翌日辞职了。本以为与此事无关的我，万没想到不久后便收到了法庭的传票。

我急忙找到公司律师询问情况，才知那位雇员在离职前已提起几次劳动仲裁，但前任经理既没有出席，也没有通知总公司。如今对方接受援助律师的建议，以“公司拒绝劳动仲裁”为由，提起民事诉讼，要求我公司承担他被抓、虐待和离职所造成的物质和精神损失。

平心而论，我本人及与我同机抵达科托努的老总，对这名黑人雇员的遭遇都很同情，在他要求离职时还再三挽留。他是个靠出卖劳力过活的底层人，子女、家庭负担重。如今因为公司前任经理的过失让他丢了饭碗，受了虐待，还死了孩子，在这种情况下打官司着实让我有些抬不起头。不仅如此，律师、部下和同行们都好心提醒，贝宁虽是穷国，劳动保护法规却沿袭法国，相当健全。在当地，法官通常在劳资纠纷中偏向劳方，在黑人和外国人的纠纷中偏向黑人，在原告和被告中偏向原告。中国公司经常因未给年假补偿、超时加班等问题被告上法庭，要么败诉，要么认赔让对方撤诉，打赢的例子绝少。

雪上加霜的是，同机抵达又是法律专业出身的老总，此时已回国；公司聘用的本地律师在开庭当天已安排出国公干，虽然信誓旦旦“尽量赶回”，但根据本人和当地人打交道的经验，这种保证未必靠得住。也就是说，我可能会在没有律师陪同的情况下“单刀赴会”，和原告进行当庭辩论。

尽管如此，这官司还不得不打。如果未战先怯，公司颜面丢失不说，丢失了信誉对日后的生意也会有很大影响。

## 恶补法规后“单刀赴会”

于是，我借阅了许多相关法规的读本，又复印了对方诉状和劳动仲裁部门的证词。在工作之余“恶补”了几个通宵后，觉得心里有了些底气，在和老总通话时也表示：“有点把握，弄不好能创个奇迹。”

开庭当日，律师果然缺席。电铃响起，我只能硬着头皮站到应诉席上。对方律师口若悬河，指控本公司应对其当事人身心受到的伤害负责，并提出了“巨额”（其实按人民币算也不过几千元）赔偿的要求。

我待对方说完，才在法官的示意下不紧不慢地开口。首先我代表公司，就原告的不幸表达了歉意和慰问。然后话锋一转，引经据典地指出，我公司的前任经理在失窃后报案是正常行为，而警方认定雇员为重大嫌疑人，是对方根据逻辑推理所作出的独立判断，即使前任经理存在表述不当或误导，最终做出独立判断和拘捕行为的也是警方，本公司的前任经理无能力也无权拘捕他；雇员在警署受到刑讯逼供，同样是警方的责任，前任经理对此并不知情（这是事实，因为他并不懂当地通用的法语），更何况，前任经理的个人行为也不能代表公司行为；雇员的孩子夭折固然令人同情，但同样与我公司无直接关系；至于他最后离职，是自行请辞，公司和我本人都再三挽留，这一点，当时恰巧在场的当地某会计师可以作证（此前我已特意拜访那位会计师，并带来了其亲笔签名的证词）。

## 据理力争打赢官司

对方律师显然没料到我有备而来，对上述论述竟然找不到辩驳之途，只得反复指责我公司“缺乏基本同情心”。我当即表示，本公司和我个人都不乏同情心，但官司就是官司，同情心可待官司了结后私下讨论。

当天同庭审理的案件有好几桩，旁听者也挤满了一屋子，尽管有人维持秩序，但当辩论到要紧处时，还是会有人发出或赞同或哄笑的声响。那天下午，我是第一案，后面几个案子的原被告和证人就坐在后面等着，不时发出不耐烦的“啧啧”声。从围观者的情绪和声音变化中，我感到自己的证词还是颇有力度的，胆子便更壮了，觉得说得差不多了，便不再找对方的茬，一概以“请依法明断”回应。

法官显然也希望早些了结，好应付正在排队的后面几个案子，见对方律师也拿不出新东西，他便小锤一挥，宣布法庭辩论结束。

3 分钟后，法官宣布原告证词和诉求“因果关系不足”，申诉要求不予支持。对方律师也当庭表示不再上诉。就这样，我代表公司打赢了这场很难打赢的官司，匆匆赶来的我们公司的律师只能在门口听宣判结果。

散庭后那位雇员主动找到我，称这事“对公不对私”，和我个人无任何恩怨，我则把身上所有的钱都当作慰问金给了他（后来老总到贝宁，也以个人名义给了一些）。这位雇员原籍马里，后来回自己国家做工了。我几年后改任马里，他还来探望过我。

（刊载于《非洲》2011 - 03 期　原作者：本刊特约撰稿人陶短房）

案例八

## 圆满处理利比里亚一桩人命案

在大使馆工作，谁都害怕处理人命案，在非洲更是如此。搞不好后果相当严重，不仅要大量赔款，甚至当事人也会遭到暴打。我在驻利比里亚使馆工作时，这种棘手的事偏偏让我碰上了。当时，死者家属和族人在警察局与我对峙，我向他们做了“动之以情，晓之以理”的临时讲演。出人意料的是，他们被我的话所打动，态度发生了转变，最后只要求赔偿 1 500 美元的丧葬费。

### 开车大意轧死 8 岁小孩

1985 年 8 月 21 日中午，黑龙江省援助利比里亚医疗队的史大夫急匆匆地跑过来，他脸色苍白，上气不接下气地说不出话，我见状吓了一跳，抢前一步问："发生了什么事？"

"吴队长轧死人了！"史大夫气喘吁吁地说。

"轧死了什么人？"我急忙问道。

"一个利比里亚8岁小男孩！"

我招呼史大夫坐下。他极力稳定情绪，向我讲述了事情的经过。

原来，当天上午吴队长和翻译刘峰开车从医疗队所在医院到首都蒙罗维亚办事，两地相距约100公里。车行至中途，吴队长心血来潮，向刘峰提出："让我开一会儿！"刘峰立即停车，两人调换位置，让吴队长驾驶。

吴队长爱好开车，但技术不佳，而且还没有拿到驾驶证。当车行至距首都约40公里处时，只见路旁丛林密布，路上车辆稀少，道路也非常平坦，他便提速疾驶。

谁知，到一个拐弯的地方，突然有个小男孩从密林小道连蹦带跳地跑了出来，要横穿马路。等发现时，小孩已近在咫尺，根本来不及刹车，一眨眼工夫，就被撞上了。小孩被送到蒙罗维亚北郊的海岛医院之后，抢救无效死亡了。

事发之后，小孩所在村庄的一些年轻人在出事地点等候，他们手持棍棒，扬言要对肇事者进行报复。之前，曾有几位外交官向我谈到过发生在北欧的一次车祸事件，当地居民将司机扒光衣服，反手捆绑，拳打脚踢，关押起来，最后花了2万多美元才摆平。

听完详情，我急忙乘车与史大夫前往海岛医院。

**家属和族人"来者不善"**

到达海岛医院时，看见吴队长和刘峰两人浑身是血，简直吓人。他们一看见我就放声大哭，说不出话来。海岛医院的院长招呼我进会议室，里面20多人在等着，个个表情严肃。

这时，警察局官员对大家说："现死者家属的代表、医疗队所在医院的院长和中国大使馆的代表都到齐了，请大家到警察局处理这一案件，死者的家属正在那里等着。"

于是,我们跟着他来到了警察局门口。走进警察局会议室,只见10多个妇女和4个男人静静地坐在那里,无一人流泪,我甚至弄不清哪一位是死者的母亲。

警察局长起身请我在他左侧的一把椅子上坐下。我环视周围,他们有的怀疑地望着我,有的则对我怒气冲冲。“来者不善啊!”我心里想着。会议室一片寂静,人们都在等警察局长说话。警察局长30多岁,身材魁梧,目光炯炯有神。他向大家扫视了一遍,给我们相互作了介绍。我了解到,他们中有死者的母亲,还有他们村的族长。

局长问我:“死者家庭提出,你们先拿出2 500美元安葬死者,然后再谈善后事宜。你是什么意见?”我当即表示同意,并将随身携带的1 500美元交给警察局长,并且告诉他说:“其余部分马上派司机去取,大约一个半小时便可取回。”他过目后,递给死者的家属。在他们一张一张地点钞票时,我的脑筋在飞速地转:下一步我需要说点什么?我该怎么说呢?

**动之以情,晓之以理**

果然,局长要我表态:“现在请中国大使馆官员谈谈他的意见。”大家都齐刷刷地看着我。我想,他们是受害者,对中国人有着强烈的情绪,我说的每一句话,一定要让他们听了说“是”才行,绝对要避免他们说“不”。只有这样,才能平息他们的愤怒,解决问题。

我深思了一下说:“我想,在座的朋友都知道中国人是利比里亚真诚的朋友。”说完这句话,我注意到大家情绪的变化,有人在默默点头。

我接着说:“中国人在利比里亚不仅有医疗队,还有建筑队帮助你们修建体育馆,还有农业队帮助你们种植水稻。他们不远万里来到这里,告别了家乡和亲人,已经3年没有回家了。他们每天不分昼夜地埋头工作,并表示不完成任务绝不回家。”在场的人听了这话,开始面露微笑,这给了我很大的信心。

我话锋一转,又说:“你们知道吗?现在已经有两名中国人为你们的国家献出了宝贵的生命,他们被安葬在蒙罗维亚公墓,将永远和利比里亚人在一起。”他们听后感到吃惊,开始交头接耳,议论纷纷,打破了会议室的沉默。

我接着说："中国医疗队来到你们的国家，本来是要救死扶伤，为你们解除病痛的，万万没有想到会发生不幸的车祸，给你们带来痛苦。每一位中国人听到这一不幸的消息，心里都感到十分难过。你们失去亲人的悲痛心情，我们完全理解。"我手捂胸口说："朋友们，说真心话，我们也有儿女，也和大家一样疼爱自己的孩子，如果我们能够用自己孩子的生命使你们的孩子死而复生，我们将十分愿意！"这时，他们的愤怒情绪终于逐渐消退了，眉宇间流露出友好的神色。可以看出，他们愿意听我继续说下去。

我想到利比里亚是一个信仰基督教的国家，于是借"上帝"的名义抚平他们悲痛的心灵，并为死者祈祷。我最后说："你们都信奉上帝，可是请问：一个人的命运能由自己决定吗？上帝要让去，谁也留不住的。我们只能向上帝祈祷，让死者得到安宁，这就是我最大的愿望。在上帝面前，我们不能有别的要求。"这句话说到了他们的心坎上，他们频频点头。

这时，我向警察局长示意，我就说这些。局长对他们说："你们下去商量一下，有什么要求均可向中国大使馆的代表提出。"大家纷纷退出，屋里只剩下我、警察局长和医疗队所在医院的杜马院长。

### 结局出人意料，像朋友一样作别

此前我猜测，他们除提出 2 500 美元安葬费外，一定要和我算两笔账：养育一个年满 8 岁的小孩要花费多少钱？孩子长大后，每年要创造多大价值？这些账谁都算不清，只能由他们漫天要价了。我做好了思想准备，即使出一两万美元，只要吴队长和刘峰不受折磨，就谢天谢地了。

大约过了 40 分钟，警察局长招呼大家进屋，男男女女于是鱼贯而入，各归原位。我提心吊胆，等待他们"狮子大开口"。没想到，我只听死者的母亲和其他几位妇女笑容可掬地对我说："Finish（意为完事）。"

我简直不敢相信自己的耳朵，一时没反应过来。她们意识到我没听明白，几乎同时把手向外一摆，再次大声向我说："Finish。"这太让我感到意外了，我几乎要跳起来去拥抱她们。我激动地说："太感谢你们了！中利友谊重于生命。只有我们这些真诚的朋友才能做到这一点。"这时，全屋气氛融洽和谐，族长告诉我:“只收你们1 500美元安葬费,再不向你们提任何要求了。”杜马院长也上前对我说:“1 500美元安葬费,由医院承担一半。”我紧握他的手,连声道谢。警察局长也被这场面感动了,他站起身来说:“问题圆满解决,马上释放肇事者。”

死者家属和村民纷纷出门,我尾随其后,在门口向他们一一握别,感谢声、道别声交织在一起,像亲朋好友一样依依惜别。过了几天,我和杜马院长及两位警察带着礼品去村庄探望,并给了死者家属500美元作为生活费用。族长对我说:“友谊比金钱更重要,这件事已经了结,你们不要再为此事分心了。”

(刊载于《非洲》2011－05期　原文作者:中国驻利比里亚大使馆政务参赞李同成)

# 附件二：

## 向非洲投资如何加强风险防范

非洲是国际上投资风险比较高的地区之一，要把风险防范放到应有的位置。中国信用保险公司是目前我国唯一一家承办境外政策性信用保险业务的金融机构。它所提供的短期出口信用保险、中长期出口信用保险及海外投资保险等都涵盖政治风险。此外，企业也可向世界银行下属机构——多边投资担保机构提出申请，虽然投保门槛较高，手续较复杂，但比较适合中小企业。以下内容主要摘编于《非洲》杂志特别策划《投资非洲如何规避风险》（2011－06期，中国信保部分原作者朱晓磊，国际多边投资结构投保部分原作者洪永红、王蓓）。

### 中国信保对外投资保险政策

中国信保是中国唯一承办政策性出口信用保险业务的金融机构，于2001年12月18日成立。承担国家或地区动乱风险是中国信保区别于一般商业保险公司的重要特征。出口及投资非洲的企业可以根据自身情况选择对外投资保险、短期出口信用保险和中长期出口信用保险等几种保险政策。具体情况如下：

（1）对外投资保险：是专为投资人因投资所在国发生的征收、汇兑限制、战争及政治暴乱、违约等政治风险造成的经济损失提供风险保障。

（2）长期出口信用保险：是指通过承担保单列明的商业风险和政治风险，使被保险人得以有效规避出口企业收回延期付款的风险和融资机构收回贷款本金和利息的风险。中长期出口信用保险的特点是保本经营为原则，不以营利为目的，它是一项政策性业务，受国家财政支持。

（3）短期出口信用保险：是指一般情况下保障信用期限在一年以内的出口收汇风险，承担买方破产或无力偿付债务、买方拖欠货款等商业保险和发生战争、内战或者暴动等政治保险。由政治风险造成损失的最高赔偿比例为90%；由破产、无力偿付债务、拖欠等其他商业风险造成损失的最高赔偿比例为90%；由买方拒收货物造成损失的最高赔偿比例为80%。

## 中国信保专家谈对外投资保险

**1. 哪些投资者可以投保对外投资保险**

在境内（不含港、澳、台地区）注册成立的非金融机构法人；在境外（含港、澳、台地区）注册成立的非金融机构法人，其实际控制权由中资法人掌握；境内外金融机构；其他经批准的法人和自然人。

**2. 如何规定投资保险的保险期限**

投资保险有两个保险期限，即承诺保险期和初始保险期。承诺保险期一般不超过20年。初始保险期限为3年，之后每年续保，被保险人对是否续保有选择权。

**3. 投资保险的赔付比例是多少**

被保险人为非金融机构的赔偿比例不超过90%；被保险人为金融机构的赔偿比例不超过95%。

**4. 当投保风险发生时，被保险人应如何索赔**

被保险人应从得知或应当得知风险发生之日起30日内通知保险人。索赔时，被保险人应填写索赔申请书，并在保险人的指导下提供有关详细情况，包括证实和支持有关索赔真实性、有效性及索赔金额的文件、资料和信函等。

**5. 投资保险对项目金额有无限制**

没有。中国信保受理任何金额的项目申请，但是投资保险的保费最低为每年1万美元（或等值其他货币）。

## 国际性多边投资机构承保五大险种及投保条件

1985年10月11日，在韩国汉城（即首尔）召开的世界银行年会上正式通过《多边投资担保机构公约》（也称《汉城公约》），1988年4月12日生效。根据该公约，建立了多边投资担保机构（The Multilateral Investment Guarantee Agency，简称MIGA），作为世界银行下属的正式机构之一。截至2011年5月，已有49个非洲国家加入。

**1. MIGA承保的五大类险种**

MIGA承保的风险种类包括：①货币汇兑险。是指在投保人经营期间，东道国政府采取新的措施，限制货币自由兑换并移出东道国国境的风险。②征用和类似措施险。即东道国政府采取没收等手段，将外国资本实行国有化，剥夺投保人对其投资的所有权或控制权或收益。③政府违约险。这是 MIGA 新设立的一个险种，特别是针对东道国政府不履行或违反与投保人签订的合同的情形。④战争和内乱险。指因公约适用的东道国境内任何地区的任何军事行动或内乱给投保人造成损失的风险。⑤其他非商业性风险。指由投资者与东道国联合申请，经董事会特别多数票通过，机构可以承保的其他特定的非商业性风险。但在任何情况下都不包括货币贬值的风险。

**2. 三个“合格”条件**

根据《公约》的规定，企业若要与多边投资担保机构订立担保合同，必须同时满足合格投资、合格投资者、合格东道国三个“合格”条件。

(1)合格投资：根据《公约》第 12 条规定，机构投保的项目仅限于在担保的申请注册后才开始执行的投资，而且这种投资必须具有经济合理性，并有助于东道国的发展，也不违反东道国的法律法规，并与东道国发布的发展目标和发展重点相一致，且在东道国可以得到公平待遇和法律保护。

(2)合格投资者：根据《公约》第 13 条规定，合格投资者必须是具备东道国以外的成员国国籍的自然人；或在东道国以外的某个成员国注册并设有主要营业点的法人，或其多数股本为东道国以外某个成员国注册并设有主要营业点的法人，该法人无论是不是私有企业，均应在商业基础上经营。

(3)合格东道国：根据《公约》第 14 条，只对在发展中国家会员国领土内所做的投资予以担保。

**3. 项目周期以及申请程序**

在国外的投资项目如果符合上述三个合格条件，就可以向多边投资担保机构提交一份初步申请，初步申请形式简短，而且免费、保密。初步申请可以让机构尽早确定这个项目是否符合多边投资担保机构的资格标准。

一旦项目被认定属于该机构的担保范围，客户应提交一份最终申请书，并缴纳一定费用，其中包括可退还的申请费和不可退还的申请费。这份材料将启动

MIGA 对此项目的彻底审查。MIGA 的承保团队将与客户一起就项目进行详细的讨论,这将有助于项目环境与社会影响评估的进行。

此外,双方也将讨论是否需要通过共保或再保安排来增加额外的险别。项目投保人必须提交必要的文件,以确保项目符合多边投资担保机构的政策与指导方针。在这个过程中,MIGA 的专家可以为客户提供适用和最佳的环境与社会管理方面的指导,包括如何发起与当地利益相关者的对话等。需要指出的是,MIGA 只能在获得东道国的批准后,才能够与客户签订担保合同。

4. **担保费用**

根据《公约》规定,机构会向投保人收取其所投险别的担保费率、手续费和可能收取的其他费用。董事会每年都会就不同险别的担保费率以及其他收费进行审查,以确保收费符合机构的宗旨,既促进投资,又同时维持机构健康的财政状况。

机构收取的保费是按照担保金额的百分比来收取,除担保合同另有规定外,担保人应在每个签单周年日前分期支付保费。机构对每一险种设定了不同的保险费率,若投保人为某一项目购买了多个险种,机构将在适当的范围内降低费率。

保险费率的设定主要是考虑东道国与项目风险两方面,从官方资料可知,小型投资项目担保的全年保费介于投保金额的 0.45% 到 1.75% 之间。

而有关保险费率的调整,官方机构指出,由于需要弥补承保的损失或者类似的损失,保险费率是随之上涨的,这与我们平时购买汽车保险是同一个道理。而且,在有限的范围内,保险费率会根据共保人和分保人的保险条款做出相应的调整。

除了保险费率,机构还会向投保人收取一定的费用,主要包括申请费用(初步申请不收费),还有一些特别服务费。

MIGA 对所有民营企业及中小企业都适用,没有对企业的性质、资金规模进行限制。

# 后记

新千年以来，以 2000 年“中非合作论坛”的建立为起点，中国政府和民间与非洲国家的合作进入一个全新时期。对非洲的贸易额、投资额每年都以 2 位数增长，大大推动了非洲经济社会的发展，推动了世界对非洲的关注。与此同时，到非洲寻求发展机遇的中国企业、中国公民越来越多。但由于空间距离的遥远，历史文化的差异，非洲本身的落后性，信息的不对称性，许多有意到非洲投资兴业的单位和个人，由于缺乏对非洲的了解，缺乏相关的准确、全面的信息，走了许多弯路，交了很多“学费”。据笔者所知，短者需要两三年的工夫，长者甚至四五年，才能熟悉、把握当地的情况，进入正常经营时期。三五年时间，可以做许多事情。国内改革开放以来成长起来的大企业，很多也就用了三五年工夫。无论是对企业而言，还是对个人而言，时间都是十分宝贵的。

到目前为止，笔者还没有发现有以服务于企业和个人到非洲投资发展为对象，分区域、分国别，系统、全面介绍非洲政治、经济、文化、历史、地理、气候情况、投资环境情况、项目情况的书籍。笔者著此书的目的，就是想利用自己多年在非洲工作、考察、访问的亲眼所见、亲耳所闻、亲身所历，结合中国驻非洲各国大使馆、经商处提供的信息，及有关研究非洲国家的专著、专业文章，以到非洲兴业发展的单位、个人为服务对象，力求用较少的篇幅，全面、系统地对非洲作一介绍。希望看了此书的读者能够在去非洲发展的过程中少走一些弯路，节约一些时间，降低一些成本，尽早步入正常发展轨道。

在本书的写作过程中，得到了澳大利亚大洋国际集团公司董事长冯团彬先生，河南国际经济合作集团公司王建新总经理、程建副总经理，驻马店秦景华先生，南阳周明女士，在美国留学的女儿任萌远等朋友和家人的大力支持；原河南财经学院院长、国家级专家徐庆恩先生对本书的修改提出了宝贵意见；还有河南的赵永严先生、翟兰玉女士、崔迎女士对本书部分文字的修改也提出了很好的意见。附件部分主要摘编于《非洲》杂志，笔者对相关文章的原作者一并表示深深的感谢。

# 参考文献

[1]肖克. 摩洛哥. 北京:社会科学文献出版社,2008.

[2]刘海方. 安哥拉. 北京:社会科学文献出版社,2006.

[3]种伟云. 埃塞俄比亚　厄立特里亚. 北京:社会科学文献出版社,2006.

[4]李文刚. 利比里亚. 北京:社会科学文献出版社,2006.

[5]汪勤梅. 中非　乍得. 北京:社会科学文献出版社,2009.

[6]裴善勤. 坦桑尼亚. 北京:社会科学文献出版社,2008.

[7]张象,贾锡萍. 塞内加尔　冈比亚. 北京:社会科学文献出版社,2007.

[8]刘鸿武,姜恒昆. 苏丹. 北京:社会科学文献出版社,2008.

[9]李广. 毛里塔尼亚　西撒哈拉. 北京:社会科学文献出版社,2008.

[10]中华人民共和国国家统计局. 中国统计年鉴 2009. 北京:中国统计出版社,2009.

[11]世界经济年鉴编辑委员会. 世界统计年鉴(2009 ~ 2010). 北京:经济科学出版社,2010.

[12]李向阳,王洛林. 2009 年世界经济形势分析与预测. 北京:社会科学文献出版社,2008.